고대 이스라엘 역사의 흐름

아브라함부터 바르 코크바까지

고대 이스라엘
역사의 흐름

아브라함부터 바르 코크바까지

이용결 지음

성서와함께

차 례

이 책을 권하며　　　　　　　　　　　　　　8
들어가는 말　　　　　　　　　　　　　　　9

입문　　　　　　　　　　　　　　　　　　15
　1. 팔레스티나의 위치, 지형과 기후　　　　18
　2. 고대의 역사 서술　　　　　　　　　　　28

1부　**고대 이스라엘 민족의 태동기**　　　39
　　　에덴에서 모압 벌판까지

　1. 인류 역사와 이스라엘 선조들의 삶　　　40
　　　에덴에서 이집트 땅으로

　2. 이스라엘 민족의 기원, 이집트 탈출　　　56
　　　이집트 땅에서 모압 벌판까지

2부　**고대 이스라엘 민족의 형성과 성장, 그리고 파국**　75
　　　약속의 땅에 처음 들어가서부터 쫓겨나기까지

　1. 이스라엘 민족의 팔레스티나 첫 정착　　76
　2. 이스라엘 민족의 형성과 초기 정착 생활　92
　　　판관 시대

3. 새로운 변화, 왕정 수립과 통일왕국　　　　　110
　　사울, 다윗, 솔로몬

4. 통일왕국의 분열과 이스라엘 왕국의 멸망　　138
　　왕정 시대

5. 유다 왕국의 생존과 멸망, 유배　　　　　　　174

3부　**유다인들의 갱신과 성장, 파국과 새로운 시작**　205
　　약속의 땅에 귀환하였다가 다시 쫓겨나 흩어지기까지

1. 유다인들의 갱신과 유다교의 태동　　　　　206
　　페르시아 시대

2. 헬레니즘의 도전에 응전하는 유다인　　　　234
　　그리스 왕국과 하스모내오 왕조 시대

3. 새 계약의 이스라엘 백성과 온 세상에 흩어진 유다인들　258
　　로마 시대와 1·2차 유다 항쟁

나가는 말　　　　　　　　　　　　　　　　　284

부록 | 주요 지리 인종　　　　　　　　　　　287
참고 문헌　　　　　　　　　　　　　　　　293

성경과 역사는 성령께서 이끌어가십니다.

"성경의 계시는 근본적으로 역사 안에 뿌리를 두고 있다."
(주님의 말씀, 42항)

이 책을 권하며

이 책을 대하면서 예전에 《성서연대표》를 처음 감수할 때 기뻤던 마음이 다시 떠오릅니다.

성경을 읽고 이해하는 데 이스라엘 역사를 아는 것이 참 중요하고 필요하다는 것은 너무나 분명합니다. 하지만 그 내용이 방대하고 관점에 따라 상당히 다르게 기술되어 쉽게 다가가지 못할 때가 있습니다. 더구나 인터넷의 발달로 무비판적으로 쏟아져 나오는 다양한 정보를 보조 자료로 유익하게 활용할 수 있도록, 비교 검색하며 선택하는 데 준거가 되는 안내서가 필요하다는 생각을 합니다.

말씀의 봉사자로 오랫동안 활동한 저자는 성서가족들을 위해 이 책을 썼다고 밝힙니다. 그래서 각 시대를 '성경의 증언', '역사의 증거', '성경과 역사 사이에서'라는 세 단계로 조명한 것이 이 책의 특징으로 여겨집니다. 성경 중심의 구세사 일변도도 아니고, 검증된 사실로서의 일반 역사 서술만도 아닌, 그 둘 사이에서 신앙인으로 균형 있게 바라보려고 애쓴 노고를 봅니다. 성서가족들이 성경의 배경을 이룬 고대 이스라엘 역사를 바로 이해하도록 도와주는 자료로 널리 읽히기를 바라며 축원합니다.

최안나 수녀 (영원한 도움의 성모수도회, 구약신학 박사)

들어가는 말

"태정태세 문단세 예성연중 인명선…" 조선시대 하면 제일 먼저 떠오르는 단어들입니다. 학창시절 이 임금들의 이름을 실마리 삼아 그 시대를 기억했지요. 성경의 주인공들도 제법 기억하지요. 아담과 하와, 카인과 아벨, 방주를 지은 노아, 아브라함과 이사악, 야곱과 요셉, 모세와 여호수아, 임금이 된 다윗과 솔로몬 등등입니다. 이스라엘과 유다의 숱한 임금들보다는 엘리야와 엘리사, 이사야 같은 예언자들이 먼저 떠오릅니다. 왕국이 무너진 뒤에는 에즈라와 느헤미야, 마카베오 정도가 그나마 조금 알 만한 이름입니다. 그리곤 껑충 뛰어 세례자 요한과 예수님, 베드로와 바오로가 뚜렷한 인상을 남깁니다. 하지만 그들에 관한 이야기는 꽤 들었는데 그들이 산 시대상은 분명하게 알지 못했습니다. 캐릭터만 기억한 셈이죠.

대학 시절인 1970년대 중반 가톨릭성서모임에서 오경의 문헌가설을 들었을 때 무척 놀랐습니다. 저렇게도 볼 수 있구나! 그리고 시원했습니다. 복잡한 내용은 제대로 알지 못했지만, 적어도 시대와 상황에 따라 서술된 몇몇 문헌을 편집하여 오경을 구성했다는 설명이, 모세가 직접 썼다는 이야기보다 더 합리적으로 들렸습니다. 그럼에도 여전히 성경의 이야기를 고대 이스라엘의 실제 역사로 이해했고, 교회의 가르침에 따라 그 역사를 '구세사'로 받아들였습니다.

　1980년대 들어 조금씩 낯선 목소리를 듣게 되었습니다. 성경과 신학에서 출발하지 않고 다른 관점에서 고대 이스라엘 역사를 보는 이들의 소리였습니다. 사실 19세기부터 활발하게 진행된 고고학 발굴로 근동에서 많은 고대 사료가 드러났습니다. 돌과 점토판과 파피루스에 쓰인, 알 수 없었던 고대의 숱한 기록이 해독되었습니다. 그 사이에 고고학과 인류학, 주변 학문들도 부쩍 발전하였습니다. 다른 시각에서 바라보면서 그동안 나온 주장들이 재검토되었습니다. 낯선 해석들을 새롭게 들으며 묻게 되었습니다. 정말 그런가?

　사회에서는 새로운 주장이 세를 얻으며 관련 도서가 속속 출간되었습니다. 하지만 교회 안에서 그러한 주장을 들어볼 기회는 별로 없었습니다. 말씀 봉사의 현장에서도 '성경 내용이 사실이냐'는 물음을 간간이 받았습니다. 그들에게서 사실이 아니면 어쩌나 하는 불안, 뭔가 납득되지 않는 당혹감이나, 무조건 받아들여야 하느냐는 무언의 저항도 느꼈습니다. 이제는 누구나 쉽게 각종 매체와 인터넷에서 다양한 주장을 접할 수 있으니 혼란스러울 수밖에요.

　과연 그런지, 우선 저부터 성경 시대의 역사적 사실들을 정리하여 하나의 '좌표'를 만들어보고 싶어 《성경연대표》(2001)를 엮었습니다. 그 뒤 성경의 주요 인물과 사건, 낱권이 성경 전체의 흐름에서 어디에 위치하는지 한 장의 도표로 만들었습니다(성경의 흐름, 2013). 이 둘로는 여러모로 부족했는데, 기쁘게도 충실한 내용을 갖춘 성경 지도가 교계에 여럿 나왔고, 본격적인 학술서 《이스라엘 역사》(J. 알베르토 소진, 2018)

도 최근에 간행되었습니다.

그에 힘입어 우리 신앙인이 믿고 따르는 성경의 내용과, 그것이 생성된 구체적인 '삶의 자리'였던 고대 이스라엘 민족의 역사 사이에 '다리'를 놓고 싶은 열망에서 이 책을 기획하였습니다. 그렇게 하려고 각 시대를 세 단계로 살폈습니다. '성경의 증언'에서 해당 시대를 다룬 성경 내용을 요약하고, '역사의 증거'에서는 그 시대에 대해 학자들이 논의한 내용을 서술했습니다. 세 번째 '성경과 역사 사이에서'는 그 둘의 차이점에 주목하며 성경의 특성을 간략하게 살폈습니다. 이 구성에서 드러나듯이, 이 책은 성서가족들이 성경 내용을 역사 자체로 맹신하지도 않고 불신하지도 않으면서 하느님 백성이 역사 체험을 왜 그렇게 해석하고 표현하였는지 생각해보자는 하나의 제안이자 시도입니다.

고대 근동 세계에서 보잘것없었던 이스라엘 민족은 대제국 밑에서 오랫동안 짓밟히면서도 부서지지 않고 살아남았습니다. 저는 그 생명력의 원천을 '야훼 신앙'이라 생각합니다. 그들이 초기부터 야훼를 하느님으로 섬겼지만, 참으로 그분을 알고 유일하신 하느님으로 섬기며 삶 전체에서 믿음을 드러내기까지 오랜 시간이 걸렸습니다. 그 열매가 성경입니다. 이 긴 여정의 복잡하고 방대한 내용을 전하기에 이 책은 턱없이 부족합니다. 그럼에도 하느님 백성으로 살아간 한 약소민족의 구체적인 삶의 역사를 이해하고, 그 역사에 터 잡은 하느님 말씀을 더 깊이 알아들어 말씀의 생명력을 얻는 데 작은 도움이 되기를 간절히 바라며 이 책을 봉헌합니다.

다시 한번 이 주제를 붙잡을 기회를 주신 가톨릭성서모임 수녀님들과 말씀의 봉사자들께 감사드립니다. 《성서연대표》에 이어 이 책도 적극 추천해주신 최안나 수녀님, 난삽한 원고를 꼼꼼히 살펴주시고 값진 의견을 주신 구약 성서학자 안소근 수녀님, 박문수 신부님, 강수원 신부님, 고대 근동어 학자인 주원준 박사님께 깊이 감사드립니다. 그러나 이 책에 담긴 모든 오류는 온전히 저자의 책임임을 분명히 밝힙니다. 또 끊임없이 말씀을 나누며 놀라운 통찰과 지혜로 제 삶의 여정을 동반해준 동료 말씀의 봉사자 아내에게, 이 책을 정성껏 다듬어 성서사도직의 도움자료로 내주신 성서와함께 모든 분께 깊이 감사드립니다. "하느님 우리 아버지와 주 예수 그리스도에게서 은총과 평화가 여러분에게 내리기를 빕니다"(필리 1,2).

2019년 9월 30일 성 예로니모 학자 기념일에

일러두기

1. 이 책에서 성경에 나오는 인명과 지명, 본문의 표기는 가톨릭교회의 공인 《성경》을 따른다(예외: 바빌로니아는 국가와 지역 명칭으로, 바빌론은 수도 이름으로 쓴다. 주와 주님은 필요한 경우 야훼라는 이름을 그대로 썼다). 성경의 배경이 된 지역을 가리키는 명칭은 가나안 등 다양하고 그 범위도 달라, 가장 널리 쓰이는 그리스-로마 명칭 '팔레스티나'를 그대로 사용한다. 하스몬, 하스모네, 하스모네아, 하스모니아 등 다양하게 불리는 마카베오가의 왕조 이름은 그리스어를 음역한 '하스모내오'로 적는다.

2. 기본 연대는 서력 기원을 중심으로 기원전(B.C./B.C.E)과 기원후(A.D./C.E)로 표기한다. 헬레니즘 시대 이전 근동의 연대 표기는 아멜리 쿠르트의 《고대 근동》(1995)에 따라 적었고, 이스라엘과 유다 왕국의 연대 표기는 전통적인 것을 따랐다(*NJBC*, 1233).

3. 외래어 표기법에 따르면 지명과 인명은 해당 언어로 표기하는 것이 바람직하다. 하지만 고대 근동의 인명과 지명 중 대부분은 후대에 기록된 그리스식 표기가 관용으로 쓰이는 경우가 많아, 이 책에서도 그대로 따른다. 이 책에 실린 히브리어, 아람어, 그리스어는 모두 음역하고 이탤릭체로 표시하였다.

4. 인용문 뒤에 괄호로 적은 것은 해당 책의 저자나 편자, 책의 페이지이다. 그 책은 참고 문헌에 소개하였다[예: (스카, 인간, 78) →장 루이 스카, 《인간의 이야기에 깃든 하느님 말씀》, 박문수 옮김, 성서와함께, 2016, 78쪽].

5. 이 책에 실린 지도는 《성서사십주간 성경지도》(영원한도움 성서연구소 편저, 성서와함께, 2010)와 《성서와함께 성경지도》(편집부, 성서와함께, 개정판, 2009)에서 허락을 받아 게재하였다.

입문

성경은 고대 이스라엘 민족의 공동체적 고백이요, 증언이다. 이스라엘은 '우리는 누구이며, 어디서 와서, 어디로 가고 있는가, 어떻게 살고 있는가?'라며 계속 묻고 성찰했다. 그들이 하느님 백성으로 살아간 민족의 역사에서 체험하고 깨닫고 전해 받은 주 하느님의 계시를 다양한 문학 형태로 표현한 작품이 성경이다. 시간의 흐름 속에서 역사적 체험에 대한 성찰과 해석, 그에 대한 재해석은 거듭되어 쌓이고 재구성되었다. 이 과정에서 전승을 수집하고 기록하며 편집하여 성경으로 만들어간 작업은 주로 야훼 신앙을 지닌 지식인들이 맡았다. 그렇지만 계시의 역사를 체험하고 전승을 전수하며 살아간 이들은 이스라엘 민족이기에, 성경은 "집단지성의 산물"(구미정, 277)이랄 수 있다.

성경이 형성된 자리는 고대 이스라엘 민족의 역사이다(여기서 '고대'란 '현대' 이스라엘과 구분하여 성경이 형성된 시대를 가리킨다). 역사를 구성하는 세 가지 요소로 흔히 시간과 공간, 그리고 사람을 꼽는다. 고대 이스라엘 역사에서 사람은 이스라엘 민족과 그들과 연관된 주변 민족을, 주된 공간은 팔레스티나와 연계된 고대 근동 지역을 폭넓게 보아야 한다. 땅은 인간의 삶이 구체적으로 전개된 자리이므로, 역사에서 공간을 살피는 작업은 매우 중요하다. 그곳의 위치와 지세, 기후는 그 지역 주민들의 삶에 큰 영향을 미치며 때로는 역사의 주요 변수로 작용한다. 따라서 그 땅의 물리적 환경과 생태계, 주요 생산 활동을 알아보고 사건의 현장마다 자세한 성경지도를 참조하는 일이 필요하다. 특히 팔레스티나는 지정학적 위치 때문에 남쪽의 강대국인 이집트, 북쪽의 시리아와 아시리아, 동쪽의 바빌로니아의 역사를 함께 살펴야 한다. 그들의 영향을 끊임없이 받아왔기 때문이다.

고대 이스라엘 민족의 역사에서 시작과 끝을 언제로 잡을 것인가를 놓고 의견이 다양하다. 이 책은 가톨릭교회의 성경이 형성된 전체 역사를 좇아, 선조 시대로 추정해왔던 기원전 2천 년대부터 유다인들이 2차 로마 항쟁의 실패로 결정적으로 흩어지게 된 기원후 135년까지를 고대 이스라엘 민족의 역사로 다룬다. 이 점에서 구약시대의 끝을 말라키서로 보아 페르시아 시대까지만 고대 이스라엘의 역사로 다루고, 이후 역사를 이른바 '신구약 중간사'와 '신약시대'로 따로 다루는 통상적인 개신교의 입장과 다르다.

1

팔레스티나의 위치, 지형과 기후

1) 위치와 특성

지중해와 시리아-아라비아 사막 사이에 놓인 팔레스티나는 아프리카(이집트)에서 메소포타미아와 아나톨리아로, 지중해를 통해 유럽으로, 아라비아 반도를 통해 더 먼 아시아 지역으로, 또는 그 역방향으로 움직일 수 있는, 매우 중요한 교차로이다. 지중해 동부 해안을 끼고 올라가는 가장 중요한 도로인 '해변 길'(via maris)과 요르단 동편의 고원지대를 관통하며 아라비아 사막과 다마스쿠스를 잇는 '임금의 큰길'이 모두 이 지역을 가로지르는 대표적인 국제 도로였다. 이 길을 통해 국제 교역이 이뤄지고 군대가 이동했기에 주변 국가는 물론 대제국들도 모두 이 길들을 장악하려고 필사적으로 애썼다. 그 결과 이 지역은 줄곧 힘 있는 세력의 각축장이 되어 자주 전쟁터로 변했다. 동시에 사람과 함께 각종 문화가 오갔다. 따라서 이곳에 위치한 고대 이스라엘의 역사는 개별적인 한 민족의 역사가 아니라 근동 전체를 배경으로 이루어진 제국의 역사와 긴밀하게 연결되었다. 팔레스티나는 역사의 대부분을 제국의 변두리로 머물렀다.

팔레스티나는 지형상 수십 군데로 나뉘져 있어 지역이 통합되기보다 개별 지역의 특성이 다양하게 존재했다. 그러다 보니 넓지도 않은 지역

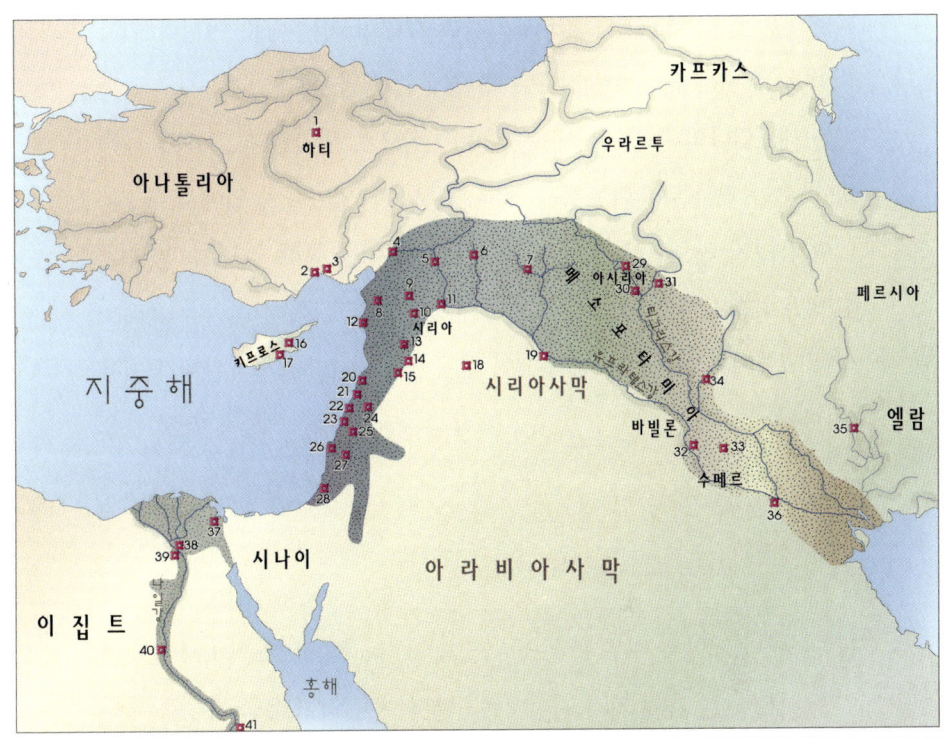

1. 하투사 2. 메르신 3. 타르수스 4. 신지르리 5. 키르크미스 6. 하란 7. 고잔 8. 알라라크 9. 알레포
10. 에블라 11. 에마르 12. 우가리트 13. 하맛 14. 카트나 15. 카데스 16. 엔코미 17. 키티온 18. 타드모르
19. 마리 20. 비블로스 21. 베이루트 22. 시돈 23. 티로 24. 다마스쿠스 25. 하초르 26. 므기또 27. 예루살렘
28. 가자 29. 니네베 30. 아수르 31. 누지 32. 바빌론 33. 니푸르 34. 에쉬눈나 35. 수사 36. 우르
37. 텔 엘 다바(아바리스) 38. 멤피스 39. 사카라 40. 텔 엘 아마르나 41. 테베

▲ 고대 근동 세계 (성서사십주간 성경지도 11)

에 여러 나라가 경쟁했다. 게다가 천연자원도 빈약하여 전반적인 물질문화 수준이 상당히 낮았다. 농업도 비에만 의존하기에 10년당 3-4년은 불규칙한 강우나 가뭄, 우박 등으로 고통받았다(한 연구에 따르면, 20세기의 일정 기간 중 평균 강우량의 편차가 40% 이상으로 나타나는 해가 32%, 60% 이상인 해가 13%였다. 클레멘츠, 110-111). 또 강우량뿐 아니라 이른 비와 늦은 비가 내리는 시기도 수확량에 큰 영향을 미쳤다.

팔레스티나의 농업 위험도는 중中 이상으로 평가된다. 그래서 목축과 과수를 겸하는 혼합농경을 해야 생존할 수 있었다. 농업에서 나오는 잉여가 크지 않으므로 국가의 부는 국제 교역을 통해 얻을 수 있었다. 교역을 하려면 주변 국가들과의 유대가 중요했고, 특히 시리아 팔레스티나 지역에서 핵심적인 해외 교역 창구였던 페니키아와의 관계가 매우 중요했다.

2) 지형

팔레스티나 지역은 매우 좁은 땅(약 22만 8천km²인 한반도의 12% 정도)이지만 서로 다른 다섯 가지 지형대로 구분되어 각각 고유한 특성을 나타낸다.

해안평야: 지중해와 붙어 있는 길이 270km 해안지역이다. 아코 북쪽에는 좋은 항구가 많은 반면, 남쪽에는 작은 강의 지류들이 많고 해안선이 완만해 도르와 야포 등만 항구로 쓰였다. 내륙으로 아코 평야(아코에

서 카르멜산까지), 샤론 평야(카르멜산에서 야르콘강까지), 필리스티아 평야(야르콘강에서 가자까지)가 이어진다(폭은 10-30km). 전형적인 충적토라 농경과 목축이 활발했다. 또 가장 중요한 국제 교역로인 '해변길'이 지나가 예전부터 인구가 밀집되었다. 팔레스티나에서 가장 많은 사람들이 정착하여 농경생활을 하였으며, 이스라엘 역사의 초기에는 필리스티아족과 가나안족이 이곳 성읍들을 중심으로 거주하였다. 다윗 시대에 처음으로 가나안족이 거주하던 해안평야를 이스라엘이 점령하였다.

갈릴래아 산악지대: 팔레스티나의 북부 지역으로, 안티 레바논 산맥과 인접한 북쪽은 해발 1000m 이상의 높은 산악지대로 인구가 희박했다(그러나 단과 하초르는 큰 성읍이었다). 반면에 남쪽은 산이 낮고 들이 넓은 평원이라 팔레스티나 전역에서 가장 비옥하다(현무암 지대라 풍화한 황갈색 토양이 농사에 좋다). 특히 갈릴래아와 중앙 산악지대 사이에 있는 이즈르엘 골짜기는 최대의 곡창지대이면서 해안평야와 요르단 지구대를 잇는 유일한 교통로라 가장 전략적인 요충지로 꼽혔다. 그래서 이곳을 차지하기 위한 다툼이 치열했다.

  이스라엘 역사의 초기에는 가나안족이 이 지역을 차지했으나, 이스라엘 왕국이 점령한 뒤로 아람 다마스쿠스와의 전투가 이곳에서 자주 벌어졌다. 결국 아시리아에게 가장 먼저 빼앗겼다가 수백 년이 흐른 뒤 하스모내오 왕조 시대에 가서야 이곳이 이스라엘 영토로 돌아왔다. 신약시대의 주요 배경인 이곳에 있는 가장 중요한 성읍이 므기또이다.

중앙 산악지대: 이즈르엘 골짜기 남단부터 헤브론까지 145km에 달하는 중앙 산악지대(해발 500-700m)가 이어진다. 스켐과 사마리아, 베텔이 속한 에프라임 산악지대는 비옥한 골짜기가 여럿 있어 소출이 많고 교통이 편했다. 예루살렘(해발 762m)과 헤브론(해발 914m)이 속한 유다 산악지대는 산세도 험하고 토질이 좋지 않아 목축이 활발했다(주로 석회암 지대). 산악지대의 능선을 따라 스켐-예루살렘-헤브론-브에르 세바로 이어지는 내륙 도로가 중요했다.

유다 산악지대의 서쪽 구릉지역을 세펠라('낮은 땅'이란 뜻으로 해발 200-300m)라 부른다. 골짜기가 많고 비옥한 지역이라 평야지대와 산악지대 주민 간의 충돌과 전쟁이 자주 있었다. 이곳에 라키스 등 중요한 성읍이 여럿 있었다. 유다 산악지대의 동쪽은 산에 막혀 비도 적고 토양도 습기를 머금지 못하는 세노니아 석회암으로 이루어진 유다 광야로 불모의 땅이다. 예루살렘에서 예리코로 가는 길은 이 광야를 가로지른다.

고대 이스라엘 역사의 핵심 무대는 중앙 산악지대이다. 평야지대까지 다 차지한 왕정시대 이후에도 큼직한 역사적 사건들이 벌어진 곳은 이스라엘과 유다 왕국의 수도와 주요 성읍이 위치한 중앙 산악지대였다.

요르단 지구대: 중앙에는 아프로-아라비아 지구대(터키 남동부에서 아카바만까지, 홍해 남단에서 모잠비크까지 길이 총 6500km, 폭 50km)의 북단인 요르단 협곡지대가 놓여 있다. 헤르몬산(해발 2814m)에서 흘러내리는 물이 파니아스를 거쳐 훌레호수(길이 3.2km, 폭 4.8km 1950년대에 메워졌다),

▲ 팔레스티나 지형도 (성서와함께 성경지도 1)

갈릴래아호수(남북 길이 18km, 동서 폭 13km, 최고 깊이 45m), 요르단강(직선 거리 104km, 실제 길이 240km, 평균 폭 30m, 깊이 약 2m)과 사해(길이 80km, 폭 18km, 최고 깊이 396m)로 이어진다.

사해 북단의 예리코 주변은 팔레스티나에서 가장 먼저 사람이 정착한 뒤 줄곧 주민들이 거주했으나 역사의 무대에서는 비껴 있었다. 사해 남단은 아카바만까지 이어지는 '아라바' 계곡(길이 176km, 폭 60km)으로 대부분 메마른 황무지다. 고대에는 이곳에 구리 광산이 있어 중요했다. 왕정시대에 사해 남단에 정착한 이들은 에돔족이다.

동부 산악지대: 요르단 동편의 건조한 산악고원지대인데, 여러 강으로 지역이 나뉜다. 제일 북쪽이 목축으로 유명한 바산(석회암이 풍화한 테라로사 토양), 야르묵강 이남이 길앗(비교적 풍요로우며 삼림이 우거졌다), 야뽁강 이남이 암몬, 아르논강 이남이 모압(해발 평균 800-1000m), 제레드시내 남쪽이 에돔 땅(붉고 단단한 누비아 사암지대이며 해발 평균 1200m)이다. 이스라엘 민족과 비슷한 시기에 정착한 암몬, 모압, 에돔족이 이 지역에서 줄곧 거주했으며, 이스라엘과 유다 왕국은 그들을 지배하려고 여러 차례 싸웠다.

네겝: 팔레스티나의 남부인데, 매우 건조한 광야와 사막지대이다. 오아시스(카데스 바르네아)와 계절 하천인 와디 근처에서나 초목을 볼 수 있다. 유다 왕국의 영토인 이 일대는 유목민이나 대상들의 교역로로 쓰였는데, 유다 왕국 후기에 본격적인 정착이 이루어졌다.

3) 기후

팔레스티나는 좁은 땅이지만 서쪽의 지중해, 동남쪽의 아라비아-사하라 사막지대, 북쪽의 이란-우랄알타이 스텝지대의 영향을 받아, 여러 기후대의 모습을 보인다. 이 기후는 고대 이스라엘의 역사시기 내내 거의 바뀌지 않았다.

팔레스티나의 대부분은 지중해 기후대에 속하며 삼림이 우거지고 관개 없이 자연농업이 가능할 정도로 비가 내린다(평균 400-600mm). 반면에 네겝의 북부인 브에르 세바 주변은 건조한 스텝 기후대로 강수량이 적어(평균 150-200mm) 목축과 건지농업(dry farming)만 가능하다. 네겝의 남부는 아열대 건조 기후대라 강수량이 매우 적어(평균 25-100mm) 관개 없이는 농사를 지을 수 없어 장기 거주가 불가능하다. 동아프리카지구대에 속한 예리코 주변은 아열대 기후대에 속해(평균 온도는 섭씨 25℃, 연 평균 강수량은 150mm) 온화하고 열대작물이 잘 된다.

연중 기후는 건기와 우기로 뚜렷이 나뉜다. 5월부터 10월에 해당하는 건기는 시리아사막에서 뜨겁고 건조한 모래바람('동풍', 이집트어 '함신')이 불어오면서 시작된다. 낮에는 뜨겁고(30-35℃) 밤에는 서늘하다(일교차는 10℃ 정도). 반면에 11월부터 3월에 해당하는 우기에는 이른 비부터 늦은 비까지 비가 많이 내려 곡식을 자라게 한다. 지중해 쪽에서 오는 차고 습기 많은 열대성 저기압(한랭전선)이 사하라에서 올라오는 고기압의 온난전선, 중앙아시아에서 밀려오는 고기압과 부딪쳐 비가 쏟아진다. 이른 비가 오는 11월에 보리와 밀을 파종하여 보리와 아마는 3-4

월에, 밀은 5-6월에 수확한다. 우기인 1-2월의 최저기온은 6-7℃로 떨어져 춥다.

팔레스티나에는 큰 강이 없고 지형의 높낮이가 심해 관개농업이 불가능하기에 강수량은 농업생산량에 결정적인 영향을 미쳤다. 북서쪽에서 불어오는 몬순 계절풍의 습도가 높아 지표면이 냉각되는 밤에 일교차로 인해 이슬이 많이 내린다(해안평야에는 연간 250일, 중앙 산악지대의 경우 150-180일). 이슬은 포도 같은 여름 작물이 익는 데 중요하다.

환절기는 대략 6주 정도로 매우 짧은데(3월 하순-5월 초; 9월 중순-10월 말) 보리와 밀, 포도 수확을 기념하는 축제인 무교절, 추수절, 초막절이 모두 이 기간에 열린다.

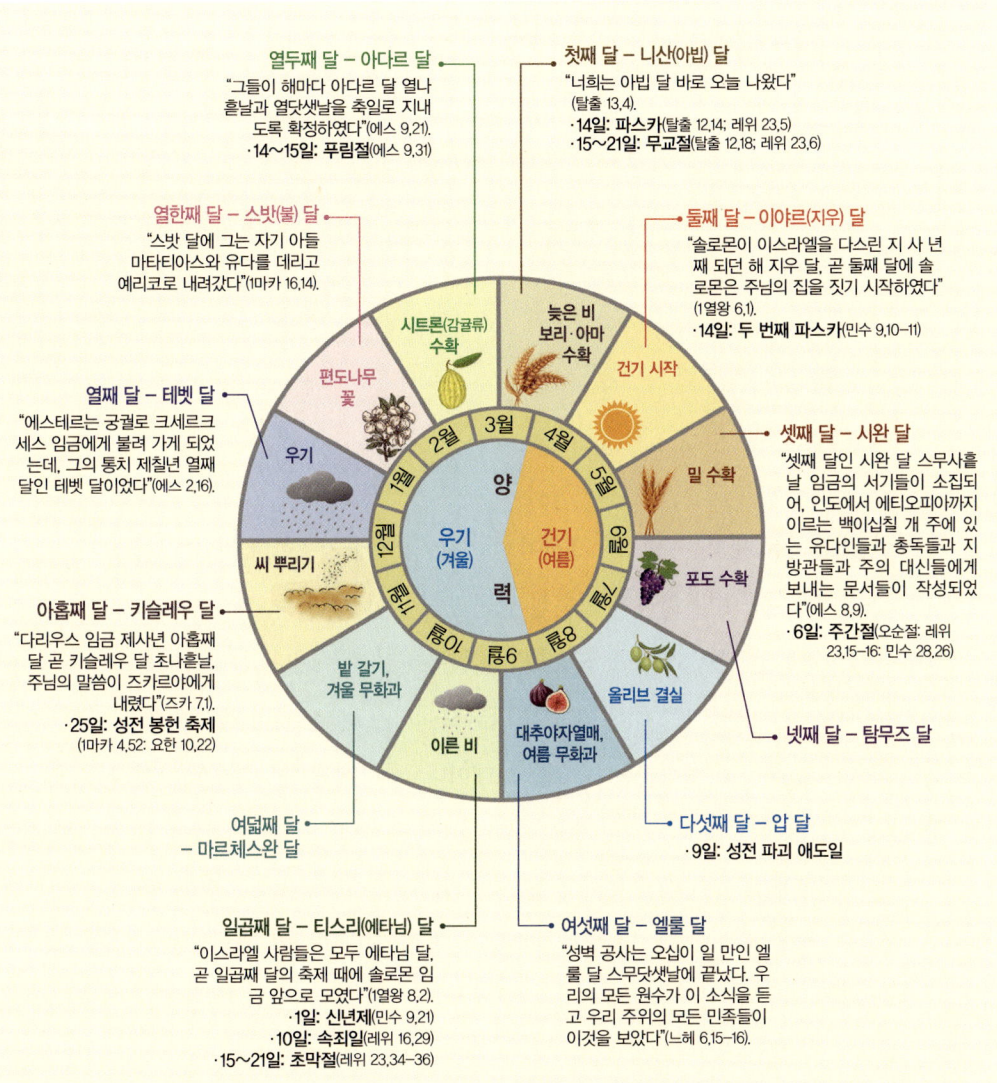

▲ 이스라엘의 축제 달력

2

고대의 역사 서술

"너희는 기억하여라" (신명 8,2)

한 개인의 정체성은 기억과 그것이 이어진 역사에 기초한다. 한국인이 고구려의 주몽이나 조선의 이순신 장군과 공명할 수 있는 것은 하나의 역사 서사(내러티브)로 엮여 집단기억을 공유하기 때문이다. 한민족이라는 정체성을 배양하는 주된 도구가 한국사이다. 그런 면에서 역사는 한 집단의 정체성을 형성하는 중요한 토대이다. 각자에게 기억의 틀이 있듯, 집단에도 무엇을 기억하여 공유할 것인지를 정하는 기억의 틀이 있다. 특히 예를 들면 삼국유사가 몽고가 침입했던 고려 말에 쓰였듯, 한 집단이 위기에 처할 때, 그들의 정체성과 그 바탕인 역사가 매우 중요하게 부각된다.

과거와 역사

물질세계에서 과거의 형태는 시간 속에서 사라지고 기억과 흔적만이 남는다. 기억은 현재의 인식 틀 속에서 형성되며, 선택적이기 때문에 그 과정에서 필연적으로 해석되고 굴절되는데 "대개 익숙한 패턴으로 굴절된다"(르 돈, 173). 그 패턴은 종종 이미지나 이야기로 표현되고, 그 안에 기억하려는 과거의 사실이 일정 부분 담긴다. 과거에 대한 개인과 사회(또는 집단)의 기억은 사실 그대로 재생되기보다 재구성된다. 특히 집단기억은 그 집단의 정체와 가치 그리고 일관성을 유지하는 기능을 가지며, 현재의 필요와 현재의 개념에 부응해서 재구성되고 재해석된다(이브, 218-223). 집단기억은 그 내용을 더 쉽게 간직하고 이해할 수 있도록 대부분 이야기 형태로 표현되어 구술문화권에서 전승되다가 계기가 마련되면 기록된다. 기록되지 않은 과거는 때때로 유물이라는 부분적 흔적이나, 자연의 흔적으로도 남겨진다.

역사가는 이 모든 과거의 기억 중에서 의미 있다고 여기는 몇몇 역사적 기억을 발견하고 해석하여 이른바 '역사적 사실'로 활용한다. 그것을 찾아내고 상호 관계를 살피는 과정이 역사 탐구이다. 그다음에 역사가는 연속된 흐름인 과거를 끊어 시작과 끝이 있는 하나의 서사(내러티브)로 엮는데, 이때 중요한 역할을 하는 것이 역사적 사실의 인과관계이다. 우리는 이렇게 역사의 서술 작업을 시도한 결과물, 곧 서술된 역사를 주로 만난다.

역사의 탐구와 서술에서 중요한 것은 역사가의 관점, 곧 역사관이다. 이에 따라 역사적 사실이 선택되고 그 사실들에 대한 해석과 구성이 달라진다. 한때 역사의 객관성과 실증성이 가능하다고 믿었지만, 지금은 그 환상을 내려놓고 오히려 그 주관성을 정직하게 드러내며 다양한 해석 간의 접점을 살피려 한다. 여러 '역사들'이 부딪치는 시대이다.

과거와 현재가 대화하려면

1960년 영국의 역사가 E. H. 카는 역사를 "과거와 현재 사이의 끊임없는 대화"라고 정의하였다. 이에 따르면, 과연 과거와 현재가 동등하게 소통하는지 묻게 된다. 고대에는 과거를 우월하게 보고 현재의 가치를 낮게 보았다면, 근대 이후로는 현재의 가치를 절대시하고 일방적으로 과거를 선택해온 경향을 보였다. 최근에는 과거와 현재의 진정한 대화 방식을 새롭게 모색하며, 새로운 미래를 어떻게 만들어갈 것인지에 주목하고 있다. 유럽연합이 통합된 유럽사 안에서 개별 국가의 역사를 새롭게 조명하려는 시도가 한 예이다. 현재 역사 분쟁이 심각한 동아시아의 한국, 중국, 일본에도 이런 작업이 절실하지만 아직 그 움직임은 미미하다.

왜 역사를 공부하나?

전통적으로 역사를 공부하는 목적을 '과거의 교훈'에 두는 경우가 많았다. 과거의 숱한 인물과 사건들이 엮어가는 역사를 거울로 삼아, 현재의 바람직한 모습을 찾고 위기를 넘어서서 더 나은 미래로 나아가는 길을 찾고자 했다. 우리가 어디서 어떻게 왔는지 알아야 우리가 누구인지 깨닫고, 어디로 가야 할지 안다고 여겼다.

오늘날에는 과거의 역사가 들려주는 '다양한' 소리에 귀를 더 기울이려 한다. 추상적이고 거창한 논리보다 구체적이고 일상적인 삶의 사소한 사실에서 역사의 의미를 알아보려고 애쓴다. 우리의 삶이 더 넓고 더 깊이 연결되어 서로 영향을 끼치고 있음을 더 분명하게 알았기 때문이다. 최근까지만 해도 승자의 역사, 국가와 민족의 역사가 압도적으로 우세한 경향을 띠었다. 이제는 그것을 넘어 가려진 개인의 역사나 은폐된 사실을 되살려 좀 더 포괄적인 역사를 구성하고자 '미시사', '구술사' 등 새로운 시도들이 계속 이루어지고 있다.

고대 이스라엘에서 역사 서술의 목적은?

앞에서 전개한 역사에 관한 논의는 주로 현대의 역사학과 주변 학문에서 거론된 것이다. 이런 논의가 고대의 역사 서술에도 적용될 수 있는가? 역사적 사실의 실증성과 진정성을 중요하게 여기는 현대인이 고대의 역사 자료에 접근할 때 어떤 자세가 필요할까?

◀ 돌에 새긴 아시리아 임금 사르곤의 원통연대기, 기원전 8세기, 루브르박물관.

고대에도 기록은 있었다. 성읍국가들이 발전하면서 각종 행정문서가 기록되고, 왕국이 건설된 뒤 임금의 업적이 종종 과장된 형태로 돌에 새겨지고 연대기로 기술되었다. 이스라엘과 유다 왕국에도 〈이스라엘 임금들의 실록〉, 〈유다 임금들의 실록〉, 〈솔로몬의 실록〉, 〈야사르의 책〉, 〈임금들의 실록 주석서〉, 〈사무엘 선견자의 기록〉 등 20여 종의 다양한 사료가 있었다고 전해진다. 하지만 고대 근동에서 역사가 서사 형태로 저술된 것은 매우 늦은 후대이다(기원전 3세기에 쓰인 베로수스의 〈바빌로니아카〉가 한 예이다).

놀랍게도 유다에서는 비교적 일찍 역사서가 저술되었다. 기원전 6세기에 활동한 신명기계 역사가는 신명기 신학의 관점에서 이집트 탈출부터 망국에 이른 이스라엘의 역사를 성찰하였다. 또 기원전 4-3세기 인물로 추정되는 역대기계 역사가들은 예루살렘 성전과 다윗 왕조의 정통성에 초점을 맞춰 유다 왕국을 중심으로 이스라엘 역사를 다시 서술했다.

이들은 모두 실록 같은 왕국의 공식 사료는 물론 예언자와 연관된 민간전승 같은 다양한 설화를 적극적으로 수용해서 역사서를 저술했다. 역대기계 역사가의 경우 기존에 있었던 사무엘기와 열왕기를 과감하게 발췌하여 사용했다. 그런데 이들은 과거 그 자체, 역사적 사실을 정확히 기술하거나 재구성하는 데 목적을 두지 않았다. '사실'을 역사 서술의 본질적인 요소로 보지도 않았다. 오직 야훼 하느님에 대한 신앙 안에서 하느님 백성의 올바른 삶을 제시하고 새 희망을 북돋기 위해서 역사를 기록하였다. 하느님의 뜻을 드러내고 하느님 백성의 정체성을 바로 세우는 데 도움이 된다면, 때로는 서로 어긋나는 이야기들도 나란히 실어 살펴보게 하였다. 한마디로, 그들에게 역사는 야훼 신앙의 진리를 전달하는 하나의 보조수단이었다.

성경에 숱하게 등장하는 "기억하여라"(신명 5,15; 7,18; 8,2 등)라는 요청은 과거에 관심을 가지라는 촉구가 아니다. 그 요청은 지금 여기에서 "사제들의 나라, 거룩한 민족"(탈출 19,6)이 되기 위해 주 하느님이 하신 일과 가르침을 잊지 말라는 호소였다. 성경의 역사서를 비롯하여 성경 전체가 정보 전달이 아니라 야훼의 백성으로 "한 민족의 종교적 의식과 지각을 형성하려는 데" 목적을 두고 저술된 것이다(스카, 인간, 78).

고대 이스라엘의 역사 서술을 어느 정도 신뢰할 수 있나?

과거에는 성경이 역사의 실제 사건에 기초하고 그것에 주요한 관심을 두었다고 생각했다. 그래서 성경의 역사서를 상당한 '역사성을 지닌' 본문으로 간주했다. 하지만 요즘에는 성경의 역사서를 고대 이스라엘의 역사적 문헌으로 보기보다, 역사의 흐름을 서사 형태로 재구성한 문학작품으로 접근하는 경우가 많다. 이야기의 구성(플롯)과 본문에 깔려 있는 이념에 주목하는 것도 같은 관점이다. 성경 본문에 역사적 사실의 핵심이 담겨 있지만 그것만을 따로 뽑아낼 방법이 없다고 본다. 여러 해석과 함께 편집된 본문 속에 용해되어 있기 때문이다.

이렇게 관점이 바뀌면서 역사 사료로서 성경의 신뢰성도 논란이 되고 있다. 한쪽에는 교회의 전통적인 주장을 고수하면서, 잘못된 것으로 완전히 입증되지 않는 한, 성경에 기록된 과거를 진실로 여겨야 한다는 이들이 있다(이들의 별칭은 '최대주의자'이다). 그들에게 성경은 여전히 신뢰할만한 역사기록이다. 반대편에는, 성경도 통상적인 역사적 절차로 검증해야 하며, 성경이 후대에 신학적 관점에서 해석된 역사를 기술했으므로 2차 보충자료로 보아야 한다고 주장하는 이들이 있다(이들의 별칭이 '최소주의자'이다).

양 진영의 논박이 활발해지면서 고대 이스라엘 역사 연구의 폭과 깊이가 더해졌다. 갈수록 최대주의자들의 입지는 좁아졌다. 대부분의 학자가 최소주의자들의 도전을 진지하게 받아들이며 성경에 나오는 이스라엘 민족의 역사를 더 이상 1차 사료로 보지 않으려 한다. 그렇다고 최소주의자들의 주장을 그대로 수용하는 이들도 많지 않다. 이들의 주장을 수용하면 고대 이스라엘 같은 약자의 역사는 희미한 흔적밖에 남지 않는다. 해석된 형태의 성경 기록이라도 남아 있어 고대 이스라엘 역사의 전체 모습을 가늠해볼 수 있다. 현재 고대 이스라엘 역사의 재구성이 가능한가라는 물음 속에서 좀 더 보편적인 설명을 찾으려는 논쟁과 모색이 거듭되고 있다. 합의되었던 과거의 토대는 무너졌는데 새로운 토대는 아직 구축되지 않은 형국이다. 고대 이스라엘의 역사는 여전히 유동적이다.

고대 그리스에서 역사는 어떻게 서술되었나?

이스라엘에서 역사가 서술되던 때에 그리스에서도 같은 작업이 이루어졌다. 그리스의 경우 밀레투스의 헤카테우스(기원전 6세기 후반-5세기 초반)에 의해 시작되고 헤로도토스(기원전 484?-425?)의 《역사》와 투키디데스(기원전 460?-400?)의 《펠로폰네소스 전쟁사》를 거치면서 이른바 '역사'(Historia, '연구', '조사'라는 뜻)가 하나의 장르를 형성하였다.

그런데 이때 그리스 역사가들은 현대 역사가들처럼 관련된 기록, 문서들, 편지들, 유물들을 조사하지 않고, 오히려 기존의 작품들과 관련된 이들의 기억과 증언을 조사했다. 그런 다음 "나는 내게 사실인 것처럼 보이는 것을 기록한다"(헤카테우스)는 입장에서 서술했다. 자신의 생각에 자명해 보이고 생생하게 사실인 것처럼 판단되면, 기존 작품에서도 그대로 옮겨 쓰고 사실 여부에 상관없이 특정한 내용을 기록하였다. 그러면서 자신이 전문가로서 공평한 입장에서 글을 썼음을 곳곳에서 암시했다.

▲ 코린토 양식의 그리스 병사의 투구, 청동, 기원전 6세기, 올림피아박물관.

이러한 그리스의 역사 서술 방식은 헬레니즘 문화를 통해, 특히 신약성경의 배경을 이룬 로마 시대까지 널리 영향을 미쳤다. 신약성경에서 이와 가장 유사한 예는 루카복음서의 서문(루카 1,1-4)에서 볼 수 있다. 루카 복음사가는 마르코복음서의 상당 부분을 그대로 옮겼지만 아무런 표시를 하지 않았다. 진실이라 생각해서 옮겨 쓴 것이기 때문이다. 그리스의 역사가들이 그렇게 서술한 이유는 실제 사실을 전하려는 데 목적을 두지 않고, 역사적 사건을 활용하여 도덕적인 주제를 전개해가면서 독자에게 교훈과 즐거움을 주려고 했기 때문이다. 이 점에서 그들의 역사 문헌은 오늘의 역사 소설과 비슷하다.

그렇다면 어떻게 고대 이스라엘 역사를 살펴야 하나?

하느님 백성인 그리스도인이 낯선 고대 이스라엘 역사에 관심을 갖는 이유는 분명하다. 그들이 믿는 하느님의 계시와 하느님 백성의 근본 정체성이 그 역사에 새겨 있기 때문이다. 하느님과 그분의 섭리와 하느님 백성의 정체성이 계속 이어지고 있다고 믿기 때문이다.

고대 이스라엘 민족은 자기들의 역사 과정에서 야훼 하느님의 개입을 깨달았고(특히 예언자들을 통하여), 그분의 뜻을 계시한 여정으로 역사를 이해하고 그 관점에서 해석하였다(2열왕 17,7-20; 24,2 참조). 하느님이 어떤 분이며 어떻게 당신의 뜻을 드러내셨는지, 그분의 백성이 어떻게 형성되었으며 그 정체성이 무엇인지, 그들에게 주어진 사명과 미래가 무엇인지가 자신들의 역사에서 드러났다고 뒤늦게 깨달았다. 그 깨달음을 간직하고 지켜나가기 위해 역사를 기록한 것이다.

다시 말해 이스라엘 민족에게 역사는 과거에 있었던 사건을 들여다보는 창문이 아니었다. 그 안에서 오래 전부터 준비되어 온 하느님의 놀라운 경륜이 펼쳐지는 과정을 배우고, 그에 부응하여 현재를 성찰하며 미래를 준비할 수 있도록 돕는 거울이었다.

하느님이 함께한 역사를 기억하고 해석하여 기록할 때, 이스라엘 민족은 하느님의 영감을 받아 하느님의 말씀을 적는다고 믿고, 그것을 성경에 담았다고 서술하였다(탈출 24,12; 신명 31,9 참조). 따라서 신앙인이 그들의 삶의 역사를 읽을 때, "참으로 일어난 사실들만 배타적으로 고정하려는" 현대의 실증적인 자세에서 벗어나는 것이 필요하다.

또 역사에서 당신을 계시하시는 하느님의 계시 경륜이 "서로 긴밀히 결합된 행적과 말씀으로 실현"되며, 성경의 과제는 "이 사건들과 말씀들을 전달하는 것"이라는 가르침에 주의를 기울여야 한다(성서위원회, 성경의, 232-233). 결국 고대 이스라엘의 역사에 접근하는 일반 역사가의 눈과 신앙인의 눈은 다를 수밖에 없다.

1부

고대 이스라엘 민족의 태동기

에덴에서 모압 벌판까지

1

인류 역사와 이스라엘 선조들의 삶
에덴에서 이집트 땅으로

성경의 증언

구약성경 〉 오경 〉 창세기

창조와 타락 이후의 세계(창세 1,1-5,32)

하느님께서 말씀으로 빛을 창조하시고 심연을 갈라 하늘과 땅과 바다를 구분하시고, 그곳에 살 식물과 동물, 마침내 인간을 창조하시자 세계가 존속하게 되었다. 하느님이 마련해주신 에덴동산에서 살던 아담과 하와는 하느님의 말씀을 거역하여 쫓겨났다. 그들의 자식 중에서 카인은 아벨을 죽이고 그 땅의 저주를 받아 방황하다 성읍을 세웠다. 카인과 아담의 또 다른 자식 셋을 통해 아담의 자손은 번성했지만 그들의 폭력과 불의가 세상을 채웠다.

홍수의 심판과 새로워진 세계(창세 6,1-11,26)

하느님은 말씀대로 방주를 만든 노아와 그의 가족, 방주에 태운 동물들을 제외한 모든 존재를 대홍수로 멸망시키셨다. 그 뒤, 노아와 계약을 맺고 그의 세 아들에게 복을 내리셨다. 그러나 그들의 후손들이 바벨 성읍을 세워 흩어지지 않으려고 시도했지만, 하느님은 말을 다르게 하여 그들을 흩으셨다. 흩어진 사람들이 세상 곳곳에서 번성했다.

아브라함 이야기(창세 11,27-25,18)

셈의 후손인 아브람은 칼데아의 우르에서 하란으로 이주했다가, 그곳을 떠나라는 하느님의 말씀을 들었다. 그는 그 말씀대로 길을 떠나 보여주신 가나안 땅으로 갔다. 기근 때문에 이집트로 갔다가 되돌아와 헤브론에 거주하면서 하느님과 계약을 맺고 아브라함이란 새 이름을 받았다. 100세에 얻은 아들 이사악을 하느님께 봉헌하려다 대속한 뒤 친족에게서 며느리를 얻고 아내 사라를 묻기 위해 막펠라 동굴 주변 땅을 매입했다. 그는 175세로 죽었다.

이사악 이야기(창세 25,19-26,35)

이사악은 평생 가나안 땅을 떠나지 않고 조용히 살았다. 기근으로 어려울 때는 그라르 지방으로 가서 머물렀다. 하느님이 돌봐주셔서 그는 가는 곳마다 우물을 파서 주변 민족들에게 인정을 받았다. 20년 만에 쌍둥이 아들을 얻었는데, 둘의 성격과 삶의 양상이 완전히 달랐다. 나이 들어 맏이 에사우에게 축복하려 했으나 아내와 둘째 야곱에게 속아 야곱을 축복했다. 그 뒤로도 오래 살아 180세에 죽었다.

야곱 이야기(창세 17,1-36,43)

야곱은 형의 보복을 피해 외가로 가는 중에 베텔에서 하느님을 만나고, 파딴 아람으로 가서 외삼촌 라반의 집에 머물렀다. 거기에서 모두 20년을 머물면서 아내 둘과 그들의 몸종 둘에게서 모두 열한 명의 아들과 딸 하나를 얻고 많은 재산을 모았다. 귀향하는 중에 야뽁 나루에서 신비로운 존재와 씨름하여 이스라엘이라는 새 이름을 얻고, 형과 화해했다. 야곱은 스켐 주변에 머무르려다 딸 디나의 일로 그곳을 떠나 베텔을 거쳐 헤브론에 가서 머물렀다. 여정 중에 라헬을 잃고 막내 벤야민을 얻었다.

요셉 이야기(창세 37,1-50,26)

라헬이 낳은 요셉은 아버지의 사랑을 독점하고 꿈 자랑으로 형들의 질시를 받아 17세에 이집트로 팔렸다. 포티파르의 집에서 모함 받아 감옥에 갇혔으나 시종장들의 꿈에 이어, 파라오의 꿈을 해몽하여 30세에 재상이 되었다. 7년 대풍과 7년 흉작에 잘 대처하여 이집트를 살리고, 곡식을 사러 온 형들의 변화를 시험한 뒤에 가족 전체를 이집트로 초청했다. 야곱을 유언대로 막펠라 동굴에 묻고, 요셉은 자기도 가나안 땅에 묻어달라고 유언한 뒤 110세로 죽었다.

▲ 아브라함의 이주 경로 1 (성서사십주간 성경지도 23)

역사의 증거

현대에서 창조 이야기는 종교적 영역 또는 신화나 설화의 영역으로 간주하고, 우주와 생명의 생성은 과학으로 설명한다. 역사 영역에서도 인간의 역사를 그 배경인 우주의 생성부터 설명하는 이른바 '빅 히스토리'(Big History)라는 분야가 새로 등장하였다. 이에 따르면 창세기 1-11장이 137억 년에 걸쳐 펼쳐진다(시점, 현재).

1. 인류 역사와 이스라엘 선조들의 삶 43

137억 년 전	이른바 대폭발로 팽창하는 우주 생성 시작
46억 년 전	태양의 생성, 4천만 년 후 태양계 행성 형성
38억 년 전	최초 세포의 등장 시점으로 추정
6억 년 전	최초의 동물 화석(바다에서 생활)
4억 6000만 년 전	최초 식물의 원형 등장
2억 1000만 년 전	최초 포유류 등장
6000-5500만 년 전	포유류 중 영장류 등장
2500만 년 전	유인원 등장
250만 년 전	유인원 중 사람속 등장
25-13만 년 전	호모 사피엔스종 등장
4-3만 년 전	현생인류(호모 사피엔스 사피엔스) 등장 – 구석기시대
1만 2000년 전	기온 상승으로 해수면 상승, 곳곳 범람 (홍수 설화)
1만-8000년 전	초기 농업의 시작, 개, 양 등의 가축화
5500-4000년 전	초기 청동기시대, 수메르 문명 출현 5100년 전에 이집트 문명 출현

고고학에서 선조 시대는 전통적으로 중기 청동기시대(기원전 2000-1550년경)로 추정하였다. 이 시기의 근동 역사는 대략 다음과 같다.

선조 시대의 고고학 연대: 중기 청동기시대(기원전 2000-1550년경)				
연대	이집트	시리아–팔레스티나	아나톨리아	메소포타미아
2000 (기원전)	중왕국	새 주민들 정착	히타이트족 이주	이신–라르사 시대
	12왕조			아모리 왕국들 번성
1900	경제 번영	이집트 영향력 확장	아시리아의 상업 식민지 건설	마리 왕국 성장
		원시 알파벳 등장		
1800				함무라비, 제국 건설
	제2중간기	이집트 영향력 쇠퇴	히타이트 왕국 건설	고바빌로니아 쇠퇴
1700	13·14왕조			하나 왕국, 마리 왕국
	힉소스 왕조	힉소스가 장악		후리족의 왕국 수립
1600	17왕조(테베)		히타이트 강성	하나, 고바빌로니아 멸망
	18왕조			카시트 바빌로니아 수립
1550	힉소스 추방	주요 성읍 파괴		아시리아도 명맥 유지

시대 전체보기

기원전 이천 년대 초반에, 이집트에서는 제1중간기를 끝내고 12왕조가 강력한 중왕국(대략 기원전 2023-1720년)을 이루면서 누비아와 시리아로 출정했다. 경제적으로 번영하고 문화가 뛰어난 시기였다. 그러나 13왕조부터 세력이 약화되어 셈계 사람들로 추정되는 이른바 '힉소스'('외국 땅의 통치자'라는 뜻) 왕조인 15·16왕조가 삼각주 일대를 100여 년 지배했다.

메소포타미아에서는 우르 3왕조가 엘람족에게 망하고 아카드 출신인 이슈비 이라가 이신-라르사 시대를 열었다. 이 시기에 유프라테스강 서쪽에서 온 아모리족(아무르족, '서부 사람들'이란 뜻)이 시리아와 메소포타미아 전역에 대거 정착하면서 얌하드와 마리 등 강력한 왕국을 곳곳에 세웠다.

수메르와 아카드로 나뉘었던 메소포타미아는 기원전 이천 년대에 바빌로니아라는 단일 문화권으로 서서히 묶였다(북부의 아시리아 제외). 성읍 중심이었던 종교가 주위로 퍼져나갔으며 아카드어가 통용되었다. 사람들이 관개시설에 의존하여 농사를 짓게 되면서 큰 강 주위로 많이 몰려들었다. 수메르 남쪽에서 토양의 염도가 높아지자 농민들은 농토를 포기하고 강 중류로 이동했다. 성읍 사이뿐 아니라 더 먼 지역까지 교역이 활발해지고, 각종 사회관계에 계약이 널리 활용되었다. 아나톨리아 중부에 있던 교역 중심 성읍 카네시에서 발견된 고古아시리아 상인들의 문서는 기원전 1940-1835년경에 국제 교역이 얼마나 전문화하고 활발했는지 잘 보여준다.

아모리족이 세운 고古바빌로니아 왕국의 함무라비가 마리와 아수르(아시리아), 에슈눈나, 라르사를 모두 정복하고 통일했다(기원전 1763-1760년). 그러면서 도성 바빌론과 바빌론의 주신 마르둑이 메소포타미아 문화의 중심으로 떠올랐다. 기원전 1595년에 기원을 알 수 없는 카시트족이 고바빌로니아를 무너트리고 지배권을 장악한 뒤 바빌론을 중심으로 이집트와 히타이트, 미탄니 등 강대국과 외교를 활발하게 진행했다. 카시트 바빌로니아는 기원전 1155년경까지 메소포타미아에서 가장 오래 지속된 왕국이었다.

선조들은 기원전 2000년경의 인물인가?

시리아 팔레스티나 지역에 매우 늦게 등장한 이스라엘은 자기 민족의 기원을 으뜸 선조 세 명의 이야기로 풀어냈다. 과연 그들은 실존 인물인가? 그들은 가족 단위로 움직이는 목축 유목민으로, 사정이 허락되는 곳에서 부분적으로 정착했다. 따라서 떠돌아다녔던 그들의 실존을 입증할 길은 없다. 다만 그들이 어느 시대에 살았는지를 두고 논란이 벌어졌다.

창세기에 설정된 문학적 연대기에 따르면 선조 시대는 팔레스티나에서 215년간 지속된다(아브람의 가나안 이주부터 야곱의 이집트 이주까지). 성경 본문의 기록을 역산하면 이 시대는 기원전 2000년 전후에 해당한다. 즉 여호야킨 임금이 포로가 된 때(기원전 597년)에서 솔로몬 통치 시작 때까지 걸린 기간 423년을 더하면 솔로몬의 통치 시작은 기원전 1020년이다. 솔로몬 재위 4년(기원전 1016년)에 성전이 착공되고, 그로부터 이집트 탈출 때까지 설정된 기간 480년(1열왕 6,1), 거기에 이집트 거주 기간인 430년(탈출 12,40; 창세 15,13에는 400년), 선조 시대 215년을 덧붙이면 팔레스티나에서의 선조 시대는 기원전 2141-1926년에 해당한다.

이 시기에 시리아에는 아모리족이 세운 얌하드 왕국과 카트나 왕국,

해안가에 건설된 우가리트와 비블로스 등 강력한 성읍국가들이 곳곳에 건재했으며, 팔레스티나에도 페니키아의 영향으로 곳곳에 성벽을 세운 큰 성읍들이 건설되었다(최대 성읍은 북부의 하초르, 인구 2만). 이 당시 팔레스티나의 전체 인구는 약 14만 명 정도로 추정되며, 주로 해안평야와 이즈르엘 골짜기, 요르단 골짜기 북부에 살았다. 이들은 메소포타미아와 이집트 문명의 영향을 짙게 받으면서도 종교 문화 등에서 독특한 가나안 문화를 가꾸어갔다. 팔레스티나 남부는 이집트의 영향권에 속했다. 그러나 기원전 1530년경 팔레스티나 성읍국가의 대부분이 군사적 공격으로 파괴되었는데, 팔레스티나로 도주한 힉소스족을 추격한 이집트와 북부 시리아에서 내려온 후리족의 공격을 그 요인으로 본다.

저명한 고고학자 올브라이트는 1940년대부터 중기 청동기 1기(그의 주장에 따르면 기원전 2100-1800년)에 이루어진 아모리족의 대대적인 침입

▲ 이집트로 들어가는 셈족 대상, 크눔 호텝의 무덤, 기원전 19세기, 이집트의 베니 하산 소재(출처: C. R. Lepsius 모사, 1849-56년).

때 아브람도 아모리족 대상隊商으로 이주하였다는 견해를 밝혔다. 또 다른 유력한 학자들은 중기 청동기 2기를 선조 시대로 제안했다. 선조 이야기에 나오는 인물들의 이름과 관습, 법적 절차, 생활모습이 후대에는 볼 수 없는, 그 당시의 가나안 문화에 부합한다는 것이다. 기원전 18세기에 유프라테스강 상류에 자리했던 마리 왕국과 기원전 15세기 티그리스강 동편 미탄니 왕국의 성읍 누지에서 출토된 토판들이 구체적인 증거로 제시되었다.

한 예로 야곱이라는 유형의 이름은 기원전 2천 년대 초기 자료에 일곱 번 나타나고, 아브람(아브라하나)과 이사악, 요셉, 테라(투라이), 나홀 등도 유사한 아모리족 이름으로 마리 문서 등에 많이 나타났다. 또 몸종 하가르를 통해 아브라함의 자식을 얻고자 하는 사라의 시도(창세 16,1-4), 종을 양자로 삼아 상속하는 관습(창세 15,3), 장자권의 매매(창세 25.31.34), 집안 수호신상(창세 31,19.30) 등은 누지 토판에 나타난 후리족의 관습과 매우 흡사하다. 아내를 누이로 소개하는 일화(창세 12,10-20; 20,1-18; 26,6-11)의 배경에도 기원전 2천 년대 중반에 번성했던 후리족의 관습이 깔려 있다고 주장한다.

그 외에도 고고학적으로 하란이 기원전 1800-800년 동안 폐허로 있었다는 사실, 사해 동남쪽 해안에서 발굴된 요새화된(소돔과 고모라로 추정되는) 마을들이 기원전 2450-2350년경 엄청난 불로 파괴되었다는 사실, 요셉이 은전 스무 닢에 팔렸는데(창세 37,28) 고바빌로니아 시대의 종의 값이 스무 세켈이었다는 근동 문서(페르시아 시대에는 90-120세켈) 등을 근거 자료로 제시하였다.

선조 시대가 어느 때인지 알 수 있나?

1970년대 들어 새로운 자료들이 발굴되고 기존 자료가 재검토되면서 확고하던 기존 주장의 토대가 무너졌다. 기존 주장에는 유프라테스강 서쪽 시리아 초원지역에 살던 아모리족이 기원전 3천 년대 말부터 메소포타미아는 물론 시리아와 팔레스타인에 대거 침입 또는 이주하여 초기 청동기 성읍들을 무너트리고 중기 청동기 2기의 중심 세력이 되었다는 가설이 전제되어 있었다.

그러나 최근 연구에서 '아모리족'은 인종이나 정치적인 개별 민족이 아니라 이동목축민들을 포괄적으로 지칭하는 용어였으며, 이들은 성읍 중심의 농경문화에 통합되어 살았다는 주장이 우세하다(아놀드, 44. 69). 그들이 대규모로 침입한 흔적은 고고학적으로 입증되지 않았고, 초기 청동기 문화가 쇠퇴한 원인은 외부의 침략이 아닌 지역경제의 내부 문제였으며, 고대 근동에서 정착농경민과 목축민은 공존하면서 기후 상황에 따라 생존 양식을 바꾸었다는 것을 분명히 알게 되었다. 이 당시 목축민의 생활양식은 아주 다양하여 초원지역(연 강우량 150-250mm)에서 계절에 따라 주거를 옮기며 사는 이동목축민(pastoral nomad)도 있었고, 성읍들 주변에서 목축민으로 살거나 이미 정착하여 농경민으로 변화한 이들도 많았다.

또 아브람 등의 인명이나 관습도 고대 근동의 서부 지역에 오랫동안 널리 퍼져 있었음이 확인되었다. 따라서 이런 것들을 어느 특정 시기나 특정 지역에 한정시킬 수 없게 되었으므로, 이에 근거하여 선조 시대를 설명할 수 없게 되었다. 일례로 사라처럼 몸종을 통해 자식을 얻으려는 관습은 기원전 7세기 아시리아의 혼인계약에도 등장한다(핑켈스타인, 375). 또한 칼데아, 단, 필리스티아 등의 용어는 기원전 1천 년대에 등장한 이름으로, 시대착오적인 정보이다. 낙타의 등장(창세 12,16; 24,10-67; 30,43 등)도 팔레스티나의 경우 기원전 12세기 이후로 추정되므로 시대착오적인 사항이다.

그 결과 선조 시대를 중기 청동기시대 1기(기원전 2000-1750년)로 여겼던 전통적인 견해는 무너졌다. 그 대신 후기 청동기시대(기원전 1550-1200년)로 잡거나, 아예 특정 시기로 못 박을 수 없다는 견해가 통용된다. "'선조들의 시대'라는 매우 일반적인 용어를 말하는 것만이 가능하다. 그 시기의 시작이든 끝이든 정확한 시기를 말하는 것은 불가능하다"(드보, 266). 선조 시대를 규정하기 어려우니 선조 이야기가 작성된 시기로 논의의 초점이 옮겨졌다. 즉 선조 이야기에 단편적인 역사적 기억이나 징후가 포함된 것은 인정하지만, 이야기 자체는 작성 당시의 후대 상황을 더 많이 드러낸다고 보게 된 것이다.

> **자료**
>
> "만약 한 남자가 아내를 얻고 아내가 여종을 남편에게 주어 그 여종이 임신한 뒤에는 여주인과 같은 대우를 받을 수 있다. 임신하였으므로 여주인이 돈을 받고 그 여종을 팔지 못할 것이다. 그러나 여주인이 그 여종을 종으로 부릴 수 있다"(함무라비 법전 제146조, 기원전 18세기: 출처 avalon.law.yale.edu/ancient/hamframe.asp).

성경과 역사 사이에서

창세기는 우주와 세계의 기원, 인간 사회와 문명의 발생, 이스라엘 민족의 시작에 관한 이스라엘의 고백이다. 이를 통해 우주와 인류 세계에서 자기 존재의 의미와 위치를 밝힌 글이다. 곧 이스라엘은 뒤늦게 등장한 민족이지만, 이 땅에서 모든 존재와 공생하는 인류의 한 갈래임을 드러낸 것이다. 길고 짧은 설화들과 족보로 구성된 창세기는 왕정시대(대략 기원전 900-600년)에 부분적으로 쓰였고 바빌론 유배 시기와 그 이후에 편집 완성되었다고 추정된다.

여기에는 그 이전부터 구전된 자료(전설, 민담, 신화 등)가 포함되었는데, 그것에 역사적 사실과 관련된 기억이 부분적으로 깃들어 있음을 부인할 수 없다. 또 바빌로니아의 창조 서사시 등 주변 문화의 이야기들을 재해석하여 통합한 부분도 있다.

그렇게 통합된 자료 중에 단편적인 역사적 사실이 들어 있다 하여도 그것을 입증할 길이 없고, 그것을 근거로 전체의 역사성을 주장할 수도 없다. 창세기는 처음부터 세계는 이렇게 만들어졌고 선조들이 고대에 그렇게 살았다는 사실을 전해주려는 역사적 관점에서 쓰이지 않았다. 초점은 기술된 이야기를 통해 이스라엘이 어떤 존재이며 어떻게 살아야 하는가를 알려주려는 신앙교육에 있다. 즉, 성경의 가치는 실린 이야기의 역사성이나 사실성에 있지 않고 그것을 통해 드러나는 가르침의 진정성에 있다. 이는 성경과 비슷한 내용의 근동 서사시를 비교해보면 한층 분명하게 알 수 있다.

한 예로 창조 설화를 보자. 고대 메소포타미아에서 창조 설화는, 우월한 위치에 있는 성읍이나 국가의 탁월한 정치적 지위를 부각하는 데 초점을 두었다. 바빌로니아의 경우 바빌론의 주신 마르둑이 창조신으로 현재의 이 모든 것을 만들었다고 설명하여, 바빌로니아의 우월함을 드러냈다. 이스라엘도, 그들의 하느님 야훼께서 우주를 '보시니 좋게' 창조하셨다고 고백한다. 그런데 많은 민족으로 뻗어가고 다양한 문화로 번성하기를 원하신 하느님의 뜻과 달리, 세상은 창조된 인간의 죄와 폭력 때문에 대홍수를 겪으며 사라질 위기를 겪었다고 증언한다. 이스라엘은 초반부터 나오지도 않고 우월하게 묘사되지도 않는다. 단지, 한참 뒤에 한 갈래에서 슬그머니 나올 뿐이다. 정작 드러나는 것은 이스라엘의 역사 속에 드러난 고유한 야훼 신앙이다. 창세기는 이를 한처음으로 소급하여 세계와 역사 속에 보편적인 것으로 정립한다.

여기저기 옮겨 다니며 살았던 선조들의 실재를 구체적으로 입증할 외부 자료는 현재까지 없다. 고고학적인 추가 발굴로 그들에 대한 입증 자료가 나오기를 기대하는 것은 무리이다. 오히려 창세기가 제시하는 이야기들의 특성을 잘 살피는 일이 더 중요하다. 예컨대 선조 이야기는 선조들을 이스라엘 민족의 전형적인 모범으로 다음과 같이 제시한다.

성소聖所의 창설자: 남부 헤브론에 제단을 쌓은(창세 13,18) 아브라함은 북부의 성소인 스켐과 베텔에도 제단을 쌓고 야훼께 봉헌하여(창세 12,7-8), 남부와 북부를 통합하면서 이 지역들이 갖는 권위와 의미를 인정하고 보증한다. 살렘 임금 멜키체덱에게 십분의 일을 주어 예루살렘의 권위도 인정한다(창세 14,19-20).

주변 민족과의 관계 정립: 아브라함은 조카 롯을 통해 모압족과 암몬족, 하가르에게서 난 이스마엘을 통해 아랍족(창세 16,15-16; 25,12-16), 크투라와의 사이에서 난 자식 6명을 통해 미디안 땅과 아라비아 반도에 사는 다양한 종족(창세 25,1-6), 친족들이 사는 파딴 아람을 통해 아람족(창세 24장), 손자 에사우를 통해 에돔족(창세 36,1-5)과 연관을 맺는다. 따라서 이사악 – 야곱으로 이어지는 이스라엘 민족은 아브라함을 통해 주변 민족들과 친족관계이지만 나름의 고유한 정체성을 가진다는 점을 알게 된다. 이처럼 아브라함은 이스라엘 민족의 경계를 설정하는 기원 인물로 내세워진 존재다.

후손들의 삶의 지표: 아브라함과 야곱이 가나안 땅에서 움직인 여정은 비슷하다(스켐, 베텔과 아이, 헤브론). 이 여정은 선조들이 간 길을 후손들이 그대로 좇는다는 것을 보여준다. 이 점에서 그들은 한 민족으로 일관성을 갖게 된다. 칼데아 땅이라는 시대착오적인 표현까지 써서 아브람이 메소포타미아의 우르에서 1800km를 걸어 가나안으로 온 것과, 그와 야곱이 이집트에서 올라온 것은 모두 후손들의 이집트 탈출 및 바빌론 유배 역사와 연관된다. 특히 선조들이 하느님과 맺은 무조건적 계약(창세 15장; 17장)은 땅과 후손을 약속하시고 이루어주시는 충실하신 하느님의 모습과 함께 그 하느님께 충실한 선조들의 모습을 보여주

며 약속의 땅에서 쫓겨난 유배자들에게 회복의 희망을 선사했다.

결국 중요한 것은 이스라엘이 우주의 창조주요 아브라함과 그의 후손을 선택하여 당신과 특별한 관계를 맺으신 야훼 하느님의 백성임을 한처음부터, 선조들로부터 연결하여 가르치고자 한 창세기의 저술 의도를 잘 알아듣는 데 있다. 아담과 하와의 창조부터 요셉의 죽음까지 이르는 역사를 2309년에 이르는 시간 속에 배열해놓은 것은 이 이야기들을 더 오랜 고대와 연결하여 신뢰도를 높이려는 저술 의도에 따른 것으로 볼 수 있다.

2

이스라엘 민족의 기원, 이집트 탈출
이집트 땅에서 모압 벌판까지

■ 성경의 증언

구약성경 〉 오경 〉 탈출기, 레위기, 민수기, 신명기

이집트에서(탈출 1,1-18,27)

야곱의 가족 일흔 명이 이집트로 이주한 뒤 그들의 자손이 번성하자, 이집트의 새 임금이 그들을 억압했다. 강에서 건져낸 레위 집안의 한 사내아기(모세)가 이집트 공주에게 입양되어 자란 뒤, 자기 동포를 도우려다 살인하고 도주했다.

세월이 오래 흘러 이스라엘 자손들이 울부짖자, 야훼 하느님이 호렙에서 목자로 일하는 모세를 불러 이스라엘 백성을 구할 사명을 맡기셨다. 모세는 이집트로 가 파라오에게 하느님의 말씀을 전했지만 그가 듣지 않아, 열 가지 표징이 이집트에 나타났다. 마침내 이집트 땅에서 산

430년이 끝나는 바로 그날, **첫째 달 열닷새 날**에 이스라엘 백성은 이집트를 떠나 갈대 바다를 걸어 건너간 뒤, 이집트 군대를 바다에 처넣으신 주님의 승리를 노래하였다.

광야에서(탈출 15,22-18,27)

수르광야의 마라에서, 주님께서 쓴물을 단물로 바꿔주셨다. **둘째 달 보름이 되는 날**, 신광야에서 만나와 메추라기를 주셨다. 호렙의 바위를 쳐서 나온 물을 마시고, 르피딤에서 아말렉족을 물리쳤다. 모세가 장인 이트로에게 주님께서 하신 놀라운 일을 알리고, 함께 음식을 먹었다.

시나이산 기슭에서(탈출 19,1-민수 10,10)

이집트 땅에서 나온 뒤 **셋째 달 바로 그날**, 시나이산 앞에서 주님은 당신 백성이 될 수 있는 계약을 제안하며, 계약 조항으로 십계명과 각종 규정들을 선포하셨다. 이스라엘 백성이 사흘날에 시나이 계약을 맺은 뒤, 모세는 하느님께 성소 제작 지침을 들었다.

　모세가 없어 불안해진 이스라엘 백성의 청을 들어 아론이 수송아지 상을 만들자, 백성이 제물을 바쳤다. 진노하신 주님께 모세가 자신의 목숨을 걸고 용서를 청하자, 주님께서 '자비하고 너그러운 하느님'임을 드러내시며 다시 계약을 맺으셨다. 이스라엘 백성은 주님이 말씀하신 대로 성막과 기물을 만들어 봉헌하였다.

둘째 해 첫째 달 초하룻날에 성막이 세워지자, 주님의 영광으로 가득 찼다(탈출 40,34). 이어 주님께서 만남의 천막에서 번제 등 각종 제사 규정과 사제가 지켜야 할 규정을 일러주셨다(레위 1-7장). 그다음에 아론과 그의 아들들의 사제 임직식을 거행했다. 주님은 "거룩한 사람"(레위 11,45)으로 살 수 있도록 정결과 부정에 관한 규정들과, 거룩한 백성이 되는 상세한 규정들을 가르쳐주셨다.

이스라엘 자손들이 이집트 땅에서 나온 **그 이듬해 둘째 달 초하룻날**, 주님의 명령에 따라 온 공동체와 레위인들의 수를 헤아린 다음 레위인들을 봉헌했다(민수 1-8장). 두 번째 파스카 축제를 지내며 시나이광야를 떠날 준비를 갖추었다.

시나이광야에서 모압 벌판까지(민수 10,11-36,13)

둘째 해 둘째 달 스무날에 드디어 시나이광야를 떠난 이스라엘 자손은 불평을 터트리다 하느님의 처벌을 받았다. 모세를 비방한 미르얌과 아론도 주님의 처벌을 받았다. 또 모세의 짐을 나누도록 원로 칠십 명에게 주님의 영이 내렸다.

주님의 명령에 따라 사십 일 간 가나안 땅을 정찰한 이들 중 대부분이 그 땅을 차지할 수 없다며 나쁜 소문을 퍼뜨렸다. 진노하신 주님께서 여호수아와 칼렙을 뺀 나머지 백성은 광야에서 사십 년 동안 헤매다 죽으리라 선고하셨다. 레위의 자손 중 코라와 다탄과 아비람이 모세에 맞서다가 땅에 삼켜졌고, 불평하다 불 뱀에 물린 백성을 구리 뱀을 만들어 살렸다.

요르단 동쪽에서 아모리인들의 임금 시혼과 바산 임금 옥의 영토를 점령하고, 발라암의 축복도 네 차례에 걸쳐 받았다. 모압 벌판에서 두 번째로 새 세대의 백성 수를 헤아리고 여호수아가 모세의 후계자로 선택되었다.

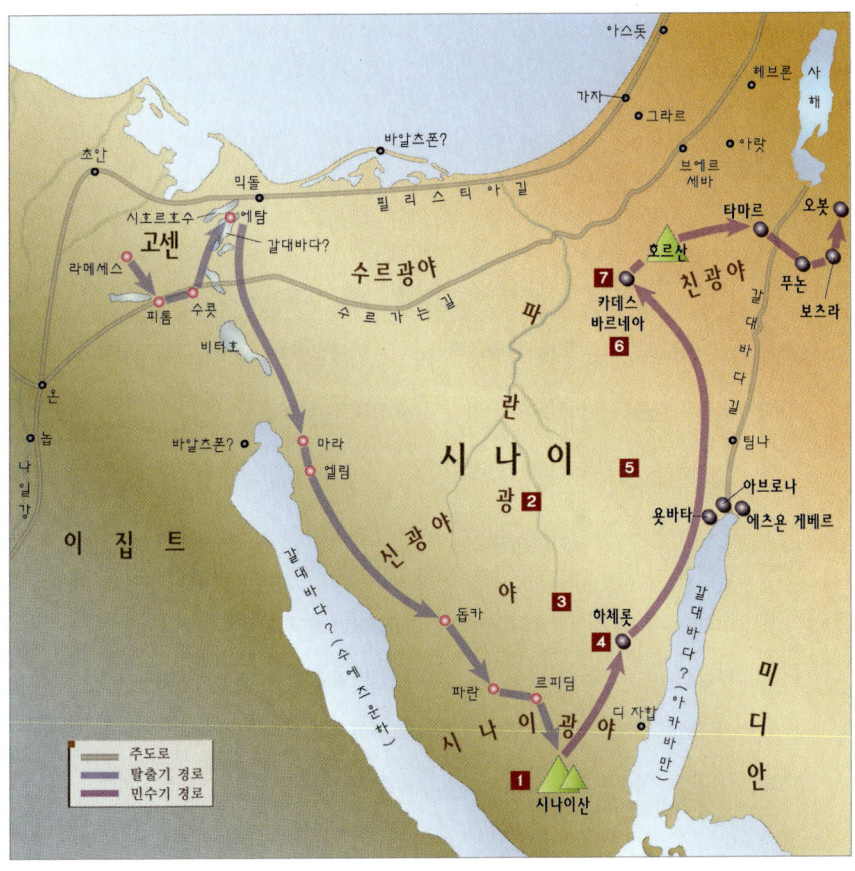

▲ 이집트 탈출 여정 　　　　　　　　　　　(성서사십주간 성경지도 31)

2. 이스라엘 민족의 기원, 이집트 탈출 59

모압 벌판에서(신명기)

사십 년째 되던 해 열한째 달 초하룻날, 모세가 모압 땅에서 이스라엘 백성에게 모든 율법과 그 배경을 다시 자세히 일러주었다. 그는 하느님의 말씀을 실천하고 생명을 선택하라고 힘써 가르친 다음, 이스라엘 자손들을 축복하고 느보산에서 120세로 죽었다.

역사의 증거

고고학 연표: 후기 청동기시대(기원전 1550-1200년)				
연대	이집트	시리아 팔레스티나	아나톨리아	메소포타미아
1500	이집트 강성	이집트의 원정	히타이트 중왕국	후리족의 미탄니 왕국
	투트모세 3세	이집트가 완전 장악		미탄니 왕국 팽창
1400	최대 번영기	우가리트 왕국 건설	히타이트 제국	미탄니, 아시리아 병합
	아마르나 시대	이집트의 봉신	히타이트 제국 확장	미탄니 멸망
1300	19왕조		이집트와 전투	아시리아 부흥
	라메세스 2세	이집트 탈출?	트로이 멸망	카시트 바빌로니아
1200	해양민족 공격	큰 혼란기	히타이트 멸망	아시리아 위축

시대 전체보기

고대 근동 세계는 기원전 17-16세기의 혼란을 딛고 후기 청동기시대에 재건되었다. 이 시기에 이집트는 힉소스족을 내쫓은 18왕조(기원전 1550-1295년)와 19왕조(기원전 1295-1187년)의 통치하에서, 다시 가장 길고 가장 번성한 극성기를 이루었다. 투트모세 3세 시절에 이집트 영토는 누비아에서 시리아 중부까지 최대 영역을 차지했다. 조형미술과 수공업도 최고 수준에 이르렀다. 외국과의 교역과 왕래가 빈번했다.

특히 아멘호테프 3세와 4세 시기(기원전 1390-1334년경)에 이집트의 봉신인 팔레스티나 성읍국가의 임금들과 주변 강대국들은 이집트의 파라오와 활발하게 서신을 교류하였다. 이것이 이른바 '아마르나 서신'(아멘호테프 4세가 세웠던 새 수도에서 발굴된 토판 문서)인데, 이로써 당대 국제 정세와 팔레스티나 사정을 살필 수 있다. 당시 이집트는 팔레스티나의 여섯 곳에 요새를 세우고 총독과 주둔군을 두어 확고하게 통치하고 있었다. 기원전 14세기 팔레스티나에서 하초르와 스켐은 작은 왕국이었고, 예루살렘과 라키스, 아스클론, 므기또 등은 성읍국가였다.

기원전 15세기 말부터 제국으로 우뚝 선 히타이트 왕국은 시리아 북부에서 세력을 뻗치던 후리족의 미탄니 왕국(기원전 1500-1350년경)을 멸망시켰다. 그러자 미탄니 왕국에게 복속되었던 아시리아가 살아나 아수르 우발리트 1세부터 시리아 북부로 진출했고, 투굴티니누르타 1세는 바빌론을 정복하기까지 했다(기원전 1223년). 당시 바빌로니아는 함무라비 왕조를 꺾은 카시트(아카드어 '카슈')족의 지배하에 있었다. 카시트족은 뛰어난 바빌로니아 문화에 빨리 적응했으며 전래되어 오던 '길가메쉬 서사시' 등의 정본定本을 만들어 전하였다.

후기 청동기시대에는 강력한 왕국 간에 무력 충돌도 잦았지만 동시에 빈번하게 외교적으로 접촉하고 왕실혼인을 겸한 국제조약을 맺어 안정을 기했다. 예컨대 기원전 1275년 시리아의 카데시에서 전투를 벌였던 이집트(라메세스 2세)와 히타이트는 그 후 아시리아에 함께 맞서기 위하여 영구적인 평화협정을 맺었다(기원전 1259년). 각국 간의 국제 교역도 활발하여 촘촘한 교역망이 갖춰졌으며 바빌로니아어가 국제어로 널

▲ 아마르나 서신, 기원전 1351-1334년, 아카드어로 쓰인 토판, 이집트박물관.

리 쓰였다. 각 제국은 지역의 봉신 임금들과 종주권 계약을 맺어 임금의 보호와 봉신들의 충성 의무를 상세히 밝혔다.

고대 세계에서 후기 청동기시대는 인류 문명이 크게 도약한 시기였다. 그러나 이런 체제가 무너지며 철기시대로 이행해 간 후기 청동기시대 말기에는 암흑기 또는 혼란스런 과도기를 맞게 된다.

히브리인들의 이집트 탈출 사건이 있었나?

이집트 탈출은 이스라엘 민족의 기원을 이루는 원초적 사건이다. 그런데 과연 이스라엘 백성의 이집트 탈출 사건이 있었을까? 성경에서 이집트 탈출 사건을 기록한 본문들, 예컨대 "우리는 이집트에서 파라오의 종이었다"(신명 6,21)는 고백은 비교적 늦은 시기에 쓰인 것으로 추정된다. "나는 이집트 땅에서부터 주 너의 하느님이다"(호세 12,10; 13,4)라는 구절이 이 사건을 암시한다고 보지만, 이 역시 기원전 8세기에 나왔다. 가장 오래된 시가 중의 하나로 꼽히는 탈출 15장에서도 탈출 사건의 역사성은 명확히 드러나지 않는다.

기원전 2천 년 이래의 이집트 역사에서 아시아계(또는 셈족) 사람들이 내려와 노예로 살았던 예는 여러 문헌(기원전 2000년경의 '시누헤 이야기' 등)과 그림에서 확인된다. 그러나 특정 민족이 장기간 종살이를 했다거나 그런 종족이 탈출했다는 이집트 기록은 아직 발견되지 않았다. 다만, 서부 셈족 사람들이 이집트의 삼각주 일대를 장악하고 힉소스 왕조를 세워 백 년 넘게 지배하다가 18왕조를 세운 아흐모세에게 쫓겨난(기원전 1535년경) 역사적 사실은 분명하다. 힉소스 왕조는 수도 아바리스(텔 엣 다바)를 중심으로 시리아 팔레스티나의 서부 셈계와 폭넓게 교류하였다. 이런 사실들이 셈족인 이스라엘 백성의 이집트 체류와 탈출을 입증해주지는 못하지만 개연성은 보여준다(일부에서는 힉소스 시대를 요셉 이야기의 배경으로 본다).

따라서 이집트 탈출 사건이 성경에만 나오지만, 기록된 그대로는 아니어도 나중에 이스라엘 백성이 된 소수의 무리가 이집트에서 탈출했을 개연성을 긍정하는 견해가 많다. 이 사건이 성경에 워낙 깊이 뿌리박혀 있고, 또 이런 수치스런 역사 체험을 자기 민족의 기원 설화로 창작하지는 않는다는 이유도 이 사건의 역사성을 인정하는 근거로 제시된다.

언제 그 사건이 있었나?

성경을 문자적으로 이해하는 쪽에서는 이집트에 머문 지 400년(창세 15,13) 또는 430년(탈출 12,40-41)만에 탈출했고 그로부터 480년이 지난 후에 성전이 착공되었다는 기록(1열왕 6,1: 기원전 960년경 추정)을 좇아 역산한 기원전 1440년경에 탈출 사건이 있었다고 주장한다. 이집트 18왕조의 투트모세 3세(기원전 1479-1425년) 때의 일이다.

그런데 이때 이집트는 시리아와 팔레스티나로 18회나 원정하면서 북부 시리아로 내려오는 미탄니 왕국을 막아낼 정도로 막강한 국력을 지녔다. 실제로 시리아 남부와 팔레스티나 일대를 완전히 장악하여 탄탄하게 지배하고 있었다. 과연 이런 상황에서 히브리인들이 이집트를 탈출하여 팔레스티나로 가 정착할 수 있었을지, 정착했다면 이백 년 이상 살았던 그들의 흔적이 왜 드러나지 않는지 의문시된다.

또 성경에 이집트 체류 기간이 네 세대(창세 15,16)로도 나오고, 요셉의 손자 마키르가 요셉 생전에 아들들을 보았는데(창세 50,23) 가나안 땅 정복에 참가하여 길앗 땅을 차지한다(민수 32,40; 여호 17,1)는 기록처럼 한 세대만 체류한 예도 나온다. 성경에 여러 차례 나오는 40년(광야 체류 기간, 엘리 사제와 다윗과 솔로몬 임금의 재위 기간 등)이나 480년은 신명기 역사가가 한 세대와 긴 기간을 도식화한 숫자이다(예컨대 480년은 12세대×40년, 또는 12지파×40년을 뜻할 수 있다). 따라서 실제 기간으로 간주할 수 없다는 의견이 있다(가령 한 세대의 실제 간격을 25년으로 보면 열두 세대는 대략 300년이 걸린다. 여기에 성전을 착공한 추정 연도인 기원전 960년을 더하면 기원전 1260년이 된다).

대부분의 학자는 이집트 탈출 연대를 기원전 13세기 후반으로 추정한다. 근거로는 첫째, 탈출기에 나오는 피톰과 라메세스(현재의 칸티르)를 건설한 파라오가 19왕조의 라메세스 2세(기원전 1279-1213년)이다. 둘째, 그의 후계자인 메르네프타(기원전 1213-1203년)가 기원전 1207년경 건립한 승전비에 '이스라엘'이란 이름이 처음 등장한다. 셋째, 가장 중요한 이유는 당시의 정세 때문이다. 기원전 13세기 후반 지중해 동부 지역의 성읍들이 대부분 파괴되고 사람들이 많이 이동했다. 그 당시 팔레스티나의 산악지역에 새로운 촌락이 많이 나타났는데 그곳 주민들이 나중에 이스라엘 민족으로 드러났다. 따라서 그때 일단의 히브리인들이 이집트를 탈출하여(추방 또는 도주로도 본다) 팔레스티나 산악지대로 갔을 가능성이 높다.

> **자료** **메르네프타 승전비**
>
> "테헤누(=리비아)는 황폐해졌다. 하티는 평정되었다.
> 가나안은 비참하게 약탈당했다. 아스클론은 모두 빼앗겼다.
> 게제르는 사로잡혔다. 야노암은 없었던 것처럼 파괴되었다.
> 이스라엘은 폐허가 되었고 그의 씨가 없다.
> 후루(=시리아)는 이집트로 인해 과부처럼 되었다.
> 온 땅이 평화를 찾았다"(ANET, 378, 부분).
>
>
>
> * 여기 나오는 이스라엘(야시르일)이라는 단어에는 종족 집단을 뜻하는 한 정사가 붙어 있어, 당시 가나안 중북부에 이 이름을 지닌 종족이 살고 있었고 이집트가 기록할 만큼 규모가 어느 정도 되었음을 입증한다. 또 "그의 씨"에서 씨를 대부분 '자손'의 의미로 이해하는데, 이를 곡물의 '씨앗'으로 여겨 그들을 농경민으로 보는 견해도 있다. 이들의 정체와 거주 지역, 이집트를 탈출한 히브리인들과의 관계는 현재 전혀 알 수 없다.

그럼에도 의문은 있다. 첫째로, 이 당시에 이집트가 나일 삼각주 지역을 정치적 군사적 중심지로 삼았고 실제로 팔레스티나를 장악하고 있었는데 탈출이 가능했을까? 둘째로, 메르네프타 비석에 쓰인 이스라엘 부족과 탈출한 히브리인들이 같은가? 셋째로, 피톰 성읍(탈출 1,11)의 위치가 아직 고고학적으로 입증되지 않았다. 첫 번째 의문점에 대해서는 적은 인원이었으면 가능했을 것으로 보고, 두 번째 의문점에 대해서는 서로 다른 부족인데 나중에 이스라엘 민족으로 통합되었으리라 추정한다. 세 번째 의문점은 계속 논란 중이다.

이집트를 탈출한 사람들은 얼마나 될까?

성경에는 "장정만도 육십만가량"(탈출 12,37; 참조 30,11-16)이라 하니, 여기에 여성과 아이, 노인들을 합치면 모두 250만 명 정도나 탈출했다고 보아야 할까? 그러나 그 숫자의 근거가 전혀 제시되지 않았고, 탈출 경로인 시나이반도의 자연 여건을 보면 이렇게 많은 사람이 체류할 수 없다. 그래서 성경에 '60만'으로 옮겨진 히브리어가 본래 '600천'인데, 숫자 '천千'을 의미하는 히브리어 '엘레프'가 지파의 소규모 단위(5-14명)를 가리키는 경우도 있다. 그래서 이를 3-6천 명 정도가 탈출했다는 뜻으로 이해하는 견해도 있다.

여하튼 탈출한 사람의 수효는 많지 않으며(최소 몇 십 명에서 최대 일이천 명 규모?) 요셉 집안의 일부가 탈출하지 않았을까 추정한다. 당시 이집트 인구는 400-500만 명, 가나안 인구는 10만 명 정도로 추정한다.

성경에는 이때 "많은 이국인들이"(탈출 12,38) 탈출하는 대열에 합류했다고 나온다. 이들의 정체를 기원전 14-13세기 이집트의 아마르나 문서에 많이 나오는 아피루('apiru)들과 연관해 볼 수 있다. 아모리족의 개념에서 나왔으리라고 추정되는 아피루(또는 '하피루')는 자신이 속한 부족이나 성읍 또는 촌락 공동체에서 법을 어겨 쫓겨났거나 빚이나 가난에 몰려 도망친 자들을 가리킨다. 이들은 시리아 팔레스티나 일대를 떠돌아다니면서 주로 용병, 임시 노무자, 노예, 산적 등으로 생존했으며 때에 따라서는 큰 무리를 이루었다. 이집트에는 전쟁 포로로 많이 잡혀가 머물렀거나 살 곳을 찾아 흘러들어온 것으로 보인다.

따라서 특정 인종이나 부족과 무관한 아피루와, 사회계층은 비슷하나 특정 종족을 가리켰던 히브리('ibri)인들은 전혀 다른 개념이며 음운학으로도 다르다고 밝혀졌다. 하지만, 종살이하던 히브리인들도 이집트인들에게는 아피루의 한 부류로 보일 수 있었고, 실제로 하는 일에서도 겹쳤을 개연성은 인정된다. 사실 히브리인이란 표현 역시 외국인이 이스라엘 민족을 경멸하듯이 부르는 호칭으로 많이 쓰였다(창세 39,17 참조).

아피루 외에 기원전 13세기 이집트 문헌에 많이 나오는 또 다른 부류는 '샤수'(Shasu, 그 뜻은 '유목민들' 또는 '약탈자들')라고 불리는 셈족 유목민이다. 레바논의 베카계곡에서부터 시나이반도에 걸쳐 널리 분포했던 그들은 특히 에돔과 시나이 북부에 많이 거주했으며 성읍에서 멀리 떨어져서 가축을 기르며 천막생활을 하였다. 이들도 이집트를 오갔는데, 샤수들의 국경 요새 통과를 보고하는 이집트 국경 관리의 편지(메르네프타 임금 시대로 추정하는 파피루스 아나스타시 6, 51-57행)가 남아 있다.

이들이 초기 이스라엘 백성의 양상과 더 부합한다고 보는 견해도 있다.

탈출한 경로는?

성경은 "필리스티아인들의 땅을 지나는 길" 곧 이집트 삼각주에서 시나이반도 북부를 거쳐 팔레스타나 남부 가자로 가는 가장 짧은 길로 가지 않았다고 명시한다(탈출 13,17). 이 길은 거리가 가장 짧아 교역로이자 군사 도로로 줄곧 쓰였기 때문에, 특히 19왕조에서는 이집트 군대가 여러 요새를 세워 지키고 있었다.

성경은 이스라엘 백성이 "갈대 바다에 이르는 광야 길"로 돌아갔다고 소개하는데(탈출 13,18), 오늘날 제안된 경로는 보통 세 갈래이다. 삼각주 북쪽의 멘잘레호수나 시르보니스호수를 경유한 북부 경로, 비터(Bitter)호수를 건너 시나이반도 중앙을 가로질러 카데스 바르네아로 가는 중앙 경로, 비터호수의 아래쪽을 건너 시나이반도 남쪽을 에둘러 가는 남부 경로이다. 전통적으로 선호된 남부 경로가 오늘날에도 가장 많은 지지를 받고 있다.

라메세스에서 시작하는 이집트 탈출 경로는 민수기 33장에 가장 자세하게 언급된다. 그런데, 이 경로가 실제의 여행 경로와 다르고 언급된 지명의 대부분이 확인되지 않는다. 아마도 후대에 해당 지역을 잘 알지 못한 처지에서 자료들을 편집하여 이 경로를 소개했기 때문에 그렇다고 이해할 수 있다(탈출기에 묘사된 나일 삼각주의 지형과 지명 표기가 기원전 8-7세기 상황에 가장 부합한다고 주장하는 이집트학 학자들이 있다). 그 결과 갈대 바다(호수나 그 주변의 늪지대로 추정)나 시나이산(현재의 제벨 무사/모세의 산을 그 산으로 보는 견해는 기원후 4세기 이후에 나왔다)의 정확한 위치도 알 수 없다.

▲ 시나이산의 후보지 중의 하나인 제벨 무사

탈출한 뒤 광야에서 38년 동안 머물렀다는 카데스 바르네아의 추정 장소(아인 엘 쿠데이라트라는 오아시스)를 발굴한 결과, 기원전 10세기 이전의 거주 흔적이 전혀 발견되지 않았다. 모압 지역에도 기원전 12세기 이전의 주거 흔적이 발견되지 않았다. 따라서 현재로서는 기원전 13세기의 탈출 경로를 정확히 확인할 길이 없다.

성경과 역사 사이에서

이스라엘 민족의 집단기억에서 이집트 탈출은 가장 핵심적인 사건이다. 그들은 이집트의 종으로 고통받다가 야훼 하느님의 보호 속에 모세의 인도로 탈출하였다고 고백한다. 그들 민족의 기원과 정체성, 하느님 체험의 본바탕이 이집트의 종살이에서 해방된 사건과 결부되어 진술된다(시편 78,12-13). 이 기억과 전승을 담은 이집트 탈출 사건은 아마도 이스라엘 왕국의 창건설화로 왕정 시대에 처음 기록된 뒤 유다 왕국의 후반까지 강력한 야훼 신앙과 민족주의가 요청될 때마다 계속 확장되었다고 추정한다(바빌론 유배 중 또는 그 후에 쓰였다고 보는 견해도 있다). 하지만 탈출기에 묘사된 사건 중에서 역사성이 입증된 것은 현재까지 없다. 그런 증빙자료가 나타날 가능성 역시 희박하다.

그럼에도 성경에 기술된 이집트 탈출 전승에는, 비록 보잘것없는 종들의 기억과 흔적도 남기지 못한 채 사라진 약자들의 전승에 기초했을지라도, 역사적 기억의 핵심이 들어 있다고 널리 인정된다. 적어도 나중에 이스라엘 민족을 구성할 일부 사람들이 이집트에 머무는 동안 강제 노역에 동원되어 고통을 받았고, 어느 시점에 모세라는 지도자의 인도로 이집트를 탈출했으며, 광야에서 야훼라는 신을 체험하고 자신들이 겪은 일을 그 신의 섭리로 받아들여 그 신을 섬기게 되었을 것이다. 후에 그들이 팔레스타나 중앙 산악지대에서 다른 부족들을 만나 그 신을 증언하고 함께 신앙을 공유하게 되지 않았을까 추정할 수 있다. 그들의 신앙 체험과 증언, 곧 야훼 하느님이 구원을 주도하셨고 그분에 의해 종이었던 이스라엘이 하느님 백성으로 변모되었다는 신앙고백이 후대에 계속 성찰되고 재해석되면서 확장되고 심화되었을 것이다.

역사에서 야훼 신앙의 기원도 아직 규명되지 않은 영역이다(현재까지 발견된 고고학 자료 중 '야훼' 이름이 적힌 가장 오래된 자료는 기원전 9세기의 '모압 석비'이다). 관련 자료가 적다 보니 성경의 증언이 중요하다. 탈출기에 따르면, 모세는 미디안 땅에서 스스로를 야훼라 하시는 하느님에게서 부르심을 받았다. 그때 야훼 하느님은 자신을 이스라엘 조상들의 하느님과 동일시하지만(탈출 3,1-15 참조), 이야기의 맥락으로 보면 야훼는 낯선 하느님이다.

성경에서 가장 오래된 시가 중의 하나로 꼽히는(반대 의견도 있지만) 드보라의 노래에 이런 구절이 나온다. "주님(야훼), 당신께서 세이르를 나오실 때 에돔 벌판에서 행진해 오실 때"(판관 5,4). 신명기에도 비슷한 구절이 나온다. "주님(야훼)께서 시나이에서 오시고 세이르에서 그들 위에 떠오르셨다. 그분께서 파란산에서 빛을 내시고 므리밧 카데스에서 오시는데…"(신명 33,2; 참조 하바 3,3-6). 난해하기로 유명한 시편 68편에도 그러하다. "시나이의 그분 하느님, 이스라엘의 하느님 앞에서"(시편 68,9). 이 모든 곳에서 야훼는 세이르 곧 요르단강 동편 남부에 위치한 에돔 지역 및 네겝 남부의 시나이 지역과 연관된다.

또한 성경은 이 일대에서 유목생활을 하던 미디안 또는 켄족(판관 1,16)의 사제 이트로(또는 르우엘, 호밥)를 모세와 연관시키고 있다(탈출 2,16-22; 18장; 민수 10,29-32). 그래서 야훼를 이 지역의 유목민(샤수) 사이에서 후기 청동기시대부터 섬겨왔던 풍우신 또는 전쟁신이었을 것으로 추정하는 견해가 있다(알베르츠, I, 107-114). 또 에돔족의 종교생활이 별로 밝혀지지 않았지만, 이스라엘은 에돔족을 이사악의 큰아들 에사우의 자손으로(창세 36장) 인정한다. 그래선지 암몬족이나 모압족과 달리, 에돔족 가운데 삼 대손으로 태어난 이들은 주님의 회중에 들 수 있다고 규정하여 호의적으로 대한다(신명 23,4-9).

지도자 모세의 경우에도 그가 셈족 이름 대신 이집트 이름('~의 아들, ~에게서 태어난'이란 뜻)을 가졌고 이방인 아내를 두었다는 점에서 이집트 태생의 히브리 지도자였을 가능성이 있다. 그럼에도 그는 성경 외에 다른 문헌에는 전혀 기록되지 않았고 성경에서도 유배 이후 문헌에서야 주요 인물로 부각된다. 이 점을 고려할 때, 왕정 시대의 이스라엘을 지탱하던 왕정과 성전이 무너진 뒤 이스라엘을 하느님 백성 공동체로 재건하는 과정에서 전승 속의 그를 기원 역사의 토대로 세웠고, 그 과정에서 후기 전승이 덧붙여졌다고 추정할 수 있다. 그 결과물이 탈출기를 비롯한 오경일 것이다.

2부

고대 이스라엘 민족의 형성과 성장, 그리고 파국

약속의 땅에 처음 들어가서부터 쫓겨나기까지

1
이스라엘 민족의 팔레스티나 첫 정착

성경의 증언

구약성경 〉 역사서 〉 여호수아기

모세가 죽은 뒤 새로 세워진 지도자 여호수아가 정탐꾼들을 파견했다. 그들은 창녀 라합의 도움으로 예리코를 정탐하였다. 온 이스라엘이 주님의 궤 덕분에 강물이 멈춘 요르단강을 다 건넌 다음, 길갈에서 할례를 받았다. 예리코로 가 일곱 번 돌고 함성을 질러 성벽을 무너뜨리고 예리코를 정복하였다.

뒤이어 아이를 공격했다가 패한 뒤 아칸의 죄 때문임을 알고 그를 처벌한 뒤에 정복했다. 이스라엘 백성을 속인 기브온 주민들을 맹세 때문에 종으로 살려 두었다. 여호수아와 온 이스라엘이 아모리족의 다섯 임금을 죽인 뒤 가나안 남부를, 가장 큰 왕국 하초르를 비롯한 북부 등 가나안 전역을 정복하였다.

주님은 아직 점령하지 못한 지역의 주민들을 당신이 쫓아내겠다고 밝히고, 여호수아에게 점령한 땅을 나누어주도록 이르신다. 여호수아는 먼저 요르단 동편을 르우벤과 가드, 므나쎄 반쪽 지파에게 분배하였다. 이어, 요르단 서편에서는 제일 먼저 유다 지파에게, 요셉의 두 아들 에프라임과 므나쎄 반쪽 지파에게, 끝으로 벤야민 등 나머지 일곱 지파에게 땅을 나눠주었다. 레위 지파에게는 각 지파의 영역에서 도피성읍 6곳과 48개 성읍을 내주었다. 여호수아는 하느님께서 당신의 약속을 지키셨음을 기억하는 제단을 쌓았다. 그리고 스켐에서 주님만을 섬길 것을 온 이스라엘과 계약을 맺은 다음 죽었다.

▲ 이스라엘 지파별 영토 　　(성서사십주간 성경지도 39)

역사의 증거

> **고고학 연표: 철기시대 I기(기원전 1200–1000년)**

시대 전체보기

기원전 1225년에서 기원전 1190년 사이에 지중해 동부 지역이 큰 혼란에 빠졌다. 주요 왕국과 궁전 등 핵심 공공건축물이 비슷한 시기에 모두 불타 사라졌다. 미케네를 비롯한 그리스의 수십 개 도시, 이집트와 자웅을 겨루었던 히타이트 제국의 수도 하투사와 알리샤르, 시리아 북부에서 번성하던 우가리트 왕국과 알라카 왕국, 팔레스티나 해안의 아스클론과 아스돗, 팔레스티나 내륙에서 가장 컸던 하초르 성읍들이 모두 단기간에 폭력으로 파괴되었다. 아시리아와 키프로스 왕국도 심각하게 약화되었다. 카시트 바빌로니아와 엘람만 파괴의 충격에서 비껴났다.

이 엄청난 사태의 원인은 아직 분명하게 밝혀지지 않았다. 다만 여러 요인이 복합적으로 작용하면서 상승작용을 일으켜 피해 규모가 엄청나게 커졌다고 추정할 뿐이다. 요인 중 자연재해로는 지진, 가뭄과 그로 인한 기근이 꼽힌다. 지진은 기원전 1225년에서 기원전 1175년까지 에게해 일대와 아나톨리아의 주요 지역, 우가리트와 므기또 등에 상당한 피해를 주었다.

하지만 가뭄과 기근의 피해가 훨씬 더 컸다. 최근 과학적 탐구에 따르면 기원전 1250년부터 지중해 동부 지역은 더 춥고 건조해졌다. 이로 인해 곡물 생산량이 줄면서 사회경제적 위기가 높아져 사람들의 이주가 촉발되었다는 것이다(클라인, 247-255). 이 당시 시리아 팔레스티나 주민의 약 60%가 굶주림 등으로 죽었다고 추정될 정도였다(매튜, 23). 자연재해와 함께 사람들의 이주와 침략, 또는 반란 등으로 기존의 관계가 깨어져 국제 교역망이 갑작스레 무너졌다. 이른바 '퍼펙트 스톰'이 일어난 것이다.

비슷한 시기에 대규모로 이루어진 이 파괴로 크게 융성하던 후기 청동기시대의 문명이 무너지고 철기시대가 빈약하게 시작되었다. 전반적으로 국내외 경제가 무너졌으며 사람들이 이동했고 인구가 줄었으며 사회정치적 통합은 약화되었다. 세계의 역사상 황금기 중의 하나인 후기 청동기시대의 붕괴는 천오백 년 후 로마 제국의 붕괴에 비견할 정도로 엄청난 상처를 남겼다(클라인, 16).

막강했던 이집트도 심각한 피해를 입었다. 리비아의 공격과 북쪽 바다(키프로스와 크레타 섬)에서 공격해 온 이른바 '해양민족'들의 침략을 막는 데 전력을 다했던 것이다. 이때 팔레스티나의 중앙 산악지역에도 새로운 촌락이 수백 개 나타났는데, 그곳에 지속적으로 거주하던 주민들이 나중에 이스라엘과 유다 왕국을 이루었다. 시리아와 메소포타미아 북부에는 아람족이 전면적으로 새롭게 등장하였다.

기존 국가들이 거의 동시에 무너지고 약해져 지중해 동부 지역에서 처음으로 권력의 공백기가 생겼다. 이 빈터에 새로운 국가들이 생겨나 성장하는 데 대략 200년이 걸렸다.

여호수아와 이스라엘 백성은 팔레스티나를 무력으로 '정복했나'?

고대 이스라엘 민족이 언제 어떻게 팔레스티나에 처음 정착하게 되었는가? 무척 논란이 많고 복잡한 문제이다. 이에 대한 성경의 견해는 주로 여호수아기와 판관기에 나온다. 그런데 두 권의 설명이 상당히 다르고 매우 신학적이라 전폭적으로 수용하기가 어렵다. 그럼에도 교회는 여호수아기 1-12장을 좇아, 이스라엘 백성이 일치단결하여 여호수아의 인도로 5년도 안 되는 기간에 무력으로 가나안 땅을 정복한 뒤 지파별로 분배하여 정착하였다고 오랫동안 이해하였다.

1930년대부터 올브라이트 등 일단의 미국 고고학자들이 전통적인 이 관점을 고고학과 연관하여 체계적으로 설명하였다. 그들에 따르면, 후기 청동기시대 말경 기원전 13세기에 이집트를 탈출한 이스라엘 백성이 소규모 성읍국가들로 존재했던 가나안의 많은 성읍을 공격하여 파괴하였고, 그 뒤에 문화 수준이 낮은 촌락을 새로 건설했다는 것이다. 그들은 고대의 군사전략과 지형지물, 고고학 발굴 결과로 이를 입증하려고 노력했다.

여호수아기에서 이스라엘 민족이 정복하고 불태운 성읍은 예리코와 아이, 하초르이다. 1930년대 존 가르스탕이 예리코를 발굴하다 발견한 무너진 흙벽돌 벽과 불탄 집을 기원전 1400년경 이스라엘이 파괴한 증거로 해석하면서 이 견해에 힘을 보탰다. 또 아이로 추정되는 엣 텔 지역을 발굴한 다음 후기 청동기시대 1기(기원전 1550-1400년)의 도기류를 발굴했다고 밝혔다. 같은 시기에 라키스를 발굴한 이들은 기원전 1230

년경에, 하초르는 기원전 1230년에 파괴된 것으로 발표했다.

하지만 그 뒤에 해당 지역을 다시 발굴한 고고학자들은 다른 견해를 내놓았다. 1950년대에 예리코를 전면적으로 다시 발굴한 캐틀린 캐니언은 기원전 1400년경에 무너졌다고 보았던 흙벽돌 벽과 불탄 집이 기원전 2300년경에 지진으로 파괴된 것으로 추정하였고, 다시 세워진 성읍이 기원전 1560년경에 불탄 뒤로 재건된 적이 없다고 발표했다. 아이 역시 기원전 2400년경 이후로 성벽을 갖춘 성읍이 세워진 적이 없었고 그 이후로 작은 촌락만이 세워졌다는 발굴 결과가 나왔다. 므기또와 큰 성읍 라키스의 경우에는 백 년 정도 늦게, 기원전 1130년경으로 파괴 연도가 수정되었다. 그러면서도 파괴한 세력의 실체는 확인할 수 없었다.

하초르의 경우, 최근에 다시 발굴하는 중인데 파괴 연도는 비슷하게 기원전 1220-1200년경으로 추정되었다. 초점은 역시 그 파괴자들의 정체이다. 발굴자 벤 토르는 가나안과 이집트의 신전과 신상들이 집중적으로 파괴된 점을 들어 이스라엘 사람들이 이곳을 파괴했다고 주장한다. 하지만 고고학적으로 하초르는 파괴된 뒤 방치되다가 솔로몬 이후에 재건된 것으로 드러나는데, 그렇다면 하초르의 임금 야빈이 이스라엘을 괴롭혔다(판관 4,1-4)는 성경의 또 다른 주장과 어긋난다. 전반적으로 여호수아기에 나오는 장소와 일치할 가능성이 있는 유적지 19개 중에서 기원전 13세기 말에서 기원전 1200년경에 파괴된 증거를 보여주는 곳은 두 군데, 베텔과 하초르뿐이다(데버, 앵커 3, 548). 또 고고학에서 파괴의 주모자를 밝히는 일은 매우 어려운 문제이다. 특히 혼란기에는 더욱 그러하다.

오늘날 정복설을 주장하는 이들은 극소수이다. 이들은 고고학 발굴 결과를 감안하여 정착 연대를 조정하거나 아니면 아이 같은 성읍의 추정 위치를 바꿔 새롭게 발굴을 시도하고 있다. 거의 대다수 학자는 기원전 13세기를 이스라엘 백성의 정착 시기로 추정하면서도 단기간에 전면적인 정복이 이루어졌다고 보지는 않는다.

아니면 천천히 스며들어 '평화롭게 정착했나'?

1925년 독일 학자 알트는 이른바 '평화적 점진적 침투설'을 제안했다. 요르단 동편 사막 주변에 거주하던 반半유목민들이 여름에는 사람들이 거의 거주하지 않았던 요르단 서편 산악지대의 목초지로 가 방목하는 일을 매년 정기적으로 하다가, 후기 청동기시대 말쯤 중앙 산악지대에 점진적으로 정착하면서 농사를 시작했다는 것이다. 이때 이들의 이주는 매우 평화롭게 이루어졌다고 주장한다.

이를 토대로 마르틴 노트는 다양한 반유목민들이 산악지대의 여러 곳에 정착하면서 여러 지파를 형성하였고, 이들이 점차 야훼 신앙을 구심적으로 느슨한 지파 연맹을 이루었다고 주장했다. 또 이들이 가나안 사람들과 평화롭게 지내다가 세력을 키운 뒤에 기원전 11세기 말쯤 평야지대로 뻗어나가면서 군사적 충돌이 본격적으로 벌어졌다고 설명하였다. 이들은 여호수아기를 특정 장소의 현재 상태가 왜 그렇게 되었는지를 설명하는 기원 이야기로 이해한다. 예컨대 아이의 뜻은 '폐허'인데, 왜 폐허가 되었는지를 일러준다는 것이다

1960년대 고고학은 이 주장을 뒷받침했다. 그러나 오늘날 이 주장은 부분적으로만 수용된다. 산악지대를 탐사한 고고학적 결과에 따르면, 요르단 동편과 서편의 도기 형태가 다르다. 유목민들이 양쪽을 오가다가 정착했다는 주장에 따르면 도기 형태가 같아야 한다. 또 지파 연맹에 관련된 주장은 고대 그리스의 사례에 기초한 이론적인 틀일 뿐, 실체가 입증되지 않아 비판받고 있다. 판관기에서 보듯 이스라엘이 강력한 지파 연맹체를 구성했다는 흔적은 별로 없다. 사실상 지파들의 수와 이름이 계속 바뀌어 나오는 데에서 드러나듯이(창세 35,22-26; 46,8-25; 48,5; 신명 33,6-25 참조), 열두 지파 체제는 상당히 늦게 왕정 시대 초기에 가서야 성립되었다고 추정된다.

또 반유목민이었다가 농경민으로 바뀌었다는 이들의 주장 역시 거센 비판을 받았다. 역사의 흐름은 그런 주장과 다르게 진행되었기 때문이다. 고대 근동에서 농경을 시작할 때부터 농경민들은 목축을 겸했다. 그러다 농사 환경이 악화되면 농경에서 목축의 비중을 늘려 존속했다. 목축민 가운데 주거를 계속 옮기며 방목하는 이동목축민(유목민)이 일부 생겨났지만, 그들도 농경민과 물물교환하며 살았고, 주변에서 곡물을 전혀 구할 수 없는 극히 드문 경우에만 어쩔 수 없이 먹고 살기 위해 농경으로 전환했다. 역사에서 건조지역의 유목생활로 완전히 전환된 때는 말을 이용하여 대규모로 가축을 관리할 수 있게 된 후대였다(켈레그나, 127). 진화의 흐름은 근동의 경작지에서 "스텝지대와 사막으로 나아간 것이지 사막에서 경작지로 나아간 것은 아니었다"(프리드맨, 93).

아니면 가나안의 농민들이 함께 '들고 일어났나'?

1962년 조지 멘덴홀은 가나안 성읍국가와 그 주변에 살던 농민과 노예들이 아피루들과 연계하여 폭동을 일으켜 성읍을 파괴하고 산악지대로 도주하여 이스라엘이라는 공동체를 이루었다는 견해를 발표했다. 세금과 조공에 짓눌리던 농민들과 기존의 성읍국가 체제에 불만을 가졌던 이들이 함께 봉기를 일으켰는데, 히브리 사람들의 새로운 야훼 신앙이 촉매제 역할을 하였다는 주장이다. 1979년 갓월드는 이 견해를 정치적 사회경제적 농민 혁명으로 설명하며, 당대의 기술 진보에 힘입어 새로운 평등사회가 산악지대에 구현되었다고 주장했다.

여호수아기에 소개된 예리코의 창녀 라합이나 기브온 주민들처럼 이스라엘 사람들에게 합류하려는 가나안 사람들이나, 불태워버리지 않은 많은 성읍이 간접적으로 이 주장을 뒷받침하는 듯 보인다. 그렇지만 이들의 주장은 현대의 사회학 이론에 근거한 하나의 모델에 근거하여 제시되었기에 고대의 현실이나 현대 고고학의 근거에 부합하지 않는다는 치명적 약점을 지닌다. 고대 세계에서 성읍 사람들과 주변 촌락 사람들

▲ 상아 장식판, 가나안 성읍국가 임금의 승전과 축하연을 묘사한 것으로 추정한다. 기원전 13-12세기, 므기또 출토, 길이 26cm, 이스라엘박물관.

은 서로 의존하며 사는 공생관계였다. 따라서 촌락민의 봉기는 하나의 추론일 뿐이다. 또 그 시대에 개발되어 활용되었다는 석회 저수조나 계단식 농경지 조성 기술 등은 이미 훨씬 전에 개발되었음이 드러났다. 그러다 기원전 13세기 말부터 그 기술들이 실제로 광범위하게 적용되면서 크게 진보한 것인데, 이는 정착민들이 가나안 성읍국가 출신임을 암시한다.

그럼에도 불구하고, 초기 이스라엘 민족을 이룬 주민의 대부분이 팔레스타인 바깥에서 들어온 유목민들이 아니라 이미 팔레스타인에서 살고 있던 가나안 정착민이라는 주장, 그들을 묶은 강력한 요인이 야훼 신앙이라는 관점은 새로운 눈을 열어주었다.

현대 고고학의 설명을 들어보면

첫머리에서 밝혔듯이, 기원전 13세기 말부터 12세기 중반까지 아나톨리아와 시리아 팔레스타인의 거의 모든 성읍이 완전하게 파괴되었다. 그 원인은 아직 분명하게 밝혀지지 않았지만, 지역마다 외부인의 침입이나 성읍국가 간의 다툼, 재해 등이 직접적인 계기가 되었을 수 있다. 팔레스타인 평야지역의 인구가 역사상 최소로 떨어졌다. 성읍이 무너지고 촌락이 약탈되자, 농사짓고 살 새로운 근거지를 찾고자 이제까지 인구가 희박했던 팔레스타인 중앙 산악지역에 사람들이 몰려들었다. 가나안 땅의 토착민으로 성경에 소개되는 히타이트족, 히위족, 여부스족, 키르카스족 등이 이때 몰려온 사람들이라는 주장도 있다.

이 시기에 요르단 서편, 예루살렘의 북쪽 팔레스타나의 중앙 산악지대에 새로운 소규모 주거지가 급격히 생겨나 250개 이상의 촌락이 형성되었으며, 이들이 지속적으로 확대되고 지속되었다는 점에서 초기 이스라엘로 볼 수 있다는 고고학 발굴 결과는 널리 인정받고 있다. 철기 시대 1기에 이 지역의 정착 인구는 대략 4만5천 명으로 추정한다(핑켈스타인, 142). 이 촌락들은 주로 북쪽 에프라임 산악지대에 밀집했고 남쪽 유다 산악지대에는 상대적으로 드물었다. 촌락민들은 불을 지르며 빈약한 도구로 참나무 숲과 관목 숲을 힘들게 개간하여 계단식 농경지로 만들고(아이 근처 촌락의 경우 그 길이가 100m가 넘었다), 석회를 이용한 저수조로 물 문제를 해결했으며(텔 엔 나스베의 경우 53개의 저수조 발견) 농경과 목축을 겸해 살았다. 이런 작업을 진행하려면 꽤 많은 사람이 필요했다. 그런 점에서 촌락들은 종종 씨족의 범위와 일치했다.

문제는 이들이 어디서 온 사람들인가 하는 점이다. 시리아 사막의 변두리에 살던 유목민이 요르단을 거쳐 팔레스타나 동북부에서 서남쪽으로 퍼져가면서 정착했고, 이들이 고유한 한 종족이라는 전통적인 주장을 고수하는 이들이 있다. "너희 조상들은 강 건너편에 살면서 다른 신들을 섬겼다"(여호 24,2)라는 주장처럼 유프라테스강 동편에서 유래했다는 기억, "저희 조상은 떠돌아다니는 아람인이었습니다"(신명 26,5)라는 고백, 아브라함과 이사악이 파딴 아람에 있는 아람 사람에게서 며느리를 얻은 진술(창세 24장; 28,5)이 모두 아람족과의 깊은 연관성을 드러낸다는 것이다. 자신들이 가나안 사람이나 아모리족(창세 14,13 참조)과 무관하다고 주장하는 이스라엘의 전승도 그들의 논거이다.

그러나 고고학 탐사와 발굴 결과, 그 당시에 형성된 팔레스티나 중앙 산악지역 촌락의 물질문화에서 팔레스티나 밖의 이국적인 요소나 전투적인 요소를 찾아보기는 어렵다(새롭게 덧붙여진 요소는 일부이다). 평야보다 훨씬 더 열악한 산악지대에서 농사를 지으려면 초보 농사꾼이 아니라 꽤 숙련된 농사 경험자가 필요했다. 정착민들은 앞선 시대에 개발된 여러 기술을 산악지대에 응용하여 저수조와 경작지를 만들어야 했다. 이런 점을 고려하면 사막의 유목민이 새로 들어와 적응한 것이 아니라, 가나안 지역의 농민과 시리아 사막 주변의 초원지대로 물러가 목축생활을 했던 예전의 농경민이 모였을 것으로 추정한다.

정착민들의 물질문화나 종교 전통에서 가나안 문화와의 연계성을 보여주는 요소는 꽤 많다. 도기 형태에서도 후기 청동기시대와 철기시대는 약간의 변이만 보일 뿐 기본적으로 동일하다. 가령 이스라엘 민족이 새로운 이주민이라면 그들의 새로운 문화가 나타나야 하는데, 그런 모습이 별로 보이지 않는다. 네 칸짜리 집처럼 이스라엘 사람들이 창안했다고 여겼던 것들도 모두 팔레스티나 지역에서 통용되었던 양식으로 드러났다. 산악지대에서 유일하게 가나안 지역과 구분되게 나타난 관습은 '돼지고기 금기'이다(돼지뼈의 발굴 비율이 0-1.5%이다. 시문스, 485 주 495). 산악지대 주민들은 필리스티아족과 가나안족, 암몬과 모압 사람들과 달리 돼지를 기르지도 먹지도 않았다. 아마도 이곳에 들어온 목축민들은 가나안 문화와 구분하는 야훼 신앙의 표지로 이 관습을 고수한 듯하다(이에 대한 자세한 설명은 시문스, 114-135).

결론적으로 지중해 동부 지역의 대규모 인구 이동에 따라 팔레스티나 바깥에서 유입된 인구도 일부 있지만(해양민족과 히브리인들, 일부 유목민처럼), 팔레스티나에 본래 살던 다양한 부류가 산악지대에 모여 이스라엘 민족을 구성했으리라는 주장이 우세하다. 그래서 당시 산악지대의 주민은 어느 한 부류나 종족으로 구성되지 않고 복합적으로 구성되었을 것으로 본다. 가나안 성읍들이 파괴되거나 기능을 잃어 방치되면서 도피해온 농민들, 촌락이 사라져 직접 농사를 지으려는 이동목축민들이 대다수이고, 주변 국가의 붕괴로 인해 흘러들어온 사람, 어쩌면 아피루의 일부와 노예들도 합류했을 수 있다. 메르네프타 승전비에 명기된 '이스라엘' 사람들도 이 무리에 합류했을 것으로 보인다.

사람들이 산악지대에 모여든 것은 철기시대 초반만의 일이 아니었다. 이미 초기 청동기시대와 중기 청동기시대에도 숱한 사람이 모여 촌락과 성읍을 이루며 살다가 떠난 역사가 있었다(핑켈스타인, 142-144).

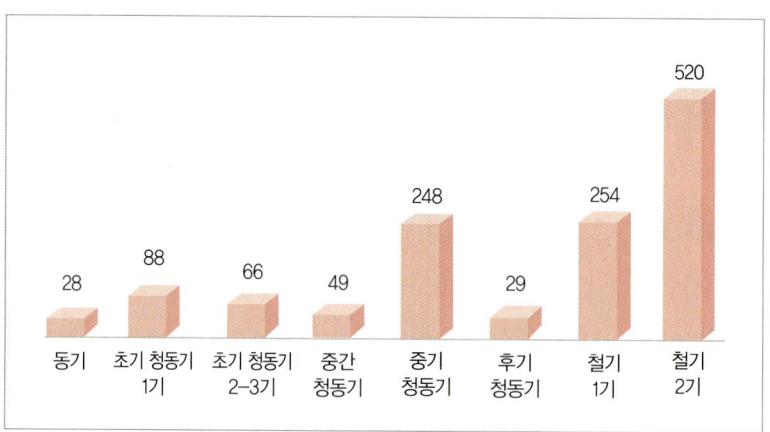

▲ 팔레스티나 중앙 산악지대의 정착지의 숫자 변화
(자료: Levy, T. E., *The Archaeology of Society of Holy Land*, 355.)

흩어진 사람들은 목축생활로 돌아갔다. 결국 초기 이스라엘은 또 한 차례 위기가 팔레스티나에 닥쳐 사회경제적 여건이 변화된 가운데, 산악지대에 모인 복합적인 구성원들이 점진적으로 통합된 무리라 할 수 있다. 그들의 출생지는 이집트가 아니라 팔레스티나였다.

성경과 역사 사이에서

여호수아기는 신명기계 역사가들이 저술한 이른바 '신명기계 역사서'에 속한다. 유다 왕국 말기부터(시점은 계속 논란되고 있지만) 바빌론 유배 이후까지 저술 편집된 이 역사서에는 신명기의 원칙이 잘 드러나 있다. 곧, 한 분이신 주 하느님을 유일한 하느님 백성인 이스라엘이 잘 섬기며 그분의 말씀과 법을 충실히 지키는지 여부에 백성의 흥망이 달렸다는 주장이다. 그 백성의 흥망은 약속의 땅을 차지하느냐 또는 잃느냐로 드러난다. 예를 들면, 그 원칙이 요시야 임금의 시대에는 그들이 어떻게 이스라엘 왕국의 영토까지 차지할 수 있느냐로, 유다 왕국이 멸망한 뒤에는 잃은 그 땅을 어떻게 다시 차지할 수 있느냐 하는 문제로 나타난다.

여호수아기의 경우, 시작과 끝에서 이스라엘 백성에게 가나안 땅을 약속하고 주신 분은 하느님이라고 강조한다. "너희 발바닥이 닿는 곳은 다 너희에게 주었다"(1,3). "내가 그들을 너희 손에 넘겨주어 너희가 그들의 땅을 차지하게 되었다. 내가 그들을 너희 앞에서 패망시킨 것이다"(24,8). 하느님께서 당신 약속을 지키셨으니 이스라엘도 '주님을 경외하며 그분을 온전하고 진실하게 섬겨야 하고'(24,14), '모든 율법을 명심하여 실천해야'(1,7-8) 그 땅을 지킬 수 있음을 강조한다. 여호수아기는 하느님이 주셔서 이스라엘이 그 땅을 차지할 수 있었으며 그곳을 지파별로 선물로 받았음을 분명하게 보여준다. 같은 본문에서 쫓아내지 못한 이민족을 소개하면서도(13,13; 16,10; 17,12-13) "이 모든 땅, 곧 산악지방, 온 네겝 땅, 온 고센 땅, 평원지대, 아라바, 이스라엘 산악지방과 그 평원지대를 정복하였다"(11,16.23)고 과장한다. 결국 초점은 이 땅을 주신 분은 하느님이지, 자신들의 칼과 화살로 차지하지 않았다는 신앙고백이다(24,12).

이러한 본문 중에 역사적 기억이 분명히 숨어 있으나, 그런 기억을 규명하기는 매우 어렵다. 여호수아기가 "야사르의 책"(여호 10,13; 2사무 1,18-27) 등 왕정 시대의 사료를 바탕으로 기술되었고 여러 세대에 걸쳐 편집되고 개정되었기 때문이다. 또 현재의 여호수아기가 신학적 견해를 매우 뚜렷하게 보이기 때문이다. 아브라함 말라마트는 성경의 역사 서술이 "이스라엘의 주님 역할을 강조하고 인간적 요소를 가라앉히는" 방향으로 "역사적 사건들을 신학적으로 설명하였다"고 주장한다(생크스, 108). 그리하여 선조들에게 하신 하느님의 약속이 충실하게 이행되었다는 증빙으로 삼았다는 것이다.

물론 중앙 산악지대의 주민들이 땅을 넓히는 과정에서 지역 분규나 무력 충돌이 있었을 수 있다. 그러나 그 형태가 여호수아기에 묘사된 것처럼 하느님의 지시에 따라 일사불란하게 군사적으로 정복하는 모습은 아니었다고 추정한다. 고고학은 어느 한 종족이 팔레스티나를 휩쓸지도 않았고, 전투를 치룬 요소가 새로 건설된 촌락들에서 보이지 않는다고 일러준다. 정착 과정을 나중에 재구성한 여호수아기는 "단지 이렇게 느리게, 대부분 평화로운 방식으로 진행된 한 민족의 발전 과정을 영웅의 놀라운 이야기로 변형시켜 놓은 것이라 할 수 있다"(스카, 인간, 136).

따라서 여호수아기에 묘사된 참혹한 장면들, 이를테면 가나안족을 모조리 죽여 하느님께 바친다는, 이른바 성전聖戰과 헤렘(herem) 관습은 실제로 일어난 사건이 아니라 후대의 신학적인 설명으로 이해해야 한다(신명 20,16-18 참조). 약속의 땅을 잃어버린 후대에 그 땅을 되찾으려면 그 옛날 여호수아와 그의 세대처럼 하느님께 충실해야 한다고 가르치는 것이다. 가나안 출신이면서도 가나안에 속한 것이면 어느 것도 취하지 말라고 강력하게 경고하는 것은 결국 가나안의 종교문화가 야훼 신앙을 타락시켰다는 반성에서 나온 가르침이다. 그것이 가나안 주민을 진멸한다는 표현으로 나타났다. 게다가 여호수아기가 일종의 영웅서사시 같은 문학 양식으로 서술되었기에 한층 극적인 형태로 과장되게 표현되었다고 이해할 수 있다.

같은 맥락에서 여호수아기는 초기 이스라엘이 광야를 거쳐 요르단 동편에서 팔레스티나로 들어온 유목민 출신이라는 전승을 뚜렷이 밝히며(돈너, 198-199 참조), 그 전승 위에 자기 정체성의 토대를 놓았다. 이스라엘 민족의 출생지는 팔레스티나가 아니라 시나이광야라고 주장하는 것이다.

2

이스라엘 민족의 초기 정착 생활
판관 시대

성경의 증언

구약성경 〉 역사서 〉 판관기, 룻기

도입: 불완전하게 이루어진 땅의 정복과 새 세대의 죄
(판관 1,1-3,6)

여호수아가 죽은 뒤 유다 등 남부의 세 지파와 북부의 여섯 지파가 산악지대를 정복했으나, 점령한 땅에서 가나안족을 쫓아내지 못하고 함께 살아갔다. 주님의 천사가 이스라엘의 불순종을 꾸짖었다.

여호수아가 죽은 뒤 새 세대는 다른 신들을 섬겨(죄) 주님의 진노로 고통받다가(징벌) 탄식하자(회개), 주님이 판관을 세워 그들을 구해주셔서(구원) 평화를 누리다가 다시 더 타락하였다(죄). 그래서 그들을 시험하시려고 주님께서 다른 민족들을 그냥 두셨다.

판관 열두 명의 활동(판관 3,7-16,31)

이름	출신 지파	억압자	억압기간	평화/봉직기간	특기 사항
오트니엘	유다에 합류	아람 나하라임 임금	8년	40년 평화	구원자
에훗	벤야민	모압 임금 (에글론)	18년	80년 평화	구원자
삼가르	유다?	필리스티아인			
드보라	에프라임	가나안 임금 (야빈)	20년	40년 평화	여예언자
기드온	므나쎄	미디안족	7년	40년 평화	
아비멜렉	기드온 소실의 아들		스켐에서	3년 다스림	임금이지 판관은 아님
톨라	이사카르 사람			23년 봉직	
야이르	길앗 사람			22년 봉직	
입타	길앗 사람	암몬족 (요르단 동편)	18년	6년 봉직	구원자
입찬	즈불룬				
엘론	즈불룬			10년 봉직	
압돈	에프라임			8년 봉직	
삼손	단 씨족	필리스티아인들	40년	20년 봉직	

부록과 맺음말(판관 17,1-21,25)

에프라임 산악지방에 사는 미카 가족은 집에 신상을 만들어 놓고 섬겼다. 단 지파가 라이스를 정복하고 이주하면서 미카가 만든 신상과 그 집의 사제를 데리고 가 자기 성소에 두었다. 에프라임 산악지방에 사는 어떤 레위인의 소실을 벤야민 지파의 기브아 사람들이 욕보여 죽이는 만행을 저질렀다.

그리하여 이스라엘 백성이 벤야민 지파와 싸워 많은 이를 죽였다. 벤야민 지파에게 딸을 내주지 않기로 맹세하였던 탓에, 살아남은 벤야민의 자손들이 실로의 처녀들을 납치해 아내로 삼도록 하였다. "그 시대에는 이스라엘에 임금이 없었다. 그래서 사람들은 저마다 제 눈에 옳게 보이는 대로 하였다"(21,25).

룻기(1,1-4,22)

판관 시대에 기근이 들어 유다 사람 엘리멜렉이 가족들 데리고 모압 지방으로 갔다. 거기서 남편과 두 아들마저 여읜 나오미가 유다로 돌아오는데 둘째 며느리 룻이 고집하여 함께 왔다. 베들레헴으로 온 룻이 들에서 보리 이삭을 주워 나오미를 봉양하였다.

나오미의 권유로 룻이 친족 보아즈에게 구원자 역할을 청하자, 보아즈가 구원자 의무를 실천하여 룻과 혼인한 뒤 아들을 낳았다. 그 아들의 손자가 다윗이다.

▲ 지파와 판관들

역사의 증거

고고학 연표: 철기시대 I기 (기원전 1200–1000년)				
연대	이집트	팔레스티나	아나톨리아	메소포타미아
1200	20왕조	이스라엘 형성	혼란기	아람족 정착
	약화, 쇠퇴	해양민족 정착	신히타이트	카시트 바빌로니아 멸망
1100	제3중간기	판관들 활약	소국들 수립	아시리아 부흥, 침체
	21왕조	필리스티아 절정		아람족 국가 건설
1000	국가 분열	왕정(사울·다윗)	우라르투	신아시리아 수립

시대 전체보기

기원전 1200년경의 대혼란 이후 각 지역에서는 생존하기 위해 각 민족이 다양하게 움직였다. 새로운 민족이 파괴된 지역에 정착하고, 버티며 생존한 민족들은 조금씩 힘을 길러갔다. 기원전 11세기 후반에 이집트는 탄탄했던 20왕조가 무너지고 21왕조가 섰지만 분열되면서 약화된 채 존속했다. 이 왕조의 수도가 새로 건설된 초안(타니스)이었다(민수 13,22 참조). 이 시기에 이집트는 팔레스티나에 거의 영향력을 행사하지 못하였다.

바빌로니아는 이신 제2왕조의 네부카드네자르 1세가 잠깐 세력을 확장하였을 뿐(기원전 1125년) 침체 상태였다. 아시리아는 본토인 아람 나하라임(유프라테스강과 티그리스강 상류의 사이 지역)으로 잠입하는 아람족과 치열하게 싸웠는데, 티글랏 필에세르 1세(기원전 1114-1076) 때 비로소 물리쳤다. 이 임금의 승전비에 아람족이 종족 명칭으로 처음 등장한다. 그 뒤 아시리아는 1세기 정도 침체 상태에 있었다.

소아시아 남동부와 시리아 북부에는 히타이트의 영향이 뚜렷해서 전통적으로 '하티 땅'이라 불렸다. 그곳에는 여러 신히타이트 성읍국가들이 계속 존속했는데, 기원전 12세기 말부터 시리아 아라비아의 초원 지대에서 나온 아람족이 이 지역으로 몰려들었다. 그들은 메소포타미아로도 퍼져나갔다. 기원전 11세기 중반부터 시리아 전역에 아람족의 부족국가들이 많이 건립되었다. 그 중 아람 초바, 아람 하맛, 아람 다마스쿠스가 성경에 언급되었다(2사무 8,5). 시리아의 지중해 해안에는 비블로스, 티로, 시돈 등 페니키아 성읍국가들이 피해를 딛고 회복하여 가나안 문화와 종교를 유지해갔다.

선진 철기문화를 가졌던 히타이트가 무너지면서 피난민들과 함께 철기 기술이 주변으로 퍼져 기원전 12-11세기에는 에게해와 키프로스에서 발달하였다. 청동기의 필수 소재인 주석은 산지가 극히 적어 국제 교역으로만 유통되었는데, 교역망이 무너져 유통되지 않자 각 지역은 더 흔한 철의 생산에 집중할 수밖에 없었다. 청동기보다 더 강한 철제 무기와 농기구는 여러 면에서 큰 변화를 낳았다. 해양민족이 이집트와 맞붙고 또 팔레스티나에 강력한 세력을 구축한 힘도 철제 무기에서 나왔다. 팔레스티나에서 철기를 양산하게 된 때는 기원전 10세기 말로 추정된다. 철제 농기구의 영향으로 수확이 늘고 경작지가 확산되었다.

필리스티아족과 가나안족

혼란기에 팔레스티나에 정착한 종족은 다양했다. 그중 이스라엘에 주요한 영향을 미친 이들은 필리스티아족과 가나안족이다. 에게해와 아나톨리아 해안지역에서 왔다고 추정되는 '해양민족' 다섯 또는 여섯 종족이 기원전 1207년(19왕조의 메르네프타)과 기원전 1177년(20왕조의 라메세스 3세)에 이집트를 공격했다가 격퇴당했다. 2차 공격 때 가장 강력했던 필리스티아족은 팔레스티나 남서부의 해안평야(가자, 아스클론, 아스

▲ 이집트 군대와 필리스티아인들의 해상 전투, 기원전 12세기 전반기, 라메세스 3세의 메디넷 하부 부조, 도판: 시카고대학교 동방연구소 간행물 〈Medinet Habu I〉, 1930, pl.37.

돗)와 구릉지대(갓, 에크론)에 다섯 성읍국가 연맹을 구성했다. 각 성읍국가의 통치자를 세렌(seren, 성경에서 '제후' '통치자'로 번역한 비히브리어)이라 불렀다. 또 체커족은 샤론 평야를, 크렛족은 가자 남부 해안지역에 정착했다. 또 일부는 지중해 서부로 나가 시칠리아(세켈레시족)와 사르데니아(셰르덴족)에 그 이름을 남겼다고 추정한다.

필리스티아족의 초기 유물은 그리스 문화의 특징을 잘 보여준다. 대표적인 것이 미케네 양식의 채색토기와 의자(옥좌?)에 붙어 있는 여신상이다. 또 철제 무기와 농기구를 사용했지만 더 많이 사용한 재료는 청동이었다. 이들은 돼지고기를 즐겨 먹었고 맥주보다 포도주를 선호했다(초기 인구는 25,000명 정도). 그러나 점차 가나안 문화에 동화되어 기원전 1000년경에는 이들의 독특한 문화가 사라졌다.

필리스티아족의 군사적 힘은 강력했다. 이들 영토 근처에 자리 잡았던 단 지파가 결국 북쪽으로 멀리 이주한 것도 그들의 압력을 이기지 못했기 때문이다(여호 19,40-47; 판관 18장). 유다 지파도 한때 필리스티아족의 지배를 받았던 것 같다(판관 15,11). 필리스티아족은 해변길을 장악하려고 북부로 뻗어나가는 과정에서 산악지대의 주민들과 싸웠는데, 우세했지만 점령하지 못한 채 머무르다 다윗 시대에 가서 그 세가 꺾였다(기원전 1150-1000년경). 그럼에도 이스라엘 왕정 시대 내내 존속하면서 때로는 협조하고 때로는 갈등하였다. 기원전 604년경 바빌로니아의 네부카드네자르 2세가 이집트의 동맹세력인 이들을 완전히 파괴하면서 역사에서 사라졌다. 그 뒤 로마 시대에 그들의 이름을 딴 지명 팔레스티나만 남게 되었다.

2. 이스라엘 민족의 초기 정착 생활

팔레스티나에는 여러 종족이 이즈르엘 골짜기, 벳스안 골짜기, 아코 골짜기 등 평야지대에서, 일부는 산악지방에서(민수 13,29) 살고 있었다. 성경에는 이들을 "가나안족과 히타이트족과 아모리족과 프리즈족과 히위족과 여부스족"으로 소개한다(탈출 3,8; 33,2). 이 민족 목록이 실제로 팔레스티나에 살았던 민족들을 구체적으로 가리키기보다, 후기 청동기시대에 시리아 북부와 중부에 살았던 민족과 왕국에 대한 집단기억에서 나왔다고 보기도 한다. 이 표현이 아시리아에서 만들어져 통용되다 이스라엘 왕국을 거쳐 유다 왕국에 전해져 이스라엘 민족 형성기에 맞섰던 다른 민족들을 총칭하는 어구로 쓰였다는 견해도 있다(아놀드, 347).

아무튼 가나안 땅에 살기 때문에 가나안족이라 부를 수 있는 이들이 언제부터 이곳에 살았는지, 각 종족의 실체가 무엇인지는 불분명하다. 다만 기원전 12세기에 이들의 물질문화는 빈약해졌지만, 그 바탕은 후기 청동기시대와 동일하게 농경생활 중심의 가나안 문화였다. 이로써 가나안족으로 불리는 페니키아인들을 포함하여 시리아

▲ 가나안 여신상, 엘 신의 배우자인 아세라로 추정, 기원전 13세기, 토기, 높이 11cm, 이스라엘박물관.

팔레스티나에서 가나안 문화가 매우 강력하게 자리 잡았음을 알 수 있다. 가나안족은 지역과 상황에 따라 필리스티아족과 연합하여 이스라엘 민족에게 맞서기도 하고(판관 4-5장) 때로는 이스라엘과 협력한 것으로 보인다.

초기 이스라엘 민족의 정체는 무엇인가?

성경은 이스라엘 민족을 아브라함과 야곱의 후손인 단일 민족으로 기술한다. 하지만, 현대 학계는 다양한 무리가 결합해서 초기 이스라엘 민족을 이루었다고 추정하는 경향이 뚜렷하다. 일부는 외부에서 왔지만 대부분은 팔레스티나에서 줄곧 살았던 사람들로 추정한다. 그런데 팔레스티나 중부 산악지대를 중심으로 모인 잡다한 사람들이 어떻게 연대했고, 나아가 한 민족으로 뭉칠 수 있었을까? 그들은 언제 어떻게 이스라엘 민족이 되었을까? 그들과 주변의 다른 민족을 구분하는 결정적인 요인은 무엇이었을까?

팔레스티나 중앙 산악지대에 모인 초기 이스라엘 민족은 지역과 시기에 따라 서로 다른 종족들이 다양한 정착 과정을 걸쳐 천천히 형성되었다. 그들을 통합한 주된 요인으로 일정한 지역에서 함께 살면서 갖는 삶의 연대성과 야훼 신앙을 들 수 있다. 그들 사회의 기초단위는 가족 또는 가문이다. 가족에는 삼대에 걸친 직계 가족 구성원은 물론, 삼촌 등 방계도 들어가고 종과 몸 붙여 사는 이방인까지 포함된다. 가족의 권위는 가장에게 있다. 연관된 여러 가족이 서로 통혼하고 촌락에 함께 살면서 경제적 이해관계를 같이하는 혈연 집단을 흔히 씨족이라 부른다. 씨족이 그 당시 가장 중요한 사회 단위였다. 씨족의 주요 제의와 재판 등은 각 가문의 가장으로 구성되는 원로들이 맡았다.

가족이나 씨족마다 고유한 신앙을 가진 경우도 있었겠지만 대개는 가나안 지역의 엘과 바알, 아세라 등 여러 신을 함께 믿었을 것이다. 산악지대의 경제는 생존 유지 수준이고 위태로운 경우가 잦아 가난했다. 생활수준이 대동소이하여 사회 계층이 분화되지 않고 특별한 차별이 없었다. 비교적 낮은 수준에서 평등화된 사회가 초기 정착생활 내내 지속되었다.

일정한 지역에 모여 사는 씨족들은 혼인(혈통)과 신앙(종교)을 통해, 경제활동을 공유하고 공동의 적에 맞서면서 점차 이해관계를 같이하는 부족공동체(지파)를 이루었다. 부족공동체는 초기 이스라엘에서 가장 큰 사회 단위였다. 지파 형성 과정에서 그들의 상호 관계를 표현하는 족보와 조상 이야기가 만들어졌다. 이스라엘 각 지파의 이름은 아마도 일정 씨족 또는 촌락이 거주하던 지역 이름, 또는 강력한 씨족의 조상 이름에서 나왔을 것으로 추정한다. 예컨대 에프라임은 에프라임산 근처에 살던 사람들을 가리켰을 것이다. 유다 역시 남부의 깊은 계곡들을 뜻하는 지형적 특징에서 나온 말로, 또는 이 지역에 살던 원 아랍인 중 하나에 대한 호칭에서 연유하였다고 보기도 한다(블레킨소프, 46-47).

부족공동체를 이룬 또 다른 주요 요소는 이집트 탈출 체험을 바탕으로 한 야훼 신앙일 것으로 본다. 개별 가족의 신앙 형태는 다를 수 있고, 많은 경우 가나안 신앙 형태를 띨 수 있었지만, 촌락이나 지파에서는 새로운 야훼 신앙을 받아들였던 것으로 보인다. 가나안 지역 역시 오랫동안 이집트와 그 봉신들의 지배를 받았으므로 주민들 역시 간접적으로 이집트의 종이었다. 따라서 그 종살이에서 해방하는 야훼 하느님은 그들에게 충분히 숭배받을 수 있었다.

초기 이스라엘 민족은 어떻게 살았나?

초기 이스라엘의 경우, 평소에는 그 부족의 원로들이 재판 등 주요 사안을 자치적으로 처리하였다. 상시적인 연맹을 이루지 않고, 외적의 침입 등 특정 상황에만 지파들이 연합해서 군사지도자로 세워진 사람(판관)에게 전권을 위임했던 것 같다. 판관은 본디 특정 지역 또는 특정 지파의 민중 영웅이었을 것이다. 그래선지 판관들의 사례를 보면 사건의 대부분이 지역별로 발생했고 참여 지파도 한정적이다. 상비군은 없었고 사건이 터질 때마다 각 지파에서 소집된 장정들이 전투에 참여했다. 매우 오래된 노래로 간주되는 드보라의 노래(판관 5장)에는 열 지파가 나오는데 그중 여섯 지파가 전투에 참여했다(에프라임, 벤야민, 마키르/므나쎄?, 즈불룬, 이사카르, 납탈리). 르우벤과 길앗(가드?)과 단, 아세르는 소집에 응하지 않았으며, 유다와 시메온, 그리고 레위는 전혀 언급되지 않았다.

아무튼 판관 시대의 가장 유력한 지파는 에프라임 산악지역의 에프라임 지파이며, 이들이 주변의 벤야민, 므나쎄, 길앗 지파 등을 장악했거나 또는 연합한 듯하다. 예컨대 길앗 사람들을 "에프라임에서 도망간

자들"이라고 불렀다는 표현이 한 예이다(판관 12,4). 이들과 함께, 또는 독립적으로 움직인 지파가 북부의 갈릴래아와 이즈르엘 골짜기를 중심으로 한 즈불룬, 납탈리, 아세르, 이사카르 지파 등이다. 요르단 동편을 차지했다는 가드와 르우벤, 남부의 유다 지파에 관한 언급이 판관기에 거의 없다(유다 지파에 합류한 오트니엘이 첫 판관으로 소개되지만, 팔레스티나 제일 남쪽에 있는 그가 머나먼 시리아 북동부의 아람 나하라임 임금과 싸웠다는 내용은 개연성이 없다). 초기 이스라엘에서 그들의 활동과 세력이 미미했다는 반증이다.

초기 이스라엘 민족은 가뭄 등 재해에 대처하는 고대 근동의 오랜 생활방식에 따라 주로 농경을 하면서 목축과 과수를 섞은 복합 영농방식을 채택했다. 여기 와서 처음으로 농사법을 배운 이도 있겠지만 대부분은 이미 아는 농사법을 새로운 환경에서, 즉 나무를 베고 산악지대에 화전을 만들어 청동기와 철기 농기구를 활용하여 확산해간 것이다. 이는 그들이 농경생활을 해본 목축민이거나 또는 가나안 농민들이 그 집단에 많이 합류했다는 반증인데, 이렇게 함께 살면서 오래된 선진 문화인 가나안 문화의 영향을 적지 않게 받았다. 힘든 여건이지만 안정된 농경을 통해 촌락의 인구가 늘어났고 새로운 촌락이 형성되었다.

그들은 주변의 다른 민족들과 달리 야훼 하느님을 자기 민족의 수호신으로 섬겼는데(신명 32,8-9 참조), 초기에는 그분을 가나안의 신들 가운데 하나로 여겼던 듯하다(시편 89,6-8 참조: 놀, 351-356; 그래비, 263). 그들에게 가나안의 최고신 엘(엘-엘룐, 엘-올람, 엘-샷다이 등)이나 풍우신 바알, 아세라 여신 등도 신이었다. 그런 가운데 가나안의 신 엘과 바알

이 가졌던 속성들이 야훼 하느님께 덧붙여지면서 야훼 신앙의 폭이 조금씩 넓어지고 깊어졌다.

초기 이스라엘 민족의 종교문화는 외형상 가나안족의 종교문화와 별로 다르지 않았을 것이다. 예컨대, 대표적인 판관 기드온이 금 고리로 에폿(탈출 28,4에 나오는 사제 의복과 다른 작은 신상으로 추정)을 만들자 사람들은 그것을 섬겼다(판관 8,24-27). 미카 이야기(판관 17장)에서도 개인 집에 신당을 세우고 주조 신상과 조각 신상, 수호신(트라핌)을 만들어 섬겼음을 알 수 있다. 즉 집집마다 나름대로 신을 섬겼고, 형상화된 신상을 활용했다. 야훼의 신상이 만들어졌는지는 분명치 않다.

야훼(주님)를 모시는 성소는 단 지파처럼 지파마다 둔 것 같지만, 가장 대표적인 성소는 "하느님(엘로힘)의 집"이 있는 실로였다(판관 18,31). 예루살렘에서 북쪽으로 32km 떨어진 실로('안식의 장소'라는 뜻)는 여호

▲ 청동 황소상, 기원전 12세기 초, 사마리아 지역에서 출토(므나쎄 지파?), 후기 가나안 양식, 12.4×17.5cm, 이스라엘박물관.

수아가 약속의 땅을 차지한 후 최초로 '만남의 천막'(탈출 33,7-11 참조)을 치고 이스라엘 각 지파의 영토를 할당해준 곳이었으며(여호 18,1-10), 해마다 야훼의 축제가 열렸던 곳이다(판관 21,19). 언제부터 이곳에 야훼의 현존을 드러내는 계약 궤가 모셔졌는지 알 수 없으나, 에프라임 사람들은 이곳에 와서 "만군萬軍의 주님"(야훼 처바오트: 만군을 다스리는 전쟁의 주 야훼)께 예배와 제사를 드렸다(1사무 1,3).

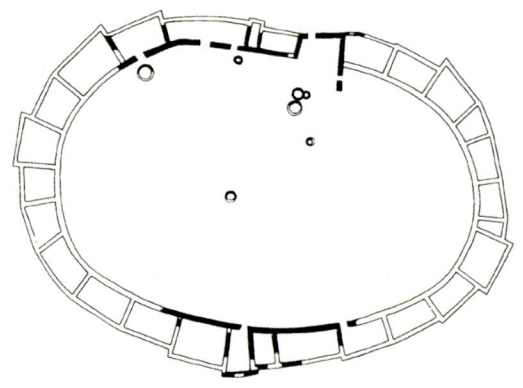

▲ 이즈벳 사르타의 촌락 구조, 기원전 12세기(레위, 378).

이 시기에 촌락은 안마당을 공유하면서 각자의 집을 둥글게 잇대어 지어 쉽게 방어할 수 있게 하였다. 각 집의 방은 보통 네 칸이었으며 기둥으로 구분되었다(규모는 대개 10×12m). 집안에 종자와 농기구들을 보관했고, 날씨가 나쁠 때는 가축까지 들여놓았다. 예전에는 이런 집 구조가 초기 이스라엘의 고유한 것으로 여겼으나 필리스티아 지역에서도 발견되면서 가나안 양식으로 보게 되었다. 텔 엘 파라 유적지를 발굴한 결과, 촌락 주민들과 인근의 가나안 성읍 주민들이 물을 함께 사용하고 자원과 용역을 교환하는 등 평화롭게 공생한 흔적이 드러났다.

성경과 역사 사이에서

이스라엘 민족이 팔레스티나에 정착하고 왕정을 수립할 때까지 기간을 흔히 '판관 시대'라 부른다. 판관(히브리어 쇼페트)은 이름대로 단순한 재판관이 아니다. 판관기는 이스라엘 전체를 외부의 적으로부터 구원하기 위해 야훼의 영을 받은 카리스마적 지도자로 판관을 소개한다. 판관기에 나오는 판관들의 활동 시기를 단순하게 합산하면 410년 정도 된다. 그런데 활동 시기로 소개한 숫자(10년, 20년, 40년, 80년)들이 모두 완전수 40을 토대로 한 신명기계의 상징적 숫자이다. 또 동시에 일어난 사건들도 있기 때문에(판관 10,6-8 참조), 판관 시대는 대략 기원전 1200년경부터 1020년경까지로 추산한다.

판관기는 가나안 땅 정복과 정착에 대한 이야기를 여호수아기와 꽤 다르게 설명한다. 여호수아기가 약속의 땅 정복 후 분배와 정착으로 나아갔다면, 판관기는 먼저 지파별로 몫을 나눈 후 정복 작업에 나선다. 그런데 정복의 성공보다 실패, 곧 그곳에 사는 가나안의 토착민들을 모두 쫓아내지 못하였다는 점을 부각한다. 그 결과 이스라엘 자손들의 새 세대는 토착민들과 어울려 살면서 주님을 저버리고 바알과 아스타롯을 섬겨 타락의 길로 접어들었다는 것이다.

판관기의 중심에 주님께서 세워주신 판관들의 이야기가 연속된다. 여기서도 '이스라엘 백성의 죄(우상숭배) → 이민족의 억압 → 탄원과 회개 → 주님께서 구원자로 판관을 세워 주심 → 평화를 누림 → 다시 이스라엘 백성이 죄지음'이라는 주기週期가 반복되면서 점점 악화된다. 그 양상은 마지막으로 등장하는 판관 삼손이 이방 여자에게 빠져들고 교만해져 무너지는 모습에서 잘 드러난다. 끝 부분에서도 불의하고 폭력적이며 타락한 사례들이 소개된다. 그리고 그 원인을 "그 시대에는 이스라엘에 임금이 없어 저마다 제 눈에 옳게 보이는 대로 하였다"(17,6; 21,25)라고 요약한다.

판관기는 "판관이신 주님"(판관 11,27)께서 이스라엘 백성을 돌보신 덕분에 살아남았지만 주님을 온전히 섬기지 않아 더욱더 윤리적으로 무너져가는 그들의 삶을 여실히 드러내는 데 초점을 둔다. 여기서 판관 시대의 전형적인 특징을 '폭력과 무질서'로 설정한 것은 곧이어 나오는 왕정 시대를 호의적으로 드러내기 위한 배경일 수 있다. 무질서한 이스라엘 백성의 삶을 다시 하느님께 돌리고 올바르게 바로 잡으려면, 판관보다 더 권위 있고 항구적으로 권력을 행사하는 임금이 필요하다는 주장이 함축되어 있다.

결론적으로 판관기는 초기 이스라엘 민족의 삶을 신앙의 관점에서 설명한 신명기계 작품이다. 여기에 활용된 대다수 판관들의 이야기는 이스라엘 왕국에서 유래한 전승과 문헌들에 기초했다고 본다. 드보라의 노래, 기드온, 입타, 삼손 이야기 등, 지파의 고대 전승에서 유래한 이런 이야기를 통해 개별 지파나 관련된 몇몇 지파가 연합하여 적의 공격을 막아내거나, 또는 단 지파처럼 부분적인 전투를 치르면서 오랜 기간에 걸쳐 땅에 정착하는 모습을 엿볼 수 있다. 이런 다양한 모습은 초기 이스라엘 민족의 팔레스티나 정착과 그 이후 삶의 실제 모습을 부분적으로 보여준다고 평가받는다.

한편 칠십인역 성경의 순서에 따르면 판관기 뒤에 룻기가 나온다. 거기에서는 판관 시대의 무질서가 두드러지지 않는다. 룻기는 판관 시대를 배경으로 하면서도 기근과 때 이른 죽음이라는 주님의 징벌 속에서 율법에 충실한 한 가정에 주어지는 놀라운 복을 소개한다. 그래서 룻기는 사무엘기에 나올 다윗의 등장을 예고하는 동시에 둘 사이에서 완충 지대로 작용한다.

3

새로운 변화, 왕정 수립과 통일왕국
사울, 다윗, 솔로몬

성경의 증언

구약성경 〉 역사서 〉 사무엘기 상하, 열왕기 상

실로 성전에 봉헌된 사무엘은 사제요 판관이며 온 이스라엘의 예언자로 활동했다. 필리스티아족이 공격하여 온 이스라엘이 계약 궤를 가지고 나섰지만 패배하여 궤를 빼앗겼다. 그러나 여러 우환이 겹치자 필리스티아족이 계약 궤를 돌려보냈다(1사무 1,1-7,17).

백성의 원로들이 사무엘에게 임금을 세워달라고 요구하자, 사무엘이 주님의 지시에 따라 벤야민 사람 사울을 임금으로 비밀리에 도유했다. 미츠파에 모인 온 백성 앞에서 사울이 임금으로 뽑힌 다음 암몬전에서 승리하여 임금 자리를 굳혔다.

그런데 사울이 주님 말씀에 순종하지 않아 버림받았다. 대신 기름 부음을 받은 다윗이 사울을 섬겼는데 사울이 자신을 죽이려 하는 바람에 필리스티아족에게 망명했다. 사울이 필리스티아족과 싸우다 죽은 뒤, 다윗이 유다 임금이 되었다. 사울의 아들 이스 보셋이 살해된 뒤에는 온 이스라엘의 임금이 되었다(1사무 8,1-2사무 5,10).

다윗은 예루살렘을 점령하고 계약 궤를 그곳으로 모시며 주변 국가들을 정복하여 왕국의 토대를 탄탄하게 다졌다. 하지만 그가 불의하게 밧 세바를 취하고 우리야를 죽인 뒤로 자식 간에 죄악이 퍼졌다. 마침내 아들 압살롬의 반란 때문에 다윗은 예루살렘을 떠났다가 아들이 살해된 뒤에야 돌아왔다. 그는 세바의 반란도 겪었고, 인구를 조사하여 주님의 벌도 받았다(2사무 5,11-24,25).

밧 세바가 낳은 솔로몬이 다윗의 지명을 받아 왕위를 이어받았다. 그는 반대 세력을 처단한 뒤, 주님께 청하여 지혜와 부유함의 복을 받았다. 그는 성전과 왕궁을 짓고 행정체제를 구축하며 요새를 건립하고 국제 교역을 활발히 전개했다. 하지만 이방 여인들과 혼인하고 이방 신들을 섬겨 주님의 진노를 샀다. 에돔 사람 하닷과 아람 초바의 르존이 솔로몬에게 대적하였고, 에프라임 사람 예로보암에게 열 지파를 맡기겠다는 예언 말씀이 내렸다(1열왕 1,1-11,43).

▲ 다윗 왕국 　　　　　　　(성서사십주간 성경지도 65)

역사의 증거

고고학 연표: 철기시대 ⅡA기 (기원전 1000-900년)				
연대	이집트	팔레스티나	시리아	메소포타미아
1000	21왕조 쇠퇴	다윗 통치	페니키아 활발	바빌로니아 혼란
	22왕조 창건	솔로몬 통치	르존, 아람 건국	칼데아족 진입
900	시삭의 통치	왕국의 분열	페니키아 알파벳	신아시리아 부흥

시대 전체보기

기원전 10세기에 접어들어 기후가 좋아지면서 농업 수확물이 증가하여 인구가 늘어났다. 기존 국가들이 여전히 침체한 가운데 새로운 작은 국가들이 속속 등장했다. 이집트 역시 기원전 12세기 중반부터 분열 상태라 쇠퇴하였다. 21왕조의 시아문이 팔레스티나의 가나안 성읍 게제르를 점령한 뒤 솔로몬과 혼인 관계를 맺은 듯하다. 리비아 출신 귀족인 시삭이 22왕조를 세우고 이집트를 통합한 뒤 세력을 키워 분열된 이스라엘과 유다를 공격했다. 그러나 그의 죽음 이후 24왕조까지 리비아족이 통치한 이집트는 여러 임금이 지역을 나눠 다스리는 침체된 중간기(기원전 925-715년)를 보냈다.

바빌로니아는 아람족과 칼데아족이 새로 진입하며 혼란스러운 정국이 지속되었다. 1세기 정도 침체했던 아시리아는 아슈르단 2세(기원전

934-912년) 때부터 조금씩 세력을 회복해갔다. 그러나 시리아와 팔레스티나에 영향을 미칠 여력은 없었다.

북부 메소포타미아에는 신히타이트 국가들이 건재하고, 유프라테스강과 티그리스강 중류 지역에는 아람족 국가들이 많이 들어섰다. 시돈, 티로, 비블로스 등 페니키아의 주요 성읍국가는 해상 교역을 활발히 하면서 교역 중심지의 면모를 회복했다. 특히 티로는 신흥 왕국인 이스라엘과 동맹을 맺고 교역과 문화에서 긴밀하게 협조했다. 또 키프로스에 식민지를 개척하면서 해외로 뻗어갔다.

변화의 파도는 이스라엘에도 밀어닥쳐 국가의 지도체제가 완전히 뒤바뀌었다. 판관체제에서 왕정체제로 전환되었는데, 성경의 사무엘기와 열왕기 상권에서만 이 전환을 소개할 뿐, 관련 자료가 극히 희박하다. 따라서 성경 자료의 역사성을 어느 정도 인정할 것인가 여부를 놓고 주장들이 극단적으로 나뉜다. 또 이스라엘과 유다 왕국이 왕정체제 아래서 민족국가로 성장했기에, 그 과정이 어떠하며 어떤 요인들이 크게 작용했는지를 두고 논란이 치열하다.

왜 왕정이 필요해졌나?

안팎의 위기가 닥치면 사회는 변화의 압력에 직면한다. 이스라엘 역시 시간이 흐르면서 중앙 산악지대의 인구가 늘어나고 부가 증대하여 이를 체계적으로 관리하고 지킬 수 있는 새로운 사회 경제체제가 필요했다. 일시적이고 산발적인 판관체제나 부패한 엘리 사제나 사무엘 집안의 지도력이(1사무 2,22-36; 8,1-3) 아닌, 전 지파를 포괄하는 중앙집권적인 왕정체제가 요구되었다.

　게다가 외부의 압박도 거세졌다. 탄탄한 다섯 성읍국가 체제를 구성한 필리스티아족은 경제력을 늘리기 위해 평야와 산악지대 중간에 있는 구릉지역(세펠라)을 약탈하거나 점령하여 세금을 부과하려고 계속 공격해왔다. 반면에 이스라엘 역시 더는 농경지와 목축지를 늘릴 수 없는 한계상황에 이르렀으므로 구릉지역으로 내려오려고 했다. 그러면서 필리스티아인들이 관할하는 교역로(해변길)를 오가는 대상들을 약탈했다. 경제와 영토에서 경쟁에 들어선 둘의 전투는 필연적이었다.

　성경에 따르면, 철기문화로 무장한 필리스티아족은 아펙과 에벤 에제르 사이에서 벌어진 전투에서 이스라엘에게 대승을 거두고 계약 궤까지 빼앗았다(1사무 4-5장). 그 뒤 필리스티아인들이 미츠파를 공격했다가 패배한 뒤 "다시는 이스라엘 영토로 들어오지 않았다"(1사무 7,13)고 한다. 하지만 이 구절은 판관(1사무 7,6.15-16)으로 일하는 사무엘을 통해 하느님의 구원을 보여주는 이상적인 모습일 뿐이다. 현실은 훨씬 절박하고 처참했다. 필리스티아족은 곳곳에 수비대를 설치하여 통제하였을 뿐 아니라 병거 삼천 대를 동원하는 엄청난 군사력으로 이스라엘을 압박했다. 사울과 그의 아들 요나탄만 칼과 창을 지닐 정도로 이스라엘의 상태는 열악했다(1사무 13장).

　이런 위기에서 이스라엘에 새로운 지도자로 두 유형이 등장한다. 예언자와 임금이다. 이 둘이 판관의 역할을 나눠 맡은 것 같다. 예언자가 하느님의 영을 받아 하느님 말씀을 전한다면, 임금이 정치적 군사적으로 하느님 백성을 지키고 돌보는 역할을 맡았다. 이 둘의 관계는 왕정 시대 내내 지원과 비판, 격려와 견제 등 다양한 모습으로 밀접하게 유지되었다.

주님의 믿음직한 첫 번째 예언자는 마지막 판관이며 사제로 봉사하는 사무엘이었다(1사무 3,20: 아브라함, 모세, 미르얌은 후대에 예언자 칭호를 받았다). 하지만 아들 관리를 못하는 등 그의 지도력이 널리 신뢰받지 못해, 모든 이스라엘의 원로들이 그에게 강력한 중앙집권적인 임금을 세워줄 것을 요구했다. 전통을 고수하는 원로들이 새 체제를 요구할 정도로 상황이 심각했다. 그런데 이스라엘의 신앙에서 이 요구는 '영원무궁토록 다스리시는' 임금이신 야훼를(탈출 15,18; 판관 8,23) 배척하는 행위였다.

사울이 첫 임금으로 세워지는 세 가지 전승에서 첫 왕정의 수립을 둘러싼 복잡했던 양상을 엿볼 수 있다. 하나는 사울이 잃어버린 아버지의 암나귀 때문에 사무엘에게 문의하러 갔다가 기름부음을 받고 "이스라엘의 영도자"로 세워진 뒤 하느님의 영을 받는다(1사무 9,3-10,16). 또 하나는 사무엘이 미츠파에서 사람들을 모아놓고 임금이 될 사람을 뽑는 제비뽑기에서 벤야민 지파의 사울이 뽑힌 경우이다(1사무 10,17-27). "모든 백성보다 어깨 위만큼 더 컸던"(1사무 10,23) 그를 장군감으로 여긴 것이다. 세 번째는 야베스 길앗을 포위한 암몬족의 위협에서 사울이 군사들을 소집해 암몬족을 공격해 물리친 뒤 길갈에서 임금으로 세워진 예로, 가장 신빙성 있는 전승으로 평가된다(1사무 11장).

결국 사울의 예를 통해 이스라엘의 모든 임금은 하느님께 선택되어 예언자에게 기름부음을 받고, 백성의 지지를 얻은 다음 하느님의 영을 받아 통치한다는 식으로 제시된다. 하지만 이는 이스라엘의 야훼 신앙에 따른 이상적인 모습일 뿐, 실제로 이렇게 세워진 임금은 드물다.

사울은 진정한 임금이었나?

성경에서 사울은 "사방에 있는 모든 원수들, 곧 모압과 암몬 자손들과 에돔, 초바 임금들과 필리스티아인들과" 아말렉족과 끊임없이 싸워야 했던 전사로서(1사무 14,47-48) 결국 전쟁터에서 죽는다(1사무 31장). 그 역시 판관들처럼 전쟁의 위기에 나서는 카리스마적 지도자였지만, 일시적이 아니라 항구적인 지위를 가졌다는 점에서 임금에 가깝다. 성경에서 사울의 통치 기간은 2년으로 나오지만(1사무 13,1; 사도 13,21에는 40년), 성경의 간접 증거들을 고려할 때 적어도 20년은 다스렸다고 추정한다(대략 기원전 1020-1000년).

그는 벤야민 지파 출신으로 에프라임 산악지방의 지도력을 이어받은 셈이며, 실제로 다스린 영토는 에프라임 산악지방, 벤야민 지역, 길앗 지역 정도였고(2사무 2,9 참조), 유다의 북부 산지와 이즈르엘 골짜기 너머에 영향력을 일부 미쳤다고 본다(르메르, 163). 백성의 지지 속에 왕위에 올랐지만(1사무 11,1-15) 그에게는 수도와 왕궁, 관료기구와 제의 중심지나 사제도 없었다. 군대도 전통적인 지파체제로 구성되었고(1사무 17,18) 지휘 역시 친족 중심으로, 아들 요나탄에게 의지할 정도였다.

공식적인 국가제도를 갖추지 못한 점에서, 그의 나라는 아직 왕국이 아니었다. 요피에 의하면, 초기 단계의 국가가 발전하려면 경제적 힘(농경 활동, 상업 활동), 사회적 힘(중앙과 지방의 인재들, 문화적 상징의 공유), 정치적 힘(관료체제, 군사체계, 법체계, 조세체계) 등이 제자리를 잡아야 하기 때문이다(그래비, 189).

그럼에도 사울은 상비군을 구성하여 외적의 공격을 막았을 뿐 아니라 주변으로 영토를 넓혀 왕국의 토대를 쌓으려 했고, 유다 지역까지 끌어안으려 했던(1사무 12-14 참조) 탁월한 군사 지도자였다. 고대 국가의 첫 임금들이 그러하듯이, 그 역시 본격적인 임금의 모습보다 왕정으로 가는 과도기의 군사 지도자, 강력한 군장君長(Chiefdom)의 모습을 더 보여준다. 군장국가는 전통적인 족장권이 보장되나 사회신분이 세습화되고 직업이 전문화되며, 재분배 경제가 이뤄진다는 점에서 전통적인 성읍국가와 다르다. 사울도 **빼앗은** 필리스티아 땅을 벤야민 지파를 중심으로 자신의 신하들에게 나눠준 것으로 보인다(1사무 22,7 참조).

고고학적 발굴의 결과, 기원전 11세기에 필리스티아의 성읍국가들은 가나안 문화에 상당히 동화되었고 또 대단한 번영을 누렸는데, 에프라임 산악지대의 촌락들은 작고 보잘것없었다. 주민 백 명 정도가 사는 마을이 큰 촌락에 속했다. 고대부터 가나안의 제의 중심지였다가 에프라임의 중앙 성소로 자리 잡은 실로는 기원전 1200년경부터 사람들이 거주하다가 기원전 11세기 중반에 큰불로 사라졌는데, 필리스티아의 공격에 기인한 것으로 추정된다(예레 7,12.14 참조).

다윗은 왕위를 빼앗았나?

사울의 뒤를 이어 두 번째 임금이 된 다윗(대략 기원전 1000-962년)은 성경에서 가장 매력적인 영웅 중 하나다. 그의 시대는 권력이 교체되는 과도기여서 능력과 야망을 지닌 이라면 임금을 꿈꿀 수 있던 때였다. 그에 관해 성경은 매우 길게 상세히 다룬다(1사무 16장-1열왕 2장까지 40개 장; 1역대 11-29장). 성경에 따르면, 그는 사울의 신하와 도망자, 망명자로 살다가 유다와 이스라엘을 다스리는 임금으로 총 40년 간 통치했다. 숙적 필리스티아는 물론 주변 국가들을 꺾고 사방으로 영토를 넓혔으며(2사무 8장), 여부스족의 예루살렘을 점령하여 자기 왕국의 수도로 삼았다. 또 그는 야훼 신앙에 매우 충실했으며 야훼를 이스라엘의 국가신으로 정립하고 야훼를 섬기는 제의를 마련하는 데 지대한 영향을 미쳤다.

다윗의 통치하에서 비로소 이스라엘의 왕정체제가 구축되었다고 보는 견해가 많다. 사실 유다와 온 이스라엘 지파 사람들이 다윗을 임금으로 선택한 이유는 그가 전사로서 탁월했기 때문이다. 길보아산 전투 이후 필리스티아 세력이 북부 지파 영토의 중심부까지 다가온 처지였다. 이스라엘 민족과 땅을 지키는 데 그보다 더 적합한 인물은 당대에 없었다. 따라서 다윗 왕조의 개창자요 통일 이스라엘을 이룬 임금 다윗을 높게 평가하는 것은 자연스럽다.

하지만 이렇게 화려하고 놀라운 경력을 보여주는 다윗인데도, 실제로 그것을 뒷받침하는 물증과 관련 문서는 매우 빈약하다. 다윗 자신이 건축 사업을 벌인 것도 없고, 성경 외에 그가 등장하는 문헌이 전혀 없다 보니 그의 실존을 의심하는 견해까지 나타났다. 그러나 1993년과 이 듬해에 텔 단에서 발굴 된 석비 조각에서 "다윗 의 집"(*byt dwd* 다윗 왕조) 이라는 글귀가 나왔다. 이 석비는 기원전 9세기 중반에 다마스쿠스 임금 하 자엘(대략 기원전 844-793년)이 세 운 승전비로 추정된다. 같은 시기 에 모압 임금 메사가 세운 석비에도 비슷한 글귀가 나온다. 이를 통해 적어도 다윗이 세운 왕조가 유다를 다스렸다는 사실은 역사적으로 입 증되었다.

▲ 텔 단 비석. 기원전 9세기. 현무암. 이스라엘박물관.

다윗은 제국을 이루었나?

성경에 따르면, 다윗은 유다와 이스라엘의 온 땅을 다스리고, 요르단 동편의 에돔과 모압, 암몬을 정복하여 속국으로 삼고, 다마스쿠스와 초바에서는 조공을 받았으며, 하맛과는 우호적 동맹국으로 있었다. 이 기록의 진정성을 수용하는 쪽은 다윗과 솔로몬 시대에 걸쳐 대략 40-50년 간 이른바 소규모 제국을 유지했다고 주장한다(프로반, 470-471).

2008년에 엘라 골짜기를 발굴한 가핑클은 다윗 시대로 추정되는 성읍을 발견하여 이미 다윗 시대에 상당한 도시화가 진행되었다고 주장한다(염철호, 30-31).

그러나 오늘날 성경의 관련 진술을 회의적으로 보는 견해가 더 많다. 한 국가가 성립되려면 인구와 건물, 생산물, 사회의 집중화와 특화 정도가 충분해야 가능한데, 현재 고고학 발굴 결과로 보면 다윗 시대는 아직 충분치 않다고 판단하는 것이다. 솔로몬의 사후 곧 기원전 10세기 말에 정착된 마을로 추정되는 유다 지역의 34곳을 발굴한 결과 다음과 같은 결론이 내려졌다. 기원전 10세기 말-9세기의 유다는 "예루살렘을 거점으로 한 지역 왕조가 다스리는 작고 무력한 주변 왕국이었다"(매튜, 48). 또 기원전 10세기 산악지대의 추정 인구 45,000명 중에서 유다 지역의 인구를 5,000명 정도로 보는 고고학적 견해도 있다(핑켈스타인, 175). 이러한 주장을 펴는 이들은 기원전 8-7세기에 가서야 유다 왕국이 한 국가로서 정립되었으며, 본격적인 문학작품들을 생산할 사회 경제적 힘을 가졌다고 추정한다.

그렇지만 당시는 국제 정세상 시리아 팔레스티나 역사에서 극히 드문, 강대국의 세력이 전혀 개입되지 않은 채 군소국가들이 경쟁하던 시기였다. 약화된 이집트는 필리스티아를 견제하기 위해 다윗 왕국을 은연중 지원했을 수 있고, 아시리아 역시 주변에 세워진 아람 국가들을 견제하면서 유프라테스강까지 내려왔지만 더 내려오지는 않았다. 이런 여건에서 다윗의 군사적 승리는 매우 돋보였고 이스라엘을 안정시키는 데 결정적 영향을 미쳤다. 그래서 다윗 제국에 대한 성경의 주장도 정치적 통제보다 군사적 승리를 강조한 것으로 이해하며, 아직 왕정을 이루지 못한 모압과 암몬 등을 약탈한 수준이었고, 아람 국가들을 지배했다는 주장은 실효적인 지배가 아닌 군사적 위협 또는 외교관계에 가까웠을 것으로 본다.

한 예로, 요르단 동편에 관한 최근의 연구는 다윗의 공격이 암몬의 왕정 수립을 촉진했으며(2사무 10장에 나오는 암몬 임금은 군장 수준) 다윗의 암몬 지배가 짧았고 유지하기도 어려웠을 것으로 추정한다. 암몬 백성의 결속이 강하고 당시 통치권의 중심지인 라빠의 위치가 방어에 용이했기 때문이다(아놀드, 468-469). 고고학에서는 암몬이 기원전 12-9세기에 목축에서 집약농업으로 전환했음을 보여준다.

모압 역시 다윗의 공격에서 자극받아 국가 형성기에 들어섰으며 기원전 9세기 즈음에서야 성읍이 본격적으로 건설되고 요새화하는 국가시대로 분명하게 접어든다(기원전 840/830년경에 세워진 메사 비문 참조). 에돔 역시 기원전 9세기 중반쯤에야 왕정체제를 이루었다고 추정한다(에돔어 인장의 대부분이 기원전 7세기로 추정된다. 하지만 2006년에 토마스 레위가 에돔 지역에서 발굴하였다고 발표한 기원전 12-10세기의 군장사회의 대규모 유적지를 둘러싸고 논란중이다).

사실 다윗의 승전 기록(2사무 8,1-14)은 "모압과 암몬 자손들과 에돔, 초바 임금들과 필리스티아인들"과 싸워 이겼다는 사울의 승전 기록(1사무 14,47-48)과 성격이 매우 비슷하다. 또 그가 실제로 통치한 영역은 그가 인구를 조사한 지역(2사무 24,5-7이 유배기의 삽입구이긴 하지만)과 유사하다고 생각해볼 수 있다. 여기에는 이스라엘 사람들의 거주지역과 가나안 성읍들이 소개될 뿐, 주변 국가들은 언급되지 않는다. 아무튼 그는 이스라엘을 계속 위협했던 필리스티아의 세력을 결정적으로 꺾는 데 성공했다(그래도 계속 존속했다). 또 그동안 정복하지 못했던 이즈르엘 골짜기와 가나안족의 강력한 북부 성읍들, 곧 벳 스안, 게제르, 므기또, 타아낙 등도 정복하여(아마도 계약을 맺어) 가나안 땅의 정복을 실질적으로 마무리하였다고 볼 수 있다 이로써 갈릴래아와 에프라임이 연결되었으며 동시에 가나안 성읍의 영향력이 다윗 솔로몬 왕국에 크게 스며들었다.

다윗의 행정 조직은 탄탄했나?

다윗은 지파의 한계를 인식하고 친족 중심주의에서 벗어나기 위해 지파의 권한을 서서히 줄이면서 중앙집권적인 왕정을 구축하고 관료제를 구성했다(2사무 8,15-18; 20,23-26). 관료 명단에는 군대 지휘관, 기록관(경제, 행정 기록 담당), 사제, 서기관(왕궁과 외교 기록 담당), 부역 감독 등이 등장한다. 관료들은 씨족이나 지파보다 임금에 대한 충성을 기준으로 뽑혔던 것 같다. 그 중에는 다윗의 가족과 조카들이 포함되었다(2사무 8,16; 1역대 2,16). 서기관의 경우, 제도는 만들었지만 그들을 양성하는 학교는 없었던 것으로 보인다. 해양민족 출신으로 추정되는 용병들이(크렛족과 펠렛족: 2사무 8,18), 지파 출신의 정규 군대와 다른, 다윗의 사병인 용병대의 핵심 병력으로 활동했다. 이때 재판관이 임명되지 않아 재판 권한이 아직 지파의 원로들에게 남겨져 있음을 시사한다.

이 밖에 예언자 나탄과 환시가 가드(2사무 24,11)가 다윗 곁에 있었다. 역대기에는 임금의 고문과 벗, 왕자 교육 담당이라는 직함의 관리들이 추가로 소개된다(1역대 27,32-34). 이러한 관료제와 군대 제도는 이집트(서기관, 임금의 벗 등)와 가나안(부역 감독, 임금의 고문 등)의 행정 조직을 본뜬 것으로 보인다. 하지만 전반적으로 다윗의 행정 조직은 국가 형성기의 초보적인 수준으로 평가된다. 또 이런 관료제를 유지하고 새 국가를 형성하는 데 필요한 재원을 충당하기 위해 조세와 부역이 백성에게 부과되었다.

예루살렘, 이방인의 성읍이 어떻게 바뀌었나?

아마르나 서신을 보면, 예루살렘은 기원전 14세기부터 성읍국가로 존재했다. 교역로에서 비껴 있지만, 지형적으로 방어하기에 좋고 늘 물이 솟는 기혼샘이 있어 많은 사람은 아니어도 지속적으로 정착할 수 있었다. 다윗은 유다와 이스라엘 중간에 위치하여 양쪽의 소통을 막는, 그러면서도 어느 지파 영역에도 속하지 않는 여부스족의 이 성읍을 정복하여 자기 도성으로 만들었다(2사무 5,6-10; 예루살렘은 다윗 왕실의 몫인 다윗성으로 끝끝내 독립성을 지킨다).

다윗은 여부스족을 죽이지 않고 오랜 국가 체제에 익숙한 그들의 경험을 살려 그의 신생 왕국을 뒷받침하는 관료로 고용한 듯하다. 다윗의 신하 중 사제가 둘이었는데(2사무 8,17), 그중 아히툽의 아들 차독을 여부스족의 사제로 추정하는 견해가 있다(알베르츠, I, 276). 어쩌면 이스라엘 전체를 장악하기 위해서는 북부 지파의 영역에 수도를 정할 필요가 있는데도 하지 못했던, 다윗의 조심스러움과 거리낌을 보여주는 증거가 예루살렘일 수도 있다.

특히 다윗은 이십 년 동안 아비나답의 집에 있었던 계약 궤를 새 수도에 옮겨다 놓았다(2사무 6장). 그리하여 그 궤가 상징하는 거룩한 종교 유산을 자기 왕권과 연결시키고 사울 왕국과의 연속성을 강조했다. 본래 북쪽 이스라엘 지파들의 유산이었던 계약 궤를 예루살렘에 두어 북쪽 지파들과의 연계성을 높인 것이다. 동시에 야훼 예배의 중심지로서 예루살렘의 새로운 위상을 세웠다. 계약 궤는 백성에게 하느님의 길을 일러주고(민수 10,33-36) 가장 막강한 전사인 만군의 주님의 현존과 권능을 보여주는, 가장 중요한 야훼 신앙의 상징물이었다(여호 6,6-21; 1사무 4,2-11).

그런데 이때 다윗은 어디에 계약 궤를 모셨을까? 여부스족의 신전이었을까? 아니면 또 다른 천막이었을까? 그는 과거처럼 계약 궤를 백성 앞에 드러내거나 전장에 내세우지 않고 철저히 가렸다. 그는 성전을 짓고 싶다는 원의를 밝혔으나 결국 건설하지 못했는데, 그런 대형 건축물을 지을 능력이나 재원을 가지지 못했는지 모른다("너무 많은 피를 흘려" 성전을 지을 수 없었다는 1역대 22,8은 신학적 설명일 뿐이다). 솔로몬이 다윗성의 북쪽에 성전을 짓고 계약 궤를 모신 다음, 궤는 백성의 눈앞에서 영영 사라졌다.

그 뒤 계약 궤가 아닌, 예루살렘 자체가 "주님의 옥좌"로 인식되었다(예레 3,16-17). 궤를 모신 성전은 예배 장소이면서 야훼가 다윗 왕조를 합법적인 통치자로 선택했음을 드러내는(2사무 7,12-13) 정통성의 상징으로 자리 잡았다. 그러면서 성전이 위치한 예루살렘은 야훼가 머무시는 특별한 도성, 주님이 선택하신 다윗 왕조의 수도로 특권을 가지면서 일종의 왕정 이데올로기인 '시온신학'의 본거지가 되었다. 이는 특히 북부 이스라엘 왕국이 멸망한 뒤 더욱 각별한 의미를 가졌다. 성전이 건설되면서 야훼는 통일 이스라엘의 국가신으로 공식 등극하였다. 동시에 사제들은 왕실 관리처럼 임금에게 종속되었다.

하느님과 맺은 영원한 계약은 지켜졌나?

야훼 하느님은 나탄 예언자를 시켜 당신이 다윗을 당신 백성 "이스라엘의 영도자"(2사무 7,8)로 세웠다고 일러주신다. 또 아무 조건 없이, "너의 집안과 나라가 네 앞에서 영원히 굳건해지고 네 왕좌가 영원히 튼튼하게 될 것"(2사무 7,16)이라고 약속하신다(시편 132편은 같은 내용에 조건을 붙인다). 실제 배경이 어떠하든 이 신탁에 따라 다윗 왕조는 하느님에게서 통치권을 받았으며 무너지지 않는다는 왕정 이데올로기를 확고히 구축하게 되었다(시편 2,7; 110,4; 이사 9,6). 유다 왕국은 이 시온신학에 기초하여 왕조의 정통성을 확립하면서 왕위 계승의 문제점을 상당히 없앨 수 있었다.

다윗 자신이 큰 위기, 곧 아들 압살롬의 반란(2사무 15-18장: 성경 본문에 따르면 백성 중 상당한 이가 다윗에게 불만을 가졌으며, 이는 매우 심각한 상황이었다)과 벤야민 지파 출신 세바의 반란(2사무 20장)을 모두 평정한 사건도 이 왕정 이데올로기를 한층 강화했다. 사실 숱한 모반으로 왕권이 내내 불안정했던 이스라엘 왕국이 결국 단명한 것과 달리, 유다 왕국의 400여 년 역사에서 모반은 아마츠야와 아몬 임금 때 두 번뿐이었다(2열왕 14,19; 21,23). 이 약속의 말씀은 그 뒤에도 숱하게 다가오는 위기에서 이스라엘 민족을 지탱해주었고, 메시아 왕국에 대한 지속적인 희망을 심어주었다.

다윗은 시편을 지었나?

150편에 이르는 시편 전체의 표제에서 다윗 이름이 언급된 시편은 73편이나 된다(마소라 본문에서). 이 단어의 원어는 '르 다윗'(*le dawid*)이다. '르'라는 전치사는 '~를 위한, ~에 관한, ~에게 봉헌된' 등을 뜻하므로, 반드시 다윗이 지었다기보다 '다윗과 관련된', '다윗에게 경의를 표하기 위한', 다윗 왕조가 지은 예루살렘 성전을 위한 시편이라는 뜻으로도 이해할 수 있다.

그러나 적어도 다윗 시편 중 13편(3; 7; 18; 34; 51; 52; 54; 56; 57; 59; 60; 63; 142편)은 다윗의 생애에서 중요한 사건들과 연관되어 있고, 일반적으로 역사성을 인정받고 있다(전봉순, 38). 성경 전승에서 다윗은 비파를 잘 타는 사람(1사무 16,14-23; 아모 6,5), 예루살렘 제의를 확립한 사람(1역대 15-16장), "온 마음을 다해 찬미의 노래를"(집회 47,8) 부른 사람, 깊은 믿음으로 기도드린 신앙인으로 유명했기에, 성전 제의의 노래인 시편이 후대에 다윗 이름과 결부되었을 가능성이 높다. "그는 … 이스라엘의 노래들을 지은 이"(2사무 23,1)라는 것이다. 쿰란 두루마리 가운데 시편 사본 중 하나(11QPs^a)에서는 다윗이 4,050편의 시를 지었다는 구절이 나온다(밀러, 159). 그러나 바빌론 유배 이후 다윗 왕정이나 메시아 운동이 공식적으로 퇴조하고 대신 율법과 지혜 요소가 강조되면서 시편 전체에서도 이런 성격의 시편들이 많이 등장한다.

솔로몬은 어떻게 임금이 되었나?

살아 있는 아들 중 사실상 맏이인 아도니야가 전통적인 보수세력인 에브야타르 사제와 요압 장군의 지지를 받아 다윗의 후계자로 확실시되었다. 그런데 왕위 계승 서열 10위인 솔로몬이 예루살렘에서 새로 득세한 나탄 예언자와 차독 사제, 용병대 대장 브나야의 추천으로 노쇠한 다윗의 마음을 움직여 왕위를 계승했다고 성경은 기술한다. 이른바 다윗 왕위 계승 설화(1열왕 1-2장)에 나오는 내용이다. 하지만 이 설화는 실제 역사를 기술한 것이라기보다 일종의 쿠데타를 정당화하는 문학적 창작품에 가깝다는 의견이 꽤 제기된다.

예전에는 이 단락을 통일왕국 시대의 기록으로 보며 놀라운 문학작품의 하나로 여겼다. 하지만 오늘날에는, 기원전 7세기경 또는 그 이후에 유다 왕실에서 현재 형태의 설화를 작성한 것으로 추정한다. 물론 여기에도 몇몇 전승은 매우 오래된 것일 수 있다. 정확한 역사적 사실을 규명할 길은 없지만, 왕위를 둘러싼 형제간의 다툼은 왕정마다 흔한 일이어서 솔로몬의 등극 역시 노쇠한 다윗을 업고 신진 세력이 일으킨 쿠데타이지 않을까 추정한다. 사울이나 다윗과 달리 야훼의 지명과 백성의 동의를 먼저 받지 않고, 선왕(다윗)의 인정으로만 임금이 된 첫 번째 사례다. 그리하여 다윗 왕조가 형성되었다.

솔로몬 시대는 황금시대였나?

솔로몬은 왕궁에서 태어나 줄곧 그 안에서 자란, 왕궁 외부의 삶을 겪지 않은 첫 번째 임금이다. 그러나 그가 안정적으로 권력을 행사하며, 공공건축물을 짓고 국제 교역과 외교관계를 펼쳤다는 점에서 비로소 국가 체제가 확고해졌다고 볼 수 있다. 이제 임금은 한층 확대된 여러 관료를 통해 지역 구석구석까지 직접 영향을 미칠 수 있게 된 것이다(1열왕 4장에 나오는 대신들의 명단을 솔로몬 시대의 것으로 간주하면). 상비군과 병거대로 나라를 방어하고(역사적으로 팔레스티나에서 기병은 기원전 9세기 중반에 등장한다), 조세와 부역으로 국가의 상징적인 건물들을 지을 수 있게 된 것이 그 반증이다. 전국을 열두 지방으로 나누어 통치하였는데(1열왕 4,7-18), 여기서 열두 지파가 확정되었다고 보는 견해도 있다.

하지만 성경에 묘사된 왕국의 부유함과(1열왕 4,20-5,14; 10,14-29), 시리아의 하맛 어귀에서 '이집트 마른내'에 이르기까지 다스렸다는(1열왕 8,65) 기술은 솔로몬을 중심으로 '황금시대' 전설을 묘사한 것에 가깝다는 주장이 많다. 예컨대, 솔로몬은 성전과 궁전 건설 자재를 공급한 티로 임금에게 접경지역인 갈릴래아 성읍 스무 개를 내주었다(1열왕 9,10-14). 이 구절의 역사성을 인정하면, 이는 솔로몬이 자재비로 줄 곡물이나 다른 자산이 없었기 때문에 국가에서 가장 귀중한 영토를 내준 것으로 볼 수 있다. 그렇다면 사방에서 조공을 받고 교역을 하여 엄청난 부를 쌓았다는 솔로몬의 번영은 실제가 아닌 셈이다. 또 히람이 솔로몬과 협력 관계를 맺은 것은 필리스티아족과 대항하기 위해서라고 볼 수 있다. 필리스티아족 역시 해상 교역에 밝은 경쟁자였기 때문이다.

솔로몬에게 왕족 출신 아내가 700명 있었고(1열왕 11,3) 특히 이집트 파라오의 딸과 혼인한 것은(1열왕 3,1) 국가 간에 동맹 관계를 형성하는 정략혼인의 표시이다. 파라오의 딸을 외국에 시집보낸 일은 그동안의 이집트 역사에 전례가 없었지만, 21왕조와 22왕조는 그렇지 않았다. 아마도 이 혼인의 배후에는 필리스티아 지역을 다시 장악해보려는 이집트의 야망이 숨어 있었을 것이다. 이 야망은 나중에 솔로몬의 적대자들을 지원하고, 나아가 파라오 시삭의 침략으로 드러날 것이다. 하지만 이 모든 솔로몬의 모습이 실제로는 1세기 뒤에 나오는 이스라엘 왕국의 오므리 왕조의 모습을 투사했다고 보는 견해도 꽤 있다.

솔로몬이 추진한 건설사업의 실상은?

솔로몬은 예루살렘을 진정한 수도로 만들기 위해 왕궁과 성전 등 대형 건물을 지었다. 열왕기 상권에 묘사된 성전은 시대를 거치면서 확장되고 치장된 신명기계 역사가 당대의 성전, 곧 기원전 7세기의 모습일 것으로 추정한다. 아마 본래 성전의 규모는 성경에 묘사된 것(대략 300m²)보다 더 작고 소박했을 것 같다. 그리고 "자기들의 문지방을 내 문지방

옆에 놓고, … 나와 자기들 사이에 벽 하나밖에 없도록 만들었다"(에제 43,8)고 꾸짖는 주님의 말씀을 들어보면, 성전은 왕궁(대략 1250m²)에 부속된 건물이었던 듯하다. 하지만 예루살렘은 성전 추정 구역 등이 모두 발굴 금지 구역이고 지속적으로 주민이 살고 있어 실제로 발굴한 부분도 많지 않으며 그중에서도 기원전 10세기의 유적으로 확인된 것은 별로 없다.

솔로몬은 예루살렘 성전과 왕궁 외에 가나안 성읍이었던 하초르, 므기또와 게제르를 재건하였다고 성경은 말한다(1열왕 9,15-17). 이 지역들을 발굴한 결과 거의 같은 구도로 건축되었고(관문 양편에 방 세 개씩, 모두 여섯 개를 갖춘 성문) 철기시대 1기에 만들어진 것으로 밝혀졌다. 1970년대까지만 해도 이것들은 솔로몬 시대의 건축물로 의심 없이 받아들여졌다. 하지만 그 뒤로 좀 더 정밀한 조사가 이어지고, 같은 형태의 건물이 시리아와 필리스티아 땅에서도 발굴되면서 솔로몬 시대보다 늦은 시대로 규정하는 견해가 늘고 있다.

아무튼, 기원전 10세기에 사회가 전반적으로 발전하면서 인구가 늘고 성읍들이 강화되었다는 주장은 신빙성 있다. 산악지대의 인구는 급격히 줄고 평야와 성읍의 인구는 대폭 늘어났으며, 발굴되는 도자기는 품질이 좋아 경제 여건이 좋아졌음을 입증한다.

솔로몬 시대에 야훼계 문헌이 쓰였나?

팔레스티나에서 출토된 기원전 10세기의 주요 기록물은 이른바 '게제르 달력'이다. 높이 11.1cm 크기의 석회암 판석에 각 달의 농사일이 일곱 줄로 새겨 있다. 대다수 학자가 원시 히브리어로 쓰였다고 보며, 판석의 옆 귀퉁이에 "아비야"라는 기록자로 추정되는 이름이 적혀 있다. 쓰기를 익히기 위한 연습용 판석으로 보는 견해가 많으나, 일부에서는 풍성한 수확을 비는 기도문으로 봉헌된 것이라고 이해한다. 또 이즈벳 사르타 지역에서 발굴된 '알파벳 표'가 철기시대 1기에 속한 것으로 인정받았다. 이는 도기 조각에 쓰였는데, 기록 순서가 후대와 달리 왼쪽에서 오른쪽인 것이 특이하다(니디치, 107).

솔로몬의 관료 조직은 더욱 확대되었고(1열왕 4,1-6), 그 중에 서기관과 역사 기록관이 있어 왕국을 지탱하는 조세와 부역을 위한 행정문서가 작성되었을 것으로 추정할 수 있다. 예전에는 솔로몬 시대의 개방성과 국제화를 들어 다양한 문학작품이 작성되었다고 보았으나, 오늘날에는 그런 문학작품이 생산된 때를 훨씬 후대(기원전 8-6세기)로 보는 견해

게제르 달력 ▶
기원전 10세기, 원시 히브리 문자,
게제르 출토, 고대근동박물관, 이스탄불.
"두 달은 수확, 두 달은 곡식 심기, 두 달은 늦은 심기,
한 달은 아마 자르기, 한 달은 보리 수확, 한 달은 수확과 축제,
두 달은 포도 수확, 한 달은 여름 과일 거두기."

가 우세하다. 1970년대까지만 해도 오경을 구성하는 이른바 야훼계 문헌이 솔로몬 왕정에서 나왔다고 보았으나, 오늘날 문헌가설뿐 아니라 야훼계 문헌에 대해서도 다양한 의견이 제기되면서 그러한 견해는 사라졌다. 따라서 솔로몬 시대는 문서 작업의 태동기일 뿐이지 성숙한 작품의 생산 시기가 아니라는 점은 분명하다.

성경에서 솔로몬은 잠언, 코헬렛, 지혜서 등 지혜문학의 저자로 소개되나, 대부분은 현자로 알려진 솔로몬의 이름을 빌린 것이다. 다만 잠언은 이집트의 지혜문학처럼 오랜 민중의 지혜를 모은 것이라 비교적 일찍부터 수집되기 시작했을 가능성이 있다. 특히 잠언은 이집트의 지혜 문헌(예컨대 《아멘엠오페의 가르침》)과 상당히 밀접한 관계를 보여 이집트와 교류하면서 영향을 받았음을 보여준다.

성경과 역사 사이에서

사무엘기와 열왕기 역시 신명기계 역사서에 속한다. 신명기계 역사가가 민담과 전설 같은 오래된 구전 전승들과 왕실 기록("솔로몬의 실록" 등)을 모아 신명기 신학적 관점에서 이 책들을 최종 형태로 편집하였다. 그러다 보니 이야기의 연속성이 끊어지며 두 번씩 중복되는 이야기가 곳곳에 나온다. 예컨대 사울은 두 번이나 다윗을 죽이려 하고(1사무 18,10-11; 19,9-10), 다윗은 혼인 제의를 두 번 받는다(1사무 18,17-19.20-23). 다윗이 이야기에 등장하는 장면도 중복된다. 처음에는 다윗이 비파를 잘 타는 사람으로 소개받아 사울에게 가는데(1사무 16,14-23), 갓 사람 골리앗과 싸우러 나가기 전에 사울을 만났을 때나 그를 죽이고 나서 사울 앞에 나갈 때 사울이 그를 전혀 몰라본다(1사무 17장). 또 목자인 다윗이 골리앗을 죽였다는 이 기록은 베들레헴 사람 엘하난이 골리앗을 죽였다는 또 다른 기록(2사무 21,19)과 충돌한다. 사울에 관한 전승은 벤야민 지파나 미츠바 지역에서 전해온 것으로 본다. 반면에 사무엘에 관한 이야기는 신명기계 역사가가 문학적으로 구성한 작품으로 이해한다(뢰머, 1, 531).

성경 설화에서 다윗은 매우 뛰어난 전사요 전략가인 동시에 냉철한 권력가이다. 본인이 직접 쿠데타를 일으켜 왕권을 쥐지 않았으나, 매우 치밀하고 집요하게 천천히 왕위를 준비하였다(1사무 30,26 참조). 그가 왕위에 오른 과정은 성경에서 길게 서술된다. 이른바 다윗 왕위 등극 설화(1사무 16장-2사무 5장)이다. 여기에서 다윗은 가장 매력적인 인간성을 보이며 그의 왕위 등극을 정당화하고 있다. 예전에는 다윗 또는 솔로몬 재위 시기에 이 글이 작성되어 묘사가 생생하고 신빙성 있는 역사 기록으로 간주하였으나, 최근에는 요시야 임금 시대(기원전 640-609년)나 그 이후에 다윗 왕조가 북 이스라엘 왕국 영토의 합법적인 후계자임을 옹호하기 위해 만든 작품으로 추정한다(뢰머, 1, 525). 물론 유다 왕실의 고문서와 다윗 전승에 기초하고 있기에 역사 기록으로 볼 수 있으나, 인물과 사건의 생생한 묘사는 작가의 문학적 상상력과 기교에 기인하였다고 본다.

그가 당대의 힘 있는 세력인 필리스티아족의 봉신으로 있으면서 그들에게 공격할 빌미를 주지 않고 때를 기다렸다가 꺾은 것도 그의 남다른 능력을 드러낸다. 후환을 없애는 마무리 역시 철저했다고 볼 수 있다. 기근이 들었을 때 사울의 아들 두 명과 손주 다섯 명을 기브온 사람들에게 넘겨 죽게 하기 때문이다(2사무 21장). 그럼에도 다윗 설화에서 시종 강조되는 바는 다윗이 사울 왕가의 적법한 후계자라는 점이다. 이는 그가 사울의 아들인 요나탄과 깊은 우정을 맺고, 딸 미칼과 혼인한 데에서 잘 드러난다. 또 사울과 요나탄의 죽음을 깊이 애도하고, 사울의 후계자 이스 보셋을 죽인 이들을 처단하는 동시에 이스 보셋을 후히 장례 지내는 모습에서도 보인다(2사무 4장 참조).

이렇게 다윗의 인품을 고결하게 표현한 본문 밑에는 유다 지파라는 허약한 기반을 넘어 훨씬 강대한 북쪽 지파들의 지지를 얻어 왕위에 오른 것을 정당화하려는 신명기계 역사가의 관점이 깔려 있다고도 볼 수 있다. 또한 후대에 패망한 이스라엘 왕국의 백성에게 다윗이 사울 임금의 적법한 후계자임을 주장하며, 그들을 유다 왕국에 수용하려는 취지를 밝혔다고 볼 수 있다(2열왕 23,15.19 참조).

신명기계 역사가는 주님에 대한 믿음과 충실함, 예배의 중요성을 강조하고 그에 따른 하느님의 복과 벌을 역설했다. 그런 관점에서 유다 왕국의 시조인 다윗이 이룬 모든 업적은 하느님이 함께하신 덕분이며 그의 충성에 대한 그분의 선물로 이해될 수밖에 없다. 특히 다윗이 계약궤를 예루살렘에 모시어 예루살렘에서 주님(야훼) 예배의 기초를 놓았다는 점에서 그의 남다른 신앙심도 충분히 인정된다. 처음으로 유다와 이스라엘 지파들을 묶고 평야지대까지 영토를 넓힌 다윗은 가장 이상적인 이스라엘 민족의 임금으로 부각되었을 것이다. 그러나 동시에 신명기계 역사가는 다윗의 인생 후반부에서 그의 죄를 여실하게 드러내어 다윗 역시 한낱 연약하고 보잘것없는 인간에 지나지 않음을 분명하게 제시한다.

권력을 잡은 뒤 정적을 죽인 솔로몬도 양면성을 띤 모습으로 기술된다. 처음에 그가 "주님을 사랑하여 자기 아버지 다윗의 규정을 따라 살았"을 때에는 모든 일이 잘 되었다(1열왕 3,3). 하느님에게서 지혜와 분별력과 함께 부와 명예까지 받아 백성을 행복하게 다스리며 큰 건물들을 계속 지었다. 하지만 그가 외국인 아내들의 신들에게 향을 피우고 제물을 바치면서 주님의 진노를 사 한 지파만 다스리게 될 것이라는 예언을 듣는다(1열왕 11장). 그의 왕정체제는 히브리인들이 탈출하였던 이집트와 페니키아의 왕정체제를 그대로 닮은 편이었다. 그의 백성에게 "솔로몬은 토박이 파라오였다"(쿠트, 99).

신명기계 역사서에서 두드러지게 강조되는 존재가 예언자이다. 사무엘기는 왕정의 시작에 대한 이야기인 동시에 그 임금을 지명하는 예언자 사무엘의 등장을 알리는 이야기다. 사무엘기의 진정한 주인공은 다윗이지만, 사무엘이라는 예언자의 역할이 얼마나 중요했는지를 강조하는 측면에서 사무엘기라는 이름을 붙였다고 볼 수 있다. 특히 역대기는 "유다와 이스라엘의 임금들의 실록"과 함께 선견자와 예언자들의 기록에 의거하여 역사를 서술했다고 밝힌다.

예컨대 "다윗 임금의 행적은 처음부터 끝까지 사무엘 선견자의 기록과 나탄 예언자의 기록과 가드 환시가의 기록"(1역대 29,29)에 쓰여 있다는 것이다(2역대 32,32 참조). 예언자들의 기록이 역사서의 토대를 이루었다는 이런 증언에 힘입어 역사서가 유다 전승에서 전기 예언서로 분류되었을 수 있다. 신명기계 역사서는 특정인에게 기름을 부어 임금으로 세우고, 그에게 야훼의 뜻을 전해 실현하도록 독려하며, 그의 행적을 주님의 관점에서 판단하는 것을 예언자의 역할로 제시한다.

4

통일왕국의 분열과 이스라엘 왕국의 멸망
왕정 시대

성경의 증언

구약성경 〉 역사서 〉 열왕기 상하, 역대기 상하
　　　　　예언서 〉 아모스, 호세아, 미카, 이사야 예언서 등

유다 임금		이스라엘 임금
르하브암: 41세 즉위, 17년 통치	전쟁	**예로보암**: 22년 통치, 악한 짓 함
왕국 분열을 초래, 산당 보전,		스켐에서 프누엘로, 티르차로 천도
이집트 임금 시삭의 침공 받음		성소 베텔과 단에 금송아지상 세움.
아비얌[아비야]: 3년 통치	전쟁	
아사: 41년 통치	전쟁	**나답**: 2년 통치, 악한 짓 함(예로보암의 길)
우상들을 없앤 옳은 임금	전쟁	**바아사**: 모반하여 24년 통치, 악한 짓 함
아람 임금에게 이스라엘 공격 청함		유다를 공격하였다가 아람 공격받아 철군
		하나니의 아들 예후가 바아사 멸망 예언
		엘라: 2년 통치

유다 임금		이스라엘 임금
		지므리: 모반하여 7일 통치
		오므리: 새 왕조 수립, 사마리아 도성 건설
여호사팟: 35세 즉위, 25년 통치	화평	**아합**: 22년 통치, 매우 악한 짓을 함
주님의 눈에 드는 옳은 일을 함		시돈 공주 이제벨과 혼인, 바알 신전 건립
타르시스 상선들을 만들었으나 부서짐		엘리야 예언자와 대립(카르멜산 대결)
이스라엘과 함께 아람과 전투		공격한 아람 임금 벤 하닷에게 두 번 승리
		불의하게 나봇의 포도밭을 빼앗음
		라못 길앗에서 아람과 싸우다 전사
		아하즈야: 2년 통치, 악한 짓 함
		낙상한 뒤 에크론 신 바알 즈붑에게 문의
	동맹	**요람**: 12년 통치, 악한 짓 함
요람과 함께 모압을 쳤으나 실패		반란을 일으킨 모압을 쳤으나 실패
여호람: 32세 즉위, 8년 통치	동맹	엘리사 예언자 활동
아합의 딸(아탈야)과 혼인, 악한 짓 함		
반란을 일으킨 에돔 진압 실패		
아하즈야: 22세에 즉위, 1년 통치	동맹	
라못 길앗에서 아람과 싸우다		라못 길앗에서 아람과 싸우다 부상
요람 문병 왔다 예후에게 피살		모반을 일으킨 예후에게 피살
아탈야: 아하즈야의 어머니	적대	**예후**: 28년 통치, 악한 짓 함
왕족 다 죽이고 직접 6년 통치		아합의 집안과 아하즈야의 형제들 살해
7년째 사제 여호야다에게 피살		바알 신전을 부수고 바알 숭배자 살해
요아스: 7살 즉위, 40년 통치		아람에게 요르단 동편 땅 빼앗김
통치 23년째부터 성전 보수		**여호아하즈**: 17년 통치, 악한 짓 함

유다 임금		이스라엘 임금
공격한 하자엘에게 보화 바침		하자엘과 벤 하닷의 공격으로 피폐해짐
		주님께 간청하여 구원자를 맞이함
		여호아스: 16년 통치, 악한 짓 함
모반한 신하들에게 피살		벤 하닷을 세 번 쳐서 잃은 성읍 회복
아마츠야: 25세 즉위, 29년 통치		엘리사 예언자의 사망
에돔군을 꺾고 셀라 점령		
이스라엘에게 도전했다 완패	전쟁	유다 임금 아마츠야를 생포, 보화 약탈
		예로보암 2세: 41년 통치, 악한 짓 함
		하맛 어귀부터 이스라엘 영토 회복
아자르야: 16세 즉위, 52년 통치		
[우찌야]		**즈카르야**: 통치 6개월, 피살, 예후 왕조 끝
옳은 일을 하였으나 산당 존속		**살룸**: 모반했으나 통치 한 달 만에 피살
[필리스티아 지역에 성읍 건설]		**므나헴**: 모반해서 10년 통치
[암몬에게 조공 받음]		아시리아 임금 풀에게 은 천 달렌트 바침
[분향제단에서 향을 피우려다]		**프카흐야**: 므나헴 아들로 2년 통치
나병에 걸려 아들 요탐이 섭정		**페카**: 모반해서 20년 통치
요탐: 25세 즉위, 16년 통치		
옳은 일을 하였으나 산당 존속		
아하즈: 20세에 즉위, 16년 통치	전쟁	아람 임금 르친과 함께 유다 공격, 실패
공격받고 아시리아에 구원 요청		아시리아에게 갈릴래아와 길앗 등 빼앗김
다마스쿠스의 제단을 성전에 설치		**호세아**: 모반하여 9년 통치
히즈키야: 25세 즉위, 29년 통치		아시리아에 모반하여 사마리아 패망

* 기사는 주로 열왕기를 중심으로 구성하였으며 [ ] 내용은 역대기에서 뽑았다.

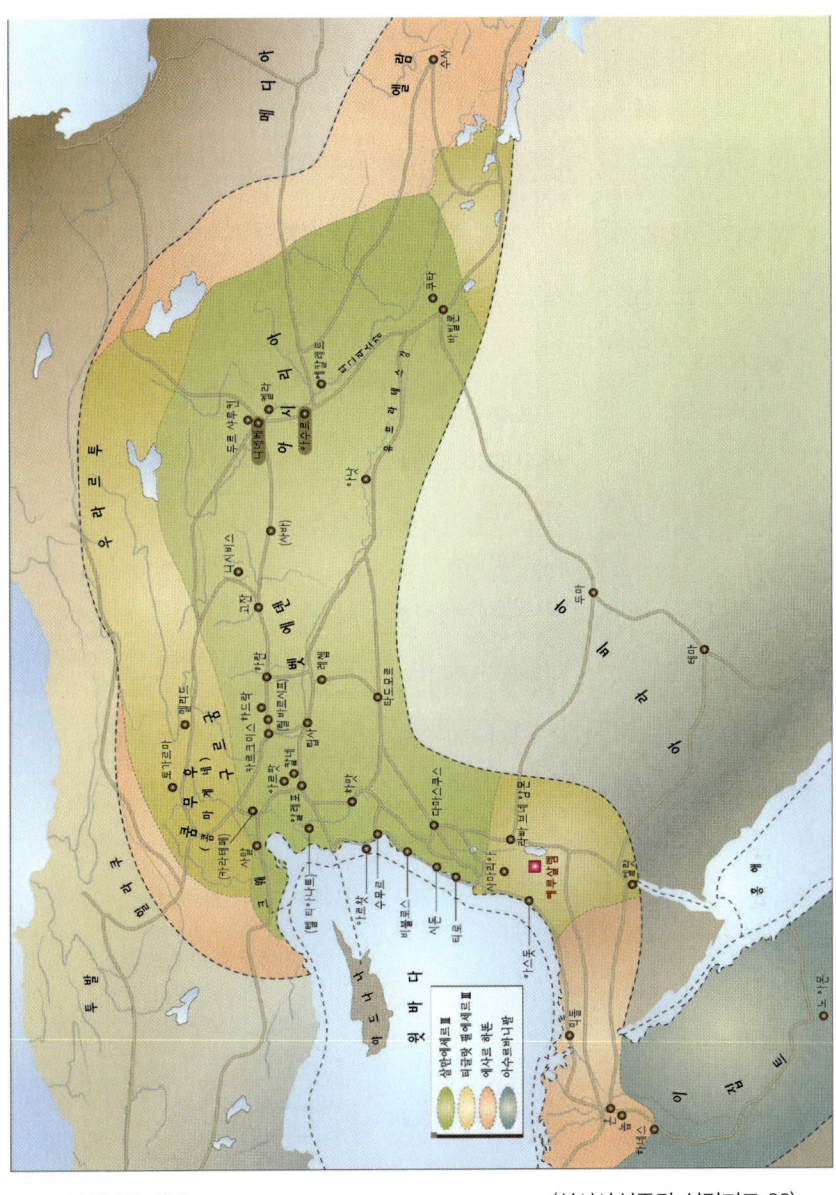

▲ 아시리아 제국　　　　　　　　　　　　　　(성서사십주간 성경지도 83)

4. 통일왕국의 분열과 이스라엘 왕국의 멸망

역사의 증거

고고학 연표: 철기시대 ⅡB기(기원전 900–700년)		
유다	이스라엘	아람 다마스쿠스·아시리아
르하브암(922–915)	예로보암(922–901)	아시리아, 아다드니라리 2세 (911–891) 부흥
아비얌(915–913)		
아사(913–873)	나답(901–900)	
	바아사(900–877)★	아람의 벤 하닷 1세, 이스라엘 공격
	엘라(876)	
	지므리(876)★	
여호사팟(873–849)	오므리(876–869)★	
	아합(869–850)	아시리아, 살만에세르 3세의 공격(853)*
	아하즈야(850–849)	
여호람(849–842)	요람(849–842)	아람의 하자엘, 왕위 찬탈(843/2)
아하즈야(842)	예후(842–815)★	살만에세르 3세, 예후의 조공 받음(841)*
여왕 아탈야 (842–837)★		아시리아 위축, 아람의 득세
요아스(837–800)	여호아하즈(815–801)	아시리아, 아람 공격, 이스라엘 구원?
아마츠야(800–783)	여호아스(801–786)	아시리아, 다마스쿠스 파괴(796)
아자르야[우찌야]	예로보암 2세 (786–746)	아시리아 위축, 우라르투 왕국 전성기

유다	이스라엘	아람 다마스쿠스·아시리아
(783–742 중에	즈카르야(746–745)	
요탐 섭정 750–742)	살룸(745)★	
요탐(742–735)	므나헴(745–738)★	아시리아 부흥, 므나헴의 조공(740)∗
아하즈(735–715)	프카흐야(738–737)	
– 시리아 에프라임 전쟁	페카(737–732)★	티글랏 필에세르, 이스라엘 북부 점령
	호세아(732–724)★	
	사마리아 멸망(722/1)	살만에세르 5세(727–722)∗
	사마리아, 강제 이주	사르곤 2세(721–705)∗

(★: 쿠데타 또는 모반으로 집권, ∗: 역사적으로 확인된 사항)

시대 전체보기

기원전 10세기 말 아시리아가 힘을 회복했다. 아람족을 물리치고 잃은 영토를 회복하였을 뿐 아니라 유프라테스강을 따라가며 세력을 확장했다. 북부 시리아에 있는 군소 아람 국가 중에서는 아람 다마스쿠스가 지역의 강자로 등장했다. 이집트에서는 리비아 출신이 세운 22왕조가 누비아를 정벌하고 비블로스 등 여러 성읍국가와 외교관계를 개선하여 국력을 키웠으나, 내부 투쟁 끝에 약화되었다. 23왕조와 24왕조가 삼각주 지역에 세워져 공존했다. 동시에 누비아에서 25왕조가 형성되어 이집트 전역으로 세력을 뻗쳤다. 이 당시 티로와 시돈, 비블로스 등 페니키아는 그리스와 북부 아프리카를 거쳐 대서양까지 해상 교역을 활발하게 펼쳤다. 아나톨리아의 북동쪽에 있던 우라르투 왕국도 상당한 세력을 가지고 아시리아를 견제했다.

반면에 바빌로니아는 다양한 종족이 끊임없이 전쟁과 권력 투쟁을 벌였고 농업 시설이 파괴되고 교역로가 막혀 경제적으로 어려웠다. 그 가운데 칼데아 부족의 세 부류가 기원전 9세기부터 세력을 형성했고, 기원전 8세기에는 독립국임을 자처하며 아시리아에 맞섰다. 그들의 대표적인 지도자가 마르두크아팔이디나 2세(성경 이름-므로닥 발아단, 2열왕 20,12)이다. 기원전 10세기에 이스라엘은 다윗과 솔로몬 아래에서 전 지파가 연합하여 국가 체제로 나아가다 남북 왕국(유다와 이스라엘)으로 갈라서는 큰 위기를 맞는다. 더욱이 초기 사십여 년 간 두 왕국이 갈등을 빚으며 내전을 벌였기 때문에 모두 약화되었다.

기원전 9세기 들어 아수르나시르팔 2세가 이끄는 신아시리아가 타우루스산맥에서 유프라테스강까지 세력을 넓히면서 제국의 시대를 열었다. 티그리스강 상류에 자리 잡은 아시리아는 교역로가 없어 경제력이 한정되자 우월한 전투력으로 주변 국가의 소유물을 약탈하기 시작했다. 아시리아 임금들은 이 정복 전쟁을 아수르 신이 준 사명으로 인식했으며, 아시리아의 전쟁 여신인 이슈타르의 신탁에서 용기를 얻었다. 정복 전쟁은 곧 아시리아의 정형화된 생활양식이 되어 버렸다.

아시리아는 먼저 가까운 북부 시리아의 신히타이트 국가들과 아람 국가들을 약탈하고 종속시켜, 그 노획물과 노동력으로 자기네 도성에 대형 신전과 건물을 짓기 시작하였다. 거의 해마다 원정을 나가 전쟁을 치르면서 주변 국가들을 하나씩 집어삼켰다. 약탈과 주민의 강제 이주,

반란에 대한 잔인한 보복으로 아시리아의 악명은 높았다. 하지만, 부유한 성읍과 국가를 정복하여 거두는 막대한 보화와 진상품, 조공과 교역로 확보를 위해 아시리아는 원정을 그치지 않았다.

아시리아가 남부 시리아와 팔레스티나로 원정하러 오자 위협을 느낀 이 일대의 군소 국가들이 뭉쳐 반아시리아 동맹을 형성하여 일시적으로 그 세력을 저지했다. 이스라엘도 오므리 왕조의 과감한 대외 개방 정책으로 크게 성장하여 동맹군의 든든한 한 축을 이루었다. 그러나 번영의 그늘에서 심각해진 사회경제적·종교적 갈등으로 이스라엘의 오므리 왕조가 무너졌다. 그 사이 아시리아 세력이 내부 문제로 주춤거리는 틈을 타 아람 다마스쿠스가 이스라엘과 유다를 억압했다.

그러나 삼십여 년 후 다시 일어선 아시리아의 기세는 파죽지세였다. 기원전 8세기는 최초로 근동 전역을 한 나라가 지배하는 아시리아 제국의 절정기였다. 근동의 다른 모든 국가는 아시리아의 봉신국으로 막대한 조공을 내며 살 것인지, 무모한 항쟁을 벌이다 멸망당할 것인지 잘 판단해야 했다. 얼마 되지 않아 남쪽으로 원정 온 아시리아는 다마스쿠스는 물론 이스라엘의 북부 대부분을 정복하였다. 봉신이 된 이스라엘은 그 뒤 반란을 일으켰다가 멸망당하고 말았다.

이스라엘과 유다의 인구는 기원전 11세기 중반부터 기원전 8세기까지 각 세기마다 거의 두 배로 증가하였고, 기원전 8세기 중반에 최대치에 달했던 것으로 추정된다(그래비, 215-216). 기원전 10세기 말부터 이스라엘과 유다의 역사는 좀 더 분명하게 드러난다. 성경 본문 외에 아시리아 등 주변 국가의 각종 비문이나 자료(연감과 연대기 등 문서와 도상학

자료), 고고학 발굴 자료들이 풍부해서 그들의 실체를 조금씩 드러내주기 때문이다. 이는 곧 이스라엘과 유다가 행정조직, 국제관계, 통상 등에서 안정적인 국가 체제를 갖췄다는 반증이다. 그중 이스라엘이 영토 내의 백성을 다스리는 민족국가로서 성숙하였고, 유다는 덜 성숙한 상태였다. 그럼에도 성경에만 쓰여 있는 내용이나, 성경의 내용과 기타 역사 자료가 상이할 때에는 주의 깊게 살펴야 한다.

이스라엘과 유다는 왜 갈라섰는가?

성경에 따르면 솔로몬이 죽은 뒤 임금으로 추대된 아들 르하브암이 온 이스라엘의 추대를 받기 위해 스켐으로 갔다. 다윗 때는 거꾸로 이스라엘의 원로들이 모두 헤브론으로 찾아와 다윗과 계약을 맺고 그를 이스라엘의 임금으로 세운 바 있었다(2사무 5,3). 솔로몬이 즉위할 때는 이스라엘 쪽에서 아무런 움직임이 없었다. 그런데 르하브암은 즉위 후 직접 이스라엘의 종교적 중심지인 스켐을 찾아가야 할 처지였다. 통일왕국은 필요에 따라 이스라엘과 유다가 인위적으로 연합한 상태에 불과했지, 동질성을 지닌 한 나라로 융합된 상태가 아니었다(이를 "인격적 합치"로 설명한 소진, 166-168; 돈너, 311 참조).

왕정은 아직 취약했고 내부 긴장은 계속되었으며, 특히 북쪽 이스라엘의 지파들과 원로들은 다윗의 경우처럼 쌍방 계약으로 임금을 세울 수 있는 권한을 가졌다고 여긴 듯하다. 거기서 르하브암은 솔로몬이 온 이스라엘에 부과한 "힘겨운 일과 무거운 멍에"(1열왕 12,4) 곧 강제노동

(1열왕 5,27-29)과 세금(1열왕 4,7-19)을 가볍게 해주어야 임금으로 추대하겠다는 요구 조건을 받았다. 그 배경에는 전체 이스라엘의 중심 세력이었던 북쪽 이스라엘 지파들의 강한 불만이 깔려 있었다. 그들은 사울 왕조를 밀쳐내고 들어선 다윗 왕조가, 유다 특히 예루살렘을 중심으로 전제정치를 펴며 자신들을 억압하고 착취한다고 느꼈다. 그러나 르하브암이 상황 파악을 못한 채 더 억압하겠다고 답변하자, 협상은 실패하고 계약 갱신은 무산되었다. 지파 간의 연합도 깨어지고 분열이 현실화되었다. 그것은 왕국의 분열이라기보다 "이스라엘의 탈퇴"였다(쿠트, 108).

이에 앞서 판관 시대의 주요 성소였다가 다윗 왕실에서 배제된 실로 출신의 예언자 아히야가 왕국 분열을 예언한 바 있었다(1열왕 11,29-39: 이때 열 지파만 북쪽에 남을 것이라고 하여 벤야민 또는 시메온을 유다 쪽으로 산정한다). 그의 예언에서 주님이 밝힌 분열의 원인은 솔로몬이 이방 신들을 예배하고 야훼의 규정과 법규를 지키지 않은 잘못이다. 아무튼 아히야에게서 임금을 세우거나 무너트리는 야훼의 말씀을 전하는 이스라엘 예언자의 특별한 역할을 볼 수 있다.

또 분열의 먼 배경에는 에프라임 사람으로 솔로몬 치하에서 요셉 집안의 모든 강제노동을 감독했던 예로보암의 망명을 받아 주었다가 돌려보낸 이집트 22왕조 파라오 시삭의 속셈이 있을 수 있다. 리비아 출신으로 새 왕조를 연 시삭은 이집트의 국력을 키운 뒤 가나안 땅에 대한 이집트의 전통적인 권한을 주장하였기에 다윗 왕조를 약화시킬 길을 모색하면서 은연중에 분열을 획책했을 수 있다. 그가 르하브암 재위 5년에 팔레스티나를 공격한 사건도 이와 일맥상통한다고 볼 수 있다.

왕국이 남북으로 분열된 근본 원인으로 이스라엘과 유다가 야훼 신앙 등 많은 면을 공유하면서도 풍토와 여건은 매우 달랐다는 점을 들 수 있다. 둘 중에서 더 강력하고 주도적인 국가는 이스라엘이었다. 멸망에 이르기까지 두 왕국의 차이점은 그대로 남아 있었다.

이스라엘 왕국	유다 왕국
• 넓은 영토, 더 많은 인구(10지파)	• 열악한 환경과 좁은 영토, 더 적은 인구(2지파)
• 농경 중심에다 교역도 활발하여 풍요	• 농경보다 목축 중심, 자연 물산이 적어 가난함
• 사방으로 열린 영토라 외국 관계 용이	• 고립된 지역이라 외국 관계 곤란
• 동시에 이웃 국가와 갈등도 많음	• 그래서 주변 국가와의 갈등, 간섭이 적음
• 지파와 지역이 다양하고 영향력 큼	• 유다 지파만 강력하고 지역의 영향력 적음
• 왕권과 통치 불안정(모반이 잦음)	• 다윗 왕조로 왕권 안정, 안정적 통치
• 수도 이전(스켐, 프누엘, 티르차, 사마리아)	• 수도는 예루살렘으로 고정
• 단과 베텔에 성소 마련	• 예루살렘 성전이 종교 중심지 역할
• 아시리아에게 기원전 722년 멸망	• 바빌로니아에게 기원전 587년 멸망
• 재건되지 못한 채 사라짐(잃은 10지파)	• 유배에서 돌아와 재건
• 성경의 초기 전승 전달, 영향을 덜 미침	• 성경의 편집, 최종 형성에 주도적 역할
• 200년 존속(19대, 기원전 922-722년)	• 413년 존속(22대, 기원전 1000-587년)

예로보암은 이스라엘을 어떻게 새 왕국으로 만들었나?

갈라선 뒤 북쪽의 이스라엘 역시 전면적으로 국가 조직을 새로 갖춰야 했다. 다윗처럼 새롭게 주님께 지명된 예로보암 임금은 전통적인 지파의 중심지인 스켐을 첫 수도로 삼고 베텔과 단에 야훼를 섬기는 국가 성소를 마련하였다. 사마리아에서 출토된 도기 파편을 보면 이스라엘 왕국의 조세 및 행정제도 역시 유다 왕국과 비슷했다. 왕정체제로는 별반 다를 수 없었던 것이다.

두 왕국의 가장 큰 차이는 종교 제도에서 드러났다. 열왕기에서 이스라엘 임금들을 평가할 때 반복적으로 나오는 구절이 "예로보암의 길"을 걸었다는 지적이다(1열왕 15,34; 16,19 등). 예로보암의 길은 예로보암이 이스라엘 왕국을 세운 뒤에 예루살렘 대신 베텔과 단에 국가 성소를 세우고, 금송아지상을 만들었으며, 레위 자손이 아닌 이들을 사제로 임명하고, 축제일을 변경한 조치를 가리킨다. 이는 솔로몬처럼 야훼와 이방신을 동시에 섬기는 것이 아니라 야훼를 섬기는 다른 방식을 선택한 것뿐이다.

그렇지만 신명기계 역사가는 예루살렘에서만 희생제사를 드려야 한다는 신명기 규정(신명 12,5)을 어겼다 하여, 이를 야훼 신앙을 거스르는 배교로 규정한다. 나아가 이 일을 이스라엘 왕국의 원죄로 삼아, 이를 바로 잡지 않는 임금들을 모두 불의하다고 선언한다(예로보암에게 내린 주님의 말씀이 조건부이다. "네가 만일 … 내 눈에 드는 옳은 일을 하고 내 규정과 법규를 지키면, 내가 너와 함께 있겠다": 1열왕 11,38).

하지만 당대 이스라엘 왕국의 입장으로 보면, 베텔(창세 12,8; 28,18-22; 35,1-15; 1사무 7,16)과 단(판관 18,30)은 이방인 여부스족의 성읍이었던 예루살렘보다 훨씬 더 조상들의 전통과 밀접한 중요한 성소였다. 다만 유다 왕국이 수도 예루살렘에 왕궁과 성전을 함께 마련하여 주님께서 왕조를 보호하신다는 신학적 바탕을 구축하였다면, 이스라엘 왕국에서는 수도와 국가 성소가 분리되어 왕조의 정통성을 뒷받침하는 신학을 형성하지 못했다.

또 예로보암은 예루살렘 성전에서 먼저 계약 궤를 차지했기 때문에, 주님 야훼의 발판인 계약 궤의 커룹 대신 금송아지상(실제는 황소상으로 추정)을 만들었다. 이 상 역시 근동의 종교에서 최고신 엘의 발판으로 간주되었던 친숙한 이미지였다. 사제 문제에서도, 다윗이 자기 고향 베들레헴과 연관된(판관 17,7 참조) 레위인들을 충성스런 사제로 세웠기에, 예로보암은 이스라엘의 전통에 따라 아론 계열(베텔)과 모세 계열(단)의 사제들로 바꾸는 것이 당연했을 것이다(탈출 32장 참조). 신년축제이자 초막절인 축제일을 바꾼 배경에 대한 설명은 다양하다. 어쩌면 예로보암은 새 왕국의 시작을 기념하기 위하여 신년축제를 거행하는 초막절 행사일을 유다와 구분하여 8월 15일로 정했는지 모른다.

그 당시엔 종교와 정치가 하나로 묶여 있었고 이스라엘의 주민 80-90%가 촌락에 거주하는 농민이었던 점을 고려하면, 그들에게 친숙한 전통적인 야훼 제의 체계를 갖추는 것이 새로운 왕국을 탄탄하게 세우는 데 필수적이었다. 그렇다면 예로보암은 합당한 정책을 마련한 셈이다. 그럼에도 열왕기에서 예로보암의 종교 정책은 혹독하게 비난받는다. 이는 예로보암보다 삼백 년 뒤에 나온 신명기계 역사가가 역사적 사실보다 철저한 야훼 신앙이라는 신명기 신학적 관점으로 예로보암의 정책을 평가하였기 때문이다. 그 잣대인 야훼 신앙이 그 동안에 변화 성숙한 까닭이다.

갈라선 뒤 두 나라의 관계는 어떻게 흘러갔나?

분열된 뒤 두 나라는 내전을 치르면서 모두 약화되었다. 두 나라의 국경은 분명치 않지만, 이스라엘은 단에서 베텔까지의 영역과 요르단 동편의 길앗 지역을 차지하였다. 유다는 예루살렘 주변과 남부의 유다 산악지대를 차지하였다. 두 나라의 국경은 예루살렘과 베텔(예루살렘 북방 16km) 사이인데, 이 지역은 벤야민 지파의 영역이다. 전통적으로 사울 왕조의 기반이었고 에프라임 지파에 종속되어 있던 벤야민 지파는 이때 남북으로 찢겼고(1열왕 12,23 참조), 그들의 영토는 남북 국경 분쟁의 전쟁터가 되었다. 초기 사십 년 가까이 "르하브암과 예로보암 사이에"(1열왕 14,30), "아비얌과 예로보암 사이에"(1열왕 15,7), "아사와 이스라엘 임금 바아사 사이에"(1열왕 15,16) 늘 전쟁이 있었다. 이는 양국이 접경지대에서 자주 벌였던 국지전을 가리키는 듯하다. 모든 면에서 우세했던 이스라엘이 자주 남쪽으로 세력을 키우려 공격했는데, 유다로서는 국경에 인접한 수도 예루살렘을 지키기 위해 필사적으로 맞설 수밖에 없었다.

이중 아사와 바아사의 전투가 국제분쟁으로 커졌다(1열왕 15,16-22). 바아사가 라마에 요새를 지으려 하는데, 라마는 예루살렘에서 북쪽으로 7km밖에 떨어져 있지 않아 유다 왕국에 치명적인 피해를 줄 수 있었다. 그래서 방어할 힘이 없는 아사는 아람 다마스쿠스 임금 벤 하닷(1세)에게 긴급 구원을 요청했다. 아마도 예전에 솔로몬과 맞섰던 아람의 르존과 예로보암이 다마스쿠스와 이스라엘 왕국의 임금이 되어 우호 조약을 맺었던 성싶은데, 이때 벤 하닷은 그 조약을 파기하고 성장하는 이스라엘 왕국을 견제하고자 갈릴래아와 길앗 일대를 공격하여 점령했다. 두 나라의 내전에 외세를 끌어들인 첫 사례인데, 추후에도 이런 일은 반복된다. 유다의 아사는 이스라엘이 남긴 자재로 미츠파와 게바를 요새화하였다.

이 시기에 있었던 가장 큰 사건은 이집트 22왕조 임금 시삭(그리스어 세손키스, 영어 셰숀크, 성경에 이름이 기록된 첫 번째 파라오)의 침공이다. 라메세스 5세 이후 백오십여 년 동안 없었던 이집트의 침략이 재개된 것이다(기원전 926년경). 이집트의 가나안 땅 소유권을 과시하는 시위용 원정이었는데 일회로 그쳤다. 하지만 이때 유다 왕국이 시삭에게 모든 보물을 넘겨주었다고 성경에 기술된다(1열왕 14,25-28). 그래선지 시삭이 카르낙 신전에 새긴 전승 기념비문에서 정복한 지역으로 기록한 성읍과 촌락 150여 개 중 대부분이 이스라엘 왕국과 가나안 성읍에 속한 것이고, 유다 왕국의 성읍과 촌락은 빠져 있다. 벳 스안, 므기또, 게제르 등 가나안의 큰 성읍들도 이때 파괴되었는데 시삭의 짓인지 이스라엘의 소행인지는 불분명하다(므기또에 세운 시삭의 승전비를 보면 그가 그 성읍을 파괴했을 것 같지 않지만). 어쨌든 이집트가 물러간 뒤 이스라엘 왕국은 가나안의 주요 성읍을 확고히 장악하고 이즈르엘 골짜기와 갈릴래아로 뻗어갔다. 그 이후 국력이 약화된 이집트는 삼백여 년 이상 팔레스티나로 들어오지 않았다.

오므리 왕조의 아합은 정말 최악의 임금이었나?

이스라엘 왕국의 초기 역사는 모반으로 얼룩졌다. 예로보암의 아들 나답이 2년 통치 후에 바아사의 모반으로 왕조가 무너졌고, 바아사 왕조도 그의 아들 엘라의 2년 통치 때 병거대 장수 지므리의 모반으로 무너졌다. 지므리도 이레 동안 다스리다 온 이스라엘이 새 임금으로 추대한 군대 장수 오므리에게 밀려 자살하고 만다(1열왕 15,25-16,22). 그 뒤 오므리가 4년간 왕위 다툼을 벌인 티브니를 꺾고 왕조를 열었다.

열왕기는 국가의 면모를 새롭게 한 오므리의 치적으로 사마리아 도성 건설 하나만 달랑 소개한 뒤 "그 이전의 어떤 임금보다 더 악한 짓을 하였다"(1열왕 16,16-26)고 평가한다. 그의 후계자 아합 임금 역시 "그 이전의 어떤 임금보다 더" 악한 짓을 저질렀다고 거듭 질타를 받는다(1열왕 16,30.33). 특히 아합은 엘리야 예언자와 미카야 예언자와 관련하여, 나봇의 포도밭을 빼앗은 짓(1열왕 21장)으로도 최악의 임금으로 평가된다. 하지만 역사의 평가도 그럴까?

오므리는 내전과 혼란의 상처를 딛고 12년 동안 재위하면서 이스라엘 왕국의 방향을 바꿨다. 그는 재위 6년 때 고립되어 있던 수도 티르차에서 훨씬 개방된 장소인(지중해에서 32km 떨어짐) 사마리아(면적 16,000m², 보통 성읍 크기)로 천도했다. 나아가 가장 비옥한 이즈르엘 골짜기와 갈릴래아는 물론 요르단 동편까지 점령했다. 또한 시돈 임금 엣바알(이토바알)과 사돈 관계를 맺어 페니키아와 협력관계를 강화했다. 그리하여 지중해 쪽으로 활발하게 교역하여 국가의 부를 키웠다. 동시에 요르단 동편의 '임금의 큰길'을 확보한 후 아라비아 대상들의 교역로를 페니키아와 연결하여 큰 이득을 취했다. 이로써 이스라엘과 페니키아는 큰 도움을 받았지만 주된 교역로를 빼앗긴 아람 다마스쿠스와는 갈등 관계에 들어섰다. 그동안 다투었던 유다와는 혼인 동맹을 맺어 평화를 이루었다. 이와 같이 주변국들과 탄탄한 동맹 관계를 맺은 것은 위협 세력인 아람과 아시리아에 대항하기 위해서였다. 오므리 왕조 때 이스라엘은 명실상부한 민족국가로 우뚝 섰다.

오므리의 과감한 대외 개방과 협력 정책은 경제 분야에 그치지 않고 건축 등 각종 물질문화와 바알 신앙 등 종교 분야에도 큰 영향을 끼쳤다. 부유해진 오므리 왕조는 아합 때 최고 수준의 대형 건축물과 요새들을 전국에 건설하였다(오므리의 궁전은 이스라엘에서 발굴된 철기시대 건물 중 가장 규모가 크고 아름답다. 핑켈스타인, 219). 솔로몬의 건축물로 알려진 것들이 사실은 아합 임금 때의 것이라고 여기는 고고학자들이 많다. 그것들의 건축양식이 기원전 9세기에 시리아 북부에서 처음 나타났기 때문이다. 그 가운데 부유한 임금들만이 사용한 상아로 장식한 사마리아의 '상아 궁'(1열왕 22,39; 아모 3,15)을 대표작으로 꼽을 수 있다.

아합 때 유다 왕국의 여호사팟과 혼인 관계를 맺은 뒤로 두 나라는 긴밀한 동맹으로 움직였다. 내전을 끝낸 두 나라는 국제 교역에 함께 참여해 경제적 이득을 얻었다(2역대 20,35 참조). 그럼에도 유다 왕국은 모든 면에서 열세여서 이스라엘 왕국의 속국처럼 간주되었다. 아마 당시 이스라엘 왕국은 다마스쿠스로부터 빼앗은 단에서 유다 남단 브에르세바까지, 모압과 암몬까지 팔레스티나 전역을 장악한 듯하다.

아합 임금은 바알을 섬겼나?

아합 역시 세 자녀의 이름(요람, 아하즈야, 아탈야)에 야훼 이름(축약형인 '요', '야')을 넣을 정도로 나름 야훼 신앙을 지녔던 듯하다. 그러나 아내의 신이요 티로의 바알 신 멜카르트를 위한 신전을 사마리아에 세우고 제물을 바쳐(1열왕 16,32) 국가신인 야훼의 위치를 흔들리게 했다. 이 때문에 3년 가뭄이라는 재앙을 놓고 엘리야 등 야훼의 정통 예언자들과 충돌한 이야기가 열왕기에 길게 소개되었다. 과연 비를 관장하는 신이 야훼인가 바알인가 하는 문제가 첨예하게 대두된 것이다(1열왕 18장). 야훼만을 배타적으로 섬기지 못했던 왕정 시대에, 이 카르멜산 대결 일화는 누가 이스라엘의 하느님인가 하는 문제를 비추는 한 줄기 섬광처럼 작용하였다. 사실 열왕기의 구조에서, 아합 임금의 이야기는 엘리야 이야기(1열왕 17-19장; 21장-22장; 2열왕 1-2장) 속에 끼어 있는 단편일 뿐이다.

사실 고고학을 통해서 보면, 야훼 신앙과 바알 신앙의 혼재는 왕정 시대 내내 이스라엘과 유다에 만연했던 친숙한 풍습이었다. 국가의 최고신으로 야훼 제의가 확립되고 공식적인 국가 신앙으로 신봉되었지만, 야훼와 가나안의 최고신 엘은 자주 동일시되었고, 지역 성소(산당)와 가정 등 민간에서는 바알 등을 섬기는 가나안 제의가 그대로 행해졌다. 사마리아 지역에서 출토된 토판에 쓰인 사람 이름 17건 가운데 야훼 이름이 들어간 경우가 11건, 바알 이름이 들어간 경우가 6건이었다. 또 네겝의 쿤틸렛 아주르드에서 발굴된 비문(기원전 8세기 초) 중 하나에 "쇼

머론(사마리아)의 야웨와 그의 아세라에 힘입어 당신을 [축]복하였습니다"라는 문장이 나온다(레이니, 294에서 인용). 왕정 시대에 아세라 여신 숭배(1열왕 15,13; 18,19; 2열왕 21,7)와 해·달·별에 대한 숭배(2열왕 17,16; 21,3; 23,4-5), 조상 숭배, 초혼술招魂術(1사무 28장)이 여전히 실시되었다.

어쩌면 이 시대에 야웨 신앙은 명색뿐이었는지 모른다. 야웨께 제사를 바치고 이집트 탈출 이야기가 구연되고 전승되었지만, 야웨 신앙이 무엇이며 어떻게 그 신앙으로 살아가야 하는지를 알려주고 가르치며 보여주는 이들은 거의 없었을 것이다. 아마도 왕실 예언자가 아닌 엘리야 같은 제도 밖의 예언자들이 야웨 신앙의 실체를 주창하고 추구했을 터인데, 그들의 가르침과 예언이 잘 수용되지 않았다. 그들은 왕정 시대의 상당 기간 사회의 주변에서 소수로 남았을 것이다.

아시리아가 평가하는 아합 임금은?

이스라엘의 번영은 삼십 년(오므리와 아합의 재위 기간)도 채 못 갔다. 아합 임금 때 이미 아시리아 세력이 시리아 팔레스티나로 뻗치기 시작했다. 침체기를 벗어난 아시리아는 아수르나시르팔 2세(기원전 884-859) 때부터 메소포타미아 북서부를 비롯하여 시리아와 페니키아를 공격했다. 광물자원이 풍부한 아나톨리아로 가는 교역로를 장악하기 위해서였다. 후계자 살만에세르 3세(기원전 859-824)는 무려 여섯 번이나 시리아 팔레스티나로 원정했다. 1차 원정 때(기원전 853년) 시리아 북부의 성읍국가들은 모두 항복했는데, 남부에서는 군소국가 12개국이 합세하여 아시리아에 맞섰다. 지도자는 아람 다마스쿠스의 하닷에제르였고 그다음이 이스라엘의 아합이었다.

카르카르에서 벌어진 전투는 백중세였다. 이때 다마스쿠스의 병력이 보병 2만명, 기병 1200명, 병거 1200대였고, 아합의 병력이 보병 1만명에 병거 2000대였다(아시리아 쪽 '쿠르크 석비'의 기록, *ANET*, 279: 아합의 병력에 동맹이었던 유다와 티로 등의 병력이 포함되었다고 보거나 과장되었다고 본다. 아합은 성경 밖 기록에 처음 언급된 이스라엘 임금이다). 이집트 22왕조의 타겔로티스 2세도 군사 1000명을 보내어 동맹군을 지원했다. 이 뒤로 아시리아의 공식 기록문에서 이스라엘 왕국은 시종 '오므리의 집'(오므리 왕조, 비트 후므리 *bit Hu-um-ri-i*)으로 기록되었다. 연합세력과 아시리아의 전투는 계속되었는데(기원전 849/848, 845년), 예후의 집권 이후 반아시리아 동맹은 붕괴되고 다마스쿠스 홀로 남아 아시리아의 공격을 거듭 막아냈다.

성경에는 카르카르 전투 대신 아합과 아람의 전투가 소개된다(1열왕 20장; 22장). 그러나 아시리아와 맞서던 당시 상황에서 동맹국인 이스라엘과 아람이 전투를 벌였다고 보기는 어렵다. 아마도 라못 길앗에서 아람과 싸우다 부상한 아합의 아들 요람의 이야기(2열왕 8,28-29)가 예언의 성취라는 맥락에서 아합 이야기로 바뀌어 소개되었을 것으로 보는 견해가 많다(그에 따르면, 1열왕 20장에서 '아합'은 삽입된 이름으로 본다). 같은 성경에서 아합의 사망 원인을 전투의 상처와 자연사("조상들과 함께 잠들다") 두 가지로 기록한 것이 그 증거이다(1열왕 22,34-37과 22,40 비교).

오므리 왕조는 어떻게 몰락했나?

아합의 아들 아하즈야(2년 재위)와 요람(12년 재위)이 다스릴 때 이스라엘 왕국은 약화되었다. 아람 다마스쿠스와의 전투에서 패하여 영토를 잃었고(2열왕 9,14-15), 속국 모압의 독립(40년간의 지배에서 벗어났다고 선언하는 모압 임금 '메사의 비석'; 2열왕 1,1 참조)을 막지 못했다. 유다 왕국의 여호람도 리브나의 반란을 겪었고, 필리스티아와 아라비아인들의 공격을 받았다(2역대 21,10.16). 에돔의 독립도 막지 못하였다(2열왕 8,20-22). 그 결과로 요르단 동편의 '임금의 큰길'을 이용한 교역이 끊겼고, 그로 인해 두 나라의 경제가 모두 위축되었다. 게다가 기원전 850년경에 태양 활동의 이상으로 중위도 지역에 서늘하고 습한 상태가 지속되었다는 연구도 있다. 농작물 수확이 제대로 되지 않았다는 것이다. 기울어 가는 이스라엘에 치명타를 안긴 이는 군대의 장수인 예후였다(같은 이름의 예언자는 1열왕 16,1 참조).

예후의 쿠데타 이면에는 오므리 왕조의 성취가 거둔 그림자가 드리워져 있었다. 바알 신봉자들의 득세로 인한 전통적인 야훼 신봉자들의 반발, 경제적 번영의 불평등과 불의로 인한 백성 대다수의 불만이 커가고 있었던 것이다. 또 계속 아시리아와 싸우면서 가중된 경제적 부담과 불안이 군대 장수들의 정변을 은연중에 부추겼다.

열왕기에 따르면, 전장에 나가 있던 예후는 엘리사 예언자의 제자에게서 기름부음을 받고 회군하여 이스라엘 임금 요람과 유다 임금 아하즈야, 모후 이제벨('영광스럽지 않은'이란 뜻을 지닌 이 이름은 조롱조로 만든

듯) 등 오므리 집안사람들은 물론 바알 숭배자들도 모두 죽였다(2열왕 9-10장). 열왕기는 예후가 하느님의 뜻을 좇아 '옳은 일을 … 참 잘 했다' 고 주님의 이름으로 칭찬한다(2열왕 10,30). 하지만 예후 왕조의 말기인 예로보암 2세 때 활약한 호세아 예언자는 야훼 신앙의 회복이라는 명분으로 대학살극을 벌인 그에게 "이즈르엘의 피에 대한 책임"을 묻겠다는 주님의 말씀을 전한다(호세 1,4).

예후가 유다 임금 아하즈야까지 죽이는 바람에, 아합의 딸로 아하즈야의 어머니인 아탈야가 왕족을 다 죽이고 6년 동안 유다 왕국을 다스리는 일이 벌어졌다(다윗 왕족이 아닌 통치자로는 유일하다). 사제 여호야다와 아하즈야의 누이인 여호세바가 아하즈야의 아들 요아스를 겨우 빼돌려 남몰래 돌보았다가 요아스가 7살 때 임금으로 옹위하면서 다윗 왕조가 복원되었다(2열왕 11장: 이 일화는 민간전승으로 추정된다). 이 과정에서 온 '나라 백성'(암 하아레츠 *am ha'arets*)이 주요한 역할을 하는데, 이들이 자기 소유의 땅을 경작하는 힘 있는 자립농으로 다윗 왕조를 지원했다고 평가받는다(암 하아레츠의 의미는 바빌론 유배 이후, 신약시대에 또 다르게 바뀐다).

요아스는 재위 23년째부터 독자적인 통치를 시작했다. 그는 예루살렘을 치려는 아람의 하자엘에게 왕궁의 보물을 내주어야 했다. 요아스는 유다 임금으로는 드물게 신하에게 살해되었다(2열왕 12,21). 예후와 요아스 시대부터 유다와 이스라엘은 다시 대결 국면으로 들어갔다.

강력했던 이스라엘이 왜 아람 왕국의 속국으로 전락했나?

예후의 쿠데타(기원전 842년)로 페니키아와의 동맹은 깨지고 국제 교역은 급감한다. 게다가 예후가 친아시리아 정책을 취해 조공을 바치면서(기원전 841-40년: 살만에세르 3세의 검은 오벨리스크에 새겨진 연대기 기록, "오므리의 아들 야우아 *Ia-ua mar Huumrii*"로 기재됨. *ANET*, 280), 여전히 반아시리아 정책을 펴던 아람 다마스쿠스 왕국의 침략을 받았다. 이때 다마스쿠스 임금은 벤 하닷 2세로부터 왕위를 찬탈한 하자엘이었다(2열왕 8,7-15; 대략 기원전 843-806, 아시리아 기록에서 그의 쿠데타는 확인되나, 2열왕 8장에 나오는 엘리사와의 연관성은 역사성이 의심된다). 그는 아시리아의 공격을 막아내고 단을 비롯한 이스라엘 영토의 상당 부분을 빼앗았으며 필리스티아의 갓까지 내려와 점령하고 예루살렘을 위협했다(2열왕

▲ 살만에세르 3세에게 조공을 바치는 예후, 살만에세르 3세의 검은 오벨리스크 부조, 기원전 9세기, 영국박물관.

10,32-33; 12,18-19).

이 당시 아시리아는 바빌로니아와 북쪽 우라르투 원정에 집중하고 내부 반란을 진압하느라, 기원전 805년까지 시리아로 내려오지 않았다. 이 틈을 타 하자엘의 아람 다마스쿠스가 삼십여 년 간 시리아와 팔레스티나 지역의 최강국으로 행세한 것이다. 아람의 수탈로 이스라엘(예후와 여호아하즈 임금 시절)과 유다(요아스 임금)는 영토도 **빼앗기고** 경제적으로 위축된 매우 어려운 시기를 보내야 했다(2열왕 13,3). 성경에 기록된 이스라엘의 승리는 단 한 번뿐이다(2열왕 13,4-5).

1993년과 1994년에 발견된 텔 단 비석을 이 하자엘이 세운 승전비로 추정하는 견해가 많다(기원전 840 또는 816년경 건립 추정). 그는 여기서 "이스라엘의 임금, [아합]의 아들 [요]람과 다윗의 집의 [임금, 여호람]의 아들 [아하즈]야"를 죽였다고 적는다(여러 해석 중의 하나, [ ]는 비문이 없어 추정한 글자). 이로써 그가 예후 쿠데타의 배후 세력일 수 있다는 추정이 생겨났다. 그가 쿠데타를 일으키도록 예후를 부추겼는데(전쟁터에서 이스라엘군의 주력 부대가 회군했는데도 아무 문제가 없었다는 것이 하나의 반증), 그 후 예후가 친아시리아로 돌아서면서 관계가 틀어졌다는 것이다.

아시리아의 그늘에서 이스라엘과 유다는 어떻게 번영했나?

아시리아의 아다드니라리 3세는 네 차례나 시리아로 원정 와(기원전 806, 805, 803, 797년) 다마스쿠스를 철저히 파괴한 뒤 돌아갔다. 이로써 이스라엘과 유다는 아람 왕국의 억압에서 벗어났다. 성경은 이를 주님께서 이스라엘에 "구원자"를 보내셨다고 표현한다(2열왕 13,5; 참조 아모 1,3-5). 그 구원자는 아시리아였다. 그 덕분에 이스라엘 임금 여호아스는 다마스쿠스에 빼앗긴 영토를 회복하고 자기에게 도전한 유다 임금

자료

"통치 18년째, 나는 열여섯 번째로 유프라테스강을 건넜다. 다마스쿠스의 하자엘은 대규모로 소지한 수많은 병사들을 믿고 있었다. 레바논을 마주하는 세니르산에 그의 요새를 만들었다. 나는 그와 싸워 큰 패배를 안겼다. 칼로 숙련된 그의 병사 16,000명을 죽였다. 나는 그의 진영과 병거 1121대, 말 470필을 빼앗았다. 그는 목숨을 건지려고 도망쳤으나, 나는 그를 추격하여 그의 도성 다마스쿠스를 포위했다. … 나는 바닷가에 있는 발리라시산까지 진군하고, 거기에 임금인 내 상을 새긴 비석을 세웠다. 그때 티로와 시돈 주민에게서, 오므리의 아들 예후에게서 조공을 받았다"(살만에세르, 검은 오벨리스크, 97-99행, *ANET*, 280).

▲ 아시리아 임금 살만에세르 3세의 치적을 네 면에 적고 새긴 오벨리스크, 기원전 9세기, 검은 현무암, 영국박물관.

아마츠야까지 꺾어 이스라엘 부흥의 기초를 놓았다(2열왕 13,5.22-25: 여호아스가 아시리아에 조공을 바친 사실은 텔 리마 비문 참조). 그리하여 그의 아들 예로보암 2세는 "하맛 어귀에서 아라바 바다(사해)에 이르기까지 이스라엘 영토를 되찾았다"(2열왕 14,25: 하맛 어귀는 베카 계곡을 가리키는데 여기서는 단을 의미하는 듯하다). 아무튼 오므리 왕조의 초기 시대와 비슷한 규모의 영토를 다시 차지하였다. 그 당시 아시리아는 전염병과 우라르투 왕국의 위협 때문에 50년 동안 시리아 쪽으로 내려오지 못했다. 그 사이에 시리아 팔레스티나 지역은 자체 국력을 회복할 수 있었다.

이로써 북방의 페니키아와 남부의 엘랏을 교역로로 확보한 이스라엘 왕국은 오므리 왕조 때처럼 국제 교역을 활발히 하여 경제적 번영을 이루었다. 요나 예언자는 이를 주님의 구원으로 전하지만(2열왕 14,25-27), 이때 등장한 아모스와 호세아 등 예언자들은 부를 독점하며 불의를 저지르는 왕실과 귀족들을 주님의 이름으로 신랄하게 비난했다. 고고학적 자료를 보면, 예로보암 2세 시기에 이스라엘은 성읍들을 대대적으로 확충하고 페니키아와 교역을 재개했으며, 왕실과 귀족들이 막대한 부를 누리며 즐겼다("상아로 꾸민 집"과 "상아 침상"의 유물이 500점 이상 출토됨. 아모 3,15; 6,4). 이 당시의 생활상은 사마리아에서 출토된 도기 파편들(일명 사마리아 오스트라카)에서 엿볼 수 있다.

이스라엘 왕국과 좋은 관계를 유지했던 유다 왕국의 아자르야[우찌야] 임금도 이때 함께 번영을 누렸다(2역대 26,10). 영토도 홍해까지 넓혀 엘랏을 재건하였고(2열왕 14,22) 암몬의 조공까지 받았다고 전해진다(2역대 26,8). 고고학적으로 유다 산악지대에 성읍과 요새의 수가 급증하였다. 전체적으로 인구가 증가하고 사치품이 늘었으며 빈부 격차가 극심해졌다. 예루살렘에서 출토된 대형 항아리의 손잡이에 '임금 소유'임을 뜻하는 히브리어(lmlk) 인장이 찍혀 있어, 왕실이 교역에 적극 참여하였음을 입증한다.

번영의 그늘에서 예언자들은 무엇을 외쳤나?

국가의 번영과 달리 인구의 대다수였던 농민들의 삶은 힘들었다. 농민들은 곡물 농사(밀, 보리, 기장 등)와 과수(포도, 올리브, 석류, 무화과, 대추야자 등), 목축(양과 염소)을 겸해야 살 수 있었다. 토지의 생산성을 유지하기 위해 매년 정기적으로 휴경을 했고 작물도 여러 가지를 한꺼번에 가꾸었다. 그런데 왕실과 귀족들은 수익성이 높은 밀과 포도주와 올리브기름을 많이 수출하기 위해 단일작물을 가꾸는 대규모 농장을 조성했다. 또 휴경 없이 작물을 키우기 위해 대지를 확보하려는 과정에서 고리의 빚을 지워 농토를 빼앗는 예가 흔해졌다(미카 2,1-2; 이사 5,8-12 참조). 농민의 삶과 함께 오랫동안 지속되었던 농촌 사회의 상호유대도 많이 무너졌다.

고대 근동의 일반적인 예와 같이 이스라엘과 유다의 왕실에도 예언자가 있었다. 그들은 주로 하느님의 이름으로 임금에게 정책을 조언하며 방향을 제시하였다. 다윗 임금 때 있었던 나탄 예언자, 가드 환시가(1역대 29,29)가 그 예이다. 이러한 주류 예언자들과 달리 왕실과 무관하게 하느님 말씀을 전하는 예언자도 있었다. 예컨대 솔로몬 임금 때의 실로 사람 아히야(1열왕 11,29-39), 아합 임금 때 맹활약을 한 엘리야와 엘리사가 이 부류에 속한다. 이들은 근동의 예언자들과 달리 임금을 비난하는 하느님의 말씀도 거침없이 전했다. 특히 임금부터 백성까지 만연했던 가나안식의 다신론적 경향을 비판하고 야훼 하느님만 섬길 것을 촉구했다.

그런데 대부분의 왕실 예언자가 전한 신탁은 극히 일부만 역사서에 담겨 전할 뿐, 다 사라졌다. 반면에 왕실 소속이 아닌 비주류 예언자들의 활동은 일화로 엮이고, 그들의 신탁들은 대부분 후대에 전해져 기록되었다. 기원전 8세기에 등장한 이사야, 미카, 아모스, 호세아 예언자가 그 예인데, 나라와 민족의 위기를 앞두고 하느님의 심판을 선포한 이들의 신탁이 나라의 멸망으로 실현되었기에 진정한 예언의 말씀으로 보존된 것이다.

이스라엘 왕국의 몰락은 어떻게 진행되었나?

이스라엘 왕국은 유다 왕국에 비해 적어도 두세 배는 더 크고 강력한 나라였다. 이즈르엘 골짜기와 샤론 평야, 갈릴래아 지역을 관장하고 있어 가장 중요한 교역로인 '해변길'을 통해 교역을 활성화할 수 있었다. 또 요르단 동편 북부를 장악하여 '임금의 큰길'을 통한 교역에도 참여할 수 있었다. 가장 비옥한 평야지대를 품고 있었고 상업적 교역로를 갖춰 부를 창출할 여건이 잘 마련되어 있었다. 이 환경을 적극적으로 활용한 임금은 부를 축적할 수 있었는데(예: 오므리 왕조), 거꾸로 이렇게 부유한 이스라엘을 노리는 주변국 곧 아람과 아시리아의 먹잇감이 될 가능성도 높았다.

예로보암 2세의 번영은 당대로 끝났다. 그의 아들 즈카르야가 여섯 달 만에 살해당하면서 예후 왕조는 끝이 났다(5대 94년). 그 뒤로 찬탈자 살룸이 한 달 만에 살해당하는 등 모반이 거듭되어 불안한 가운데, 아시리아 세력이 압도적으로 몰려왔다. 침체했던 아시리아를 재정비한 티글랏 필에세르 3세(성경 이름 '풀')가 대대적인 서부 원정을 시작했다. 이스라엘의 므나헴은 막대한 돈(은 천 달렌트)을 주어 그의 공격을 피했다(기원전 738년: 이때 그는 지주들에게 은 50세켈씩 걷었는데 6만 명에게 거둔 금액이다. 당시 그만한 여유 계층이 있었다는 증거다. 2열왕 15,19-20).

아마도 그는 종속의 표시로 계속 조공을 바쳤을 텐데 그 비용이 엄청났다. 백성은 자기 나라를 유지하는 세금뿐 아니라 아시리아 제국에 바칠 비용까지 내야 하는 엄청난 부담을 안았다. 이로 인한 반反아시리아 정서에 힘입어 페카가 므나헴의 아들 프카흐야를 죽이고 즉위한 뒤 반아시리아 동맹에 참여했을 것이다. 그는 동맹에 참여치 않은 유다 임금을 바꾸기 위해 다마스쿠스 임금 르친과 함께 유다를 공격했다. 이것이 시리아–에프라임 전쟁이다(이사 7,1-9. 하지만 이러한 조직적인 대규모 저항이 아시리아 연대기에 전혀 언급되지 않아, 이 전쟁을 단순한 국경 분쟁으로 보는 견해도 있다. 매튜, 72).

도성이 포위되는 위기에 처한 유다 임금 아하즈는 아들까지 야훼께 번제물로 봉헌했다(2열왕 16,3: 밀러, 399). 또 아시리아 임금에게 선물을 바치면서 도움을 청해 자발적으로 위성국이 되었다(2열왕 16,7-8). 그러나 역사가들은 압도적인 주변 세력의 감시 속에 미리 선물을 보냈다는 기사에 의문을 가지며, 오히려 다마스쿠스가 정복된 뒤 감사의 표시로 선물을 보냈을 것이라고 본다(아시리아 기록에는 '선물'이 아닌, 유다가 최초로 바친 '조공'으로 적혀 있다). 나중에 아하즈는 다마스쿠스를 방문해서 본 아시리아(또는 아람) 제단을 모방하여 그대로 예루살렘 성전에 만들어놓기까지 했다(2열왕 16,10-11).

시리아 전역의 지배권을 확고히 하고자 2차 서방 원정(기원전 734-732)에 나선 아시리아의 티글랏 필에세르 3세는 페니키아와 필리스티아 땅에 이어 눈엣가시 같던 다마스쿠스를 정복한 뒤 제국에 합병했다. 동시에 이스라엘에서 북부 갈릴래아, 납탈리 지역 전체, 요르단 동편 북부를 정복하고 13,520명을 포로로 끌고 갔다(기원전 732년, 인원은 아시리아 연대기 자료: 포로들의 후일담은 없다).

티글랏 필에세르 3세는 제국 전체에서 강제 이주 정책을 본격적으로 추진하여 37회에 걸쳐 50만 명 이상을 이주시켰다(사르곤 2세는 38회 시행). 이 정책은 현지의 지도층을 처벌하고 현지민의 민족의식을 약화시켜 반란을 사전에 방지하기 위해, 또 제국의 병력 수급과 미개발지 개발, 제국의 대규모 건설사업을 위한 노동력을 보충하기 위해 시행하였다. 아수르 단 2세부터 아수르바니팔까지 308년 동안 157차례에 걸쳐 121만 928명이 강제 이주되었다(김영진, 371). 이러한 강제 이주 정책으로 멀리 떨어진 지역 간의 문화와 생활양식이 호환되었는데 가장 큰 변화는 '아람어'의 확산이다(빈호프, 286).

이스라엘 왕국은 어떻게 망했나?

호세아가 모반을 일으켜 페카를 죽이고 아시리아에 충성을 맹세함으로써 이스라엘은 살아남았다(2열왕 15,30; 아시리아 기록에는 티글랏 필에세르가 페카를 폐위하고 호세아를 세웠다고 나온다). 하지만 아시리아의 살만에세르 5세가 등극한 뒤 호세아는 티로와 동맹하여 이집트 임금 '소'(2열왕 17,4: 그의 정체를 분명히 알 수 없으나 파라오 피에가 하이집트에서 물러난 뒤 사이스를 중심으로 다스리던 테크낙트로 추정한다)의 도움을 호소하면서 아시리아에 반역함으로써 아시리아의 공격을 받았다.

살만에세르는 즉시 티로와 이스라엘을 공격하여 삼 년간 사마리아를 포위 공격하면서 이스라엘 전역을 휩쓸었다. 마침내 기원전 722년(또는 721년으로 넘어갈 때) 사마리아는 함락되었다(그러나 고고학 발굴의 결과 함락 당시의 화재의 흔적이나 파괴된 성벽이 발견되지 않았다).

살만에세르가 죽은 뒤(기원전 722년 겨울) 그 후계자의 왕위를 찬탈한 사르곤 2세가 기원전 720년에 첫 원정을 나와 이스라엘을 나눠 아시리아의 사메리나, 도르, 길앗, 므기또 속주로 편입했다(속주의 총독은 아시리아인). 또 이스라엘 백성 27,290명을 아시리아 북부와 동부, 메디아의 동부로(토빗기의 배경) 강제 이주시켰으며, 병거 50대를 임금 근위대에 포함시켰다(사르곤 2세의 연대기에서: 제르탈은 강제 이주된 인구를 이스라엘 전체의 10% 정도로 추정한다. *ANET*, 285). 포로들은 끌려갈 때 목에 멍에를 매고 오른손이 묶였으며 가족을 데려갔다. 현지에서 일한 경우 급료를 지급받았다.

▲ 아시리아 군에게 끌려가는 포로와 그 가족들. 살만에세르 3세 궁전 대문의 청동 부조. 기원전 9세기. 영국박물관.

　동시에 바빌론과 쿠타와 아와와 하맛과 스파르다임에서, 곧 제국의 동부인 엘람에서 사람들을 데려다 사마리아에 정착시켰다(2열왕 17,24). 그 뒤 기원전 716/715년에 일단의 아라비아인들이 사마리아로 강제 이주되었다. 이렇게 여러 민족이 사마리아 지역에 정착하여 현지의 유다인과 어울려 살게 되면서 혈통과 신앙이 섞였다. 그러면서 이른바 사마리아인이 등장하기 시작하였다.

왜 한때 강국이었던 이스라엘 왕국이 완전히 무너졌을까?

이스라엘 왕국의 가장 큰 문제점은 잦은 모반이다. 19명의 임금 중 7명이 모반으로 피살되었고 그때마다 왕조가 바뀌었다. 3세대 이상 왕조를 이어간 경우는 단 둘, 오므리 왕조(세 세대의 네 명)와 예후 왕조(다섯 세대)뿐이다. 이스라엘 왕국에는 특정한 왕조 신학이 형성되지 못했으며, 야훼 하느님의 뜻을 우선하는 예언자 전통이 강했다. 예언자들은 임금의 통치에 강력히 맞섰고 모반을 종용하는 경우도 있었다. 이는 특히 왕실 예언자가 아닌, 야훼의 지명을 받은 예언자들에게서 뚜렷했다. 정변이 잦다 보니 백성은 당시의 지배 왕조에게 지속적으로 충성하려 하지 않았다.

또 이스라엘 왕국의 구성원이 다양해 균질하지 못했다는 점도 이에 일조했다. 촌락 중심의 이스라엘 백성뿐 아니라 스켐이나 므기또 같은 전통적인 가나안의 큰 성읍들도 왕국에 속해 있었는데 여기에는 다양한 종족이 살고 있었다. 성읍과 촌락 간에는 빈부의 차이로 인한 불의, 경제적 갈등, 공식적인 야훼 신앙과 전통적인 가나안 신앙이 빚는 갈등이 상존하였다. 신명기계 역사가는 이스라엘 멸망의 궁극적인 원인을 하느님 야훼를 경외하지 않은 탓으로 돌렸다(2열왕 17,7-20). "이스라엘은 먹히고 말았다. 이제 그들은 민족들 사이에서 쓸모없는 그릇처럼 되고 말았다"(호세 8,8).

성경과 역사 사이에서

이스라엘과 유다의 왕정 시대를 기술한 열왕기도 신명기계 역사서에 속한다. 신명기계 역사가들은 유다 왕국의 말기부터 바빌론 유배 시기에 걸쳐 신명기 정신에 입각하여 사무엘기에 이어 남북 왕국의 멸망에 이르는 대략 400년의 역사를 기술하였다. 그들은 본문 가운데 "유다 임금들의 실록"(1열왕 14,29; 15,23; 22,46)과 "이스라엘 임금들의 실록"(1열왕 14,19; 15,31; 16,14; 22,39)을 계속 언급하면서 기술된 내용의 신뢰성을 은연중에 강조한다(실제로 참조한 자료는 자신들이 보존했던 유다 임금들의 실록일 터이고, 거기에는 같은 시대에 움직였던 이스라엘 임금들의 활동도 간략하게 적혔을 것으로 보는 견해도 있다. 그래비, 241-242). 그들이 그런 자료를 활용했을 가능성은 충분하고, 그런 내용은 상당히 역사적 사실에 가깝다고 평가할 수 있다.

그럼에도 기본적으로 내용을 선택하고 기술하는 과정에서 그들의 신학적 관점과 평가가 작품에 뚜렷하게 반영되어 있다. 대표적인 예로 이스라엘 왕국의 오므리 왕조를 들 수 있다. 열왕기는 매우 인색하게 평가하지만, 현존하는 사료와 고고학 발굴 결과로 보면 오므리와 아합 시대는 고대 이스라엘과 유다 왕국의 전체 역사에서 절정기이다. 강력한 군사력으로 가장 비옥한 평야지대까지 확고하게 장악하였고 남북 모두 정치적 안정과 함께 경제적 번영기를 이루었다. '국태민안國泰民安'이라는 왕정의 목표를 이룬 시기다. 당시 많은 이에게 그 시대는 살 맛 나는 태평성대였을 것이다.

하지만 신명기계 역사가는 이 모든 영광과 번영을 부질없다고 간주한다. 정작 중요한 것은 진정한 '야훼 신앙'이다. 모든 것이 사라지고 무너져버린 유배 시대에 분명하게 깨달은 것이다. 생존의 기로에서 역사의 전 과정을 새롭게 보게 된 그들에게, 잘잘못의 판단 기준이 바뀐 그들에게, 일반적인 역사 서술의 균형과 공정성은 중요하지 않았다.

또 하나의 예로, 나봇의 포도밭 이야기(1열왕 21장)를 들 수 있다. 이는 오래된 이스라엘의 종교 전통과 근동의 보편적인 왕정 이데올로기가 부딪친 본보기이다. 세상이 바뀌었는데도 옛 전통을 고집하다 억울하게 희생된 한 사례로 묻힐 수 있는 이 일화를, 신명기계 역사가는 임금의 불의를 심판하는 예언자 신탁의 소재로 중요하게 다룬다. 다윗의 죄를 고발하는 나탄의 경우처럼, 여기서 하느님의 심판 신탁은 두 갈래로 소개된다. 하나는 엘리야를 통해 아합 임금에게 선포되고 실현되며, 또 하나는 예언자의 이름 없이 요람 임금에게 실현된다(1열왕 21,19과 2열왕 9,25-26 참조). 이를 통해 '임금은 정의를 실현해야 한다'는 주제가 부각되는데, 이 주제의 초점은 임금도 계약 공동체의 일원으로 율법 위에 있지 않다는 하느님 말씀에 있다(신명 17,14-20). 이 말씀을 지키지 않으면 아무리 강력하고 번성하는 나라라도 무너질 수밖에 없다는 것이다.

이와 같이 신명기계 역사서의 관점에는 역사 서술의 기준으로 삼은 신명기 정신이 전형적으로 드러난다. 따라서 이러한 편향적 특성을 충분히 고려하면서 신명기계 역사서의 내용에 접근하는 것이 필요하다. 그 안에는 역사가 인간의 활동으로만 엮어지지 않고 하느님의 개입과 인간의 응답으로 형성되고 나아간다는 강한 믿음이 들어 있다.

아시리아 제국은 사라졌지만, 이스라엘과 유다 왕국에 미친 그들의 엄청난 폭력은 오래도록 기억되어 문학작품에서 활용되었다. 성경에서 아시리아는 이집트와 함께 하느님이 심판하는 이방 제국의 원형으로 꼽히며(스바 2,11-13; 즈카 10,10-12), 끌려간 이스라엘 백성을 다시 회복시킬 곳으로 나타난다(이사 11,11.16; 호세 11,11; 미카 7,12). 요나서는 널리 알려진 니네베의 명성과 엄청난 규모를 활용하여 하느님이 원하시는 회개 이야기를 들려준다(마태 12,41; 루카 11,30 참조). 기원전 2세기 초에 쓰인 토빗기는 아시리아 임금 살만에세르에게 포로로 끌려간 납탈리 지파의 후예라는 배경을 깔고 어느 디아스포라 가정 이야기를 들려준다. 기원전 2세기 말–1세기 초 하스모내오 왕조 초기에 쓰인 듯한 유딧기는 막강한 군사력을 지닌 아시리아 장군 홀로페르네스를 기지로 죽이며 민족을 구원하는 한 유다 여인을 보여준다.

5

유다 왕국의 생존과 멸망, 유배

성경의 증언

구약성경 〉 역사서 〉 열왕기 하, 역대기 하
　　　　　예언서 〉 이사야, 예레미야, 에제키엘 예언서, 애가 등

유다 왕국의 임금

히즈키야: 25세에 즉위하여 29년 동안 통치. 산당과 기념 기둥, 아세라 목상, 구리 뱀을 없애고 성전을 개혁하는 등(2역대 29-31장) 옳은 일을 하였다. 필리스티아인들을 쳐부수었으나, 반란을 일으켰다가 아시리아 임금 산헤립의 공격으로 모든 요새 성읍이 파괴되었다. 은과 금을 내주어 예루살렘은 보전되었다. 죽을병에 걸렸지만 기도하여 수명이 15년 연장되고, 바빌론 사절단에게 창고를 보여주었다.

므나쎄: 12세에 즉위하여 55년 동안 통치. 산당과 바알 제단, 아세라 목상을 복구하고 '하늘의 모든 군대'를 숭배하며 무죄한 피를 많이 흘리

는 등 악한 짓을 하였다. 그로 인해 장차 엄청난 재앙을 받게 되리라는 주님의 예언을 들었다. 한편 아시리아 군대에게 붙잡혀 갔다가 회개한 뒤 돌아와 예루살렘 성벽을 보수하고 성전을 정화했다고도 한다(2역대 33,10-16).

아몬: 22세에 즉위하여 2년 동안 통치. 온갖 조각 신상을 숭배하는 악한 짓을 한 임금으로, 신하들에게 살해되었다.

요시야: 8세에 즉위하여 31년 동안 통치. 재위 18년 성전에서 발견한 율법서에 따라 주님 앞에서 계약을 맺고 대대적으로 종교 관행을 개혁하는 옳은 일을 하였다. 이집트의 파라오 느코와 맞서 싸우다 므기또에서 전사하였다.

여호아하즈: 23세에 즉위하여 3개월 동안 통치. 파라오 느코에게 강제 폐위된 뒤 이집트로 끌려가 죽었다.

여호야킴: 25세에 파라오 느코에 의해 임금이 되었으나 바빌로니아 임금 네부카드네자르의 공격을 받고 3년 동안 신하로 있다 반역했다.

여호야킨: 18세에 즉위하여 3개월 동안 통치. 예루살렘을 공격한 바빌로니아 임금 네부카드네자르에게 항복하고 포로로 끌려가 37년 만에 감옥에서 풀려났다.

치드키야: 21세에 네부카드네자르의 지명으로 임금으로 즉위하여 11년 동안 통치. 바빌론 임금에게 반역하여 2년 동안 포위되었다가 체포되어 맹인이 되어 포로로 끌려갔다.

[**그달야**: 네부카드네자르의 지명을 받아 유다 땅의 총독으로 임명되었으나 7개월 만에 이스마엘에게 살해당했다.]

* 각 임금의 치적과 그에 대한 신학적 평가는 열왕기 기사를 따랐다(일부는 역대기).

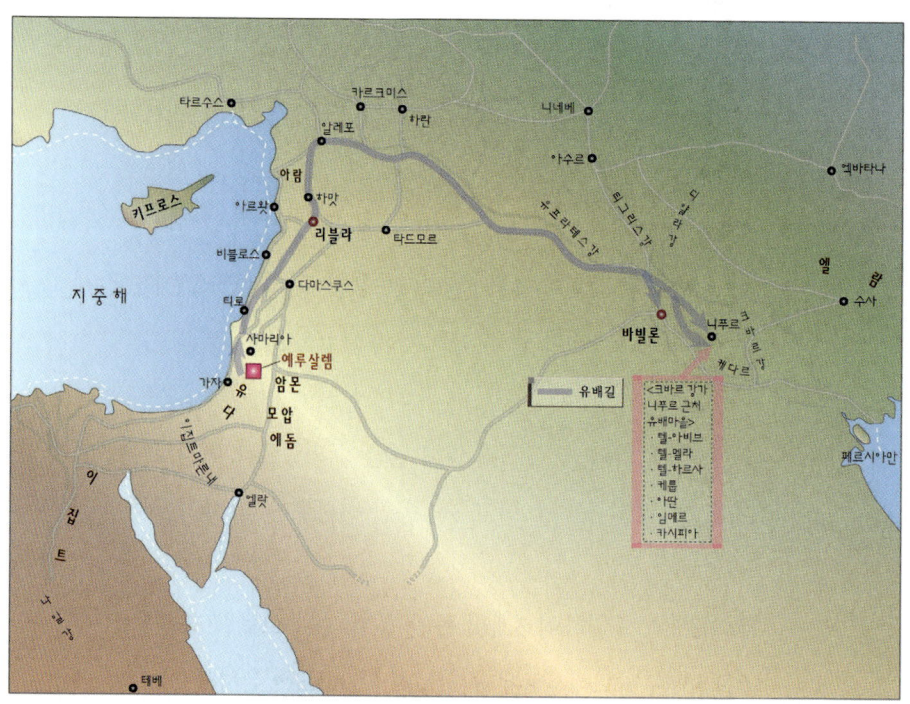

▲ 바빌론 유배   (성서사십주간 성경지도 92)

역사의 증거

고고학 연표: 철기시대 II (1000-700년), III (700-586년) (연대는 모두 기원전)

이집트	유다	아시리아	바빌로니아
25왕조(716-683)	**히즈키야**(715-687/6)	**사르곤 2세**(721-705)	
타하르카(685-664)	므나쎄(687/6-642)	산헤립(704-681)	
		에사르 하똔(680-669)	
아시리아의 테베 함락(663)	아몬(642-640)	아수르바니팔 (669-627)	칼데아 왕조 창설
26왕조 수립 (664-525)	**요시야**(639-609)		나보폴라사르 (625-605)
느코 2세(610-593)		니네베 함락(612)	
	여호아하즈 2세(609)	아시리아 멸망(609)	
카르크미스 전투 패배(605)	**여호야킴** (609-598/7)		**네부카드네자르 2세**(605-561)
	여호야킨 (597: 1차 유배)		
	치드키야(597-587)		
	유다 멸망 (587: 2차 유배)		

*굵게 표시된 사람은 주요 인물

시대 전체보기

아시리아는 이른바 '사르곤 시대'(기원전 720-630년)에 지중해 동부 해안에서 이란 서부까지, 아나톨리아 남부에서 이집트에 이르기까지 실제적인 영향력을 행사했다. 당시 아시리아인들은 임금의 군사 원정이 정당하고 모든 이의 선을 위한 것이라고 생각했다. 다양한 민족이 섞인 십만 명 이상의 아시리아 군대는 각종 무기와 다양한 전문 역량으로 무장한 최강의 군사력을 가졌다. 특히 성읍의 포위 공격에 능했다. 아시리아의 임금들은 자신의 원정 결과를 다양한 형태로 기록하거나 묘사하여 후대에 남겼다. 하지만 아시리아의 권력 구조가 임금에게 집중된 형태여서 임금의 개인 능력에 따라 제국의 운영이 크게 달라졌다. 또 왕권을 쥐기 위한 내부의 권력투쟁이 계속되었고, 너무 무거운 조공과 대규모의 주민 강제 이주 정책으로 봉신국과 속주의 반란도 이어졌다. 칼데아족이 중심을 이룬 바빌론이 반란을 주로 일으켰고 엘람과 아람족이 그들을 적극 지원하였다(기원전 703, 700, 694, 691년). 결국 산헤립 때 바빌론은 완전히 파괴되었다(기원전 689년). 바빌로니아에 고무되어 페니키아와 팔레스티나의 일부 소국들도 반란을 일으켰는데, 산헤립의 원정 때 대부분 항복하고 아스클론과 에크론, 유다가 점령되었다(기원전 701년). 하지만 기원전 8세기 말부터는 압도적인 아시리아의 힘에 눌려 반란이 현격하게 줄어들었다.

아시리아 제국의 전반적인 통치로 국경이 사라진 근동 전역에서 국제 교역이 활성화되고 이에 적극 참가한 국가들의 경제력은 성장했다. 이와 더불어 기원전 7세기에는 각 나라에서 자기들의 뿌리를 찾고 문화를 집대성하려는 움직임이 활발했다. 아시리아의 아수르바니팔 임금은 도서관을 세워 고대 근동의 각종 문헌 3만 점 이상을 수집하였다. 이집트 25왕조의 샤바코는 이집트를 재통일하고 아시리아에 맞서는 팔레스티나의 임금들을 지원하였지만, 아시리아에 정복되었다. 그 뒤 아시리아에 충성하는 봉신으로 26왕조를 세운 프삼메티코스 1세는 아시리아의 쇠퇴를 틈타 독립한 뒤 외국인 출신 용병으로 강력한 군사력을 갖추어 시리아 팔레스티나로 세력을 뻗쳤다. 그 용병들 중에 유다인들도 있었다. 우크라이나 쪽에서 흑해 연안을 거쳐 도래한 기마민족인 킴메르족이 우라르투와 아시리아를 공격했다(기원전 707, 695년). 또 다른 기마민족인 스키타이족이 메디아인들을 도와 아시리아를 위협했다(기원전 673년). 기원전 7세기 말에 가서는 왕위 계승을 둘러싼 격렬한 내분과 외부의 공격으로 삼백 년 가까이 강력한 제국으로 군림했던 아시리아가 급격히 무너졌다. 그 세력의 공백을 차지하기 위해 이집트 26왕조와 새로 세워진 칼데아의 바빌로니아가 겨누다가 결국 신바빌로니아가 아시리아 제국의 후계자로 우뚝 섰다. 제국의 동편에는 메디아가 강력한 왕국으로 성장하였다.

히즈키야 임금은 왜 아시리아에 대항하였나?

아하즈 임금의 선택 이후 유다는 아시리아의 속국으로 조공을 바치는 한, 아시리아의 간섭 없이 반독립 상태를 유지할 수 있었다. 게다가 아시리아 제국 전역을 이용한 교역으로 유다의 경제력이 커졌다. 아시리아에게 유다는 변방의 소국이요 이집트와의 완충지대로 간주되었을 것이다. 아하즈의 후계자 히즈키야는 성경에서 차지하는 분량도 많고 높은 평가를 받았다("유다의 모든 임금 가운데 그만 한 임금이 없었다." 2열왕

18,5). 그러나 성경에 나온 연대와 내용에는 논란의 여지가 크다. 아버지 아하즈가 36세에 죽은 뒤 아들 히즈키야가 25세로 즉위한다(2열왕 16,2; 18,1). 그러면 히즈키야는 아하즈가 11세에 낳은 아들이 된다. 아하즈의 아들 중 하나는(맏아들?) 번제물로(2열왕 16,3), 또 하나는 이스라엘의 공격으로 죽은 터라(2역대 28,7) 이 나이는 더욱 믿기 어렵다. 또 히즈키야의 재위 6년에 이스라엘이 멸망하였고(2열왕 18,10: 기원전 722년) 재위 14년에 산헤립의 침략을 받았다(2열왕 18,13: 기원전 701년)고 하여, 연대 표기에 혼선을 보인다.

아시리아 기록에 따르면 사르곤 임금은 기원전 720년, 716년, 713-711년에 유다 근처까지 원정을 왔다. 동부 지중해 연안 지역의 지배권을 확실히 하고 이집트와 교역을 확대하려는 시도였다. 북부에 이어 남부 아라비아 종족들도 그에게 예물을 바쳤다. 키프로스의 임금들도 기원전 709년부터 아시리아에 조공을 바쳤다. 그런 가운데서도 기원전 713년에 반란을 일으킨 아스돗을 즉시 진압하였다(기원전 712년, 이사 20장 참조). 유다가 이 반란에 직접 가담했다는 증거는 없으나 한때 참여했을 가능성이 있다. 완전한 독립을 계속 지향했다는 뜻이다.

히즈키야가 꾸준히 유다 군대를 육성하고 전쟁에 대비했다는 것은 성경은 물론(2열왕 20,20; 2역대 32,5-6.28-29) 고고학 자료로도 입증된다. 예루살렘의 자체 인구가 늘어난 데다 이스라엘 왕국의 멸망으로 적잖은 피난민이 몰려들어(7500명 수준에서 1.5-2만 명으로 늘었다고 추산), 히즈키야는 도성을 남서쪽으로 크게 넓히고(15만m²에서 60만m²로 확장) 또 다른 성벽을 새로 쌓았다(이른바 "넓은 성벽"으로 추정, 느헤 3,8 참조). 무엇보다 실로암 지하수로(길이 525m)를 파서 성 밖의 기혼 샘물을 성 안으로 끌어들인 일이 인상적이다(2역대 32,30). 라키스와 헤브론 등 지역의 주요 성읍에는 요새를 강화하고 수비대를 보강하였으며 양식을 비축하였다. 이는 왕실 소유를 뜻하는 인장 *lmlk*가 찍힌 대형 항아리들이 성읍에서 많이 발견된 데에서 입증된다.

그의 치적으로 찬사를 받는 산당 폐지, 구리 뱀 파괴 등의 종교 개혁은 일종의 정화 의식인 동시에(철저한 성전 정화가 2역대 29장에 기술된다), 다윗 왕조에 대한 지지를 높이고 북부 지파까지 포함하여 민족의식을 강화하며 예루살렘 중심으로 방어체계를 구축하려는 정치적 계획의 일환으로 볼 수 있다. 고대 세계에서 임금의 권위를 높이고 왕권을 강화하는 조치 중에 종교 개혁은 당연히 포함되었다. 또한 이스라엘의 멸망을 보고, 같은 운명에 처하지 않기 위해 야훼 하느님만을 섬겨야 한다는 주장을 수용하여 종교 개혁을 단행한 조처일 수도 있다. 일부에서는 유다 남부의 아랏에 있던 야훼 성소가 이때 파괴되었다고 본다.

히즈키야 임금은 아시리아와 싸워 이겼나? 졌나?

사르곤 임금이 전사하자(기원전 705년) 바빌로니아 임금 므로닥 발아단의 주도로 남부 메소포타미아와 엘람 등에서 반란이 이어졌다(기원전 704-703년). 새로 즉위한 아시리아 임금 산헤립은 바빌론 등 동부를 진압한 뒤, 기원전 701년 서부에서 유일하게 이집트와 동맹을 맺고 반란을 일으킨 유다와 시돈, 아스클론을 응징했다(반란에 참여한 비블로스, 아스돗, 모압, 암몬, 에돔 등은 모두 일찍 항복했다). 반란을 주도한 유다의 피해는 극심했다. 제2의 도시 라키스 등 요새 성읍 46곳과 그 주변의 촌락 등 정착지역 354곳이 초토화되었다. 비옥한 구릉지대 등 유다 영토의 상당 부분이 아스돗과 에크론, 가자에게 나눠졌다.

"남녀노소 20만 150명과 … 헤아릴 수 없이 많은 소 떼를 전리품으로 끌고 왔다"(산헤립 연대기의 내용인데 과장되었다. 기원전 8세기의 유다 인구는 12만 명으로 추산된다). 끌려간 유다인들은 산헤립이 수도로 재건하던 니네베의 건축 공사에 노예로 투입되었다. 고고학적으로도 정착지와 인구의 감소는 뚜렷했다. 한 연구자는 지표조사를 통해, 산헤립이 평원지대 주민의 대다수와 내륙 거주민의 50-70%를 죽였거나 추방시켰을 것으로 추정한다(정착지의 86%가 파괴된 채 방치되었고 남은 인구는 2만 5천 명으로 추산한다. 김영진, 366).

▲ 라키스가 함락된 후 아시리아 군에게 끌려가는 유다인 포로들. 니네베 소재 산헤립 궁전의 부조, 기원전 7세기.

결국 히즈키야는 항복하고 "은 삼백 탈렌트와 금 서른 탈렌트"를 바쳤다(2열왕 18,14-16; 산헤립 연대기에는 "은 팔백 탈렌트" 외에 많은 보화와 여러 공주와 악사 등 사람들을 보냈다고 나온다). 엄청난 조공을 바친 결과 산헤립은 철수했고 다윗 왕조와 예루살렘은 보존되었다. 산헤립은 국내 문제가 있었거나 군이 수고할 가치가 없다고 보고 철군했을 수 있다(고고학 발굴로는 예루살렘을 포위한 흔적이 뚜렷하지 않다). 하지만 성경은 이를 하느님의 개입으로 인한 기적적인 구원으로 서술한다(2열왕 18,17-19,35; 이를 680년경 산헤립의 2차 공격에서 구원된 일로 보는 소수 견해도 있다). 이로써 다윗 왕조의 정통성을 한층 부각하고 하느님의 특별한 보호를 받는 도성이라는 시온신학을 강화하였다.

그러나 당대에 이를 목격한 이사야와 미카 예언자는 극심한 피해와 고통을 생생하게 묘사하며, 그 재앙의 뜻을 성찰하도록 초대한다(이사 1,4-9; 22,1-14; 미카 1,10-13). 성경은 히즈키야의 종교 개혁을 높이 평가한다. 그러나 그의 반란으로 인해 유다의 독립과 북부 영토의 회복까지 꿈꾸었던(맏아들 이름을 '므나쎄'로 지은 데에서 드러나듯이) 히즈키야의 희망은 물론, 제법 형편이 괜찮았던 일반 백성의 삶까지 산산이 부서졌고, 이 상처는 끝끝내 회복되지 못했다. 멸망에 이르는 유다의 엄청난 고통이 이때부터 시작되었다고 보기도 한다.

므나쎄는 정말 극악한 임금이었나?

열왕기는 야훼 신앙을 거스르고 무죄한 피(주님께 충실한 이들 또는 예언자)를 너무 많이 흘려 장차 유다를 멸망에 이르게 한 원흉처럼 므나쎄를 묘사한다(2열왕 21,1-18). 반면에 역대기는 므나쎄가 배교 행위를 많이 하였으나 바빌론으로 끌려간 뒤에 회개하고 돌아와 성전을 정화하였다고 기술한다(2역대 33,1-20: 이 내용의 역사성은 의심받는다). 므나쎄는 무려 55년간(기원전 698-642), 유다에서 가장 오랫동안 임금 노릇을 하였다. 그의 시대는 어떠했을까?

아버지 히즈키야의 반역 때문에 속국이 된 유다에서, 므나쎄는 한층 심하게 아시리아의 감시나 통제를 받았을 수 있다. 어쩌면 아시리아가 열두 살의 므나쎄를 왕위에 앉히고 후견인 노릇을 하였을지 모른다. 아시리아 세력이 더욱더 강력해진 터라, 므나쎄는 정말 충실한 봉신으로 내내 머물렀을 것이다. 아시리아 임금 에사르 하똔의 비문에 따르면, 므나쎄는 아시리아 원정에 부대를 파견하고 니네베 왕궁을 지을 목재를 나를 노역꾼을 보내야 했다(니네베는 기원전 701-691년까지 당대 최대인 750만m² 규모의 수도로 건설됨). 그는 또 다른 봉신 임금 22명과 함께 조공을 바치러 매년 니네베를 방문하기도 했다. 페니키아에 아시리아 항구를 새로 짓는 에사르 하똔의 건설사업에도 강제노역을 제공해야 했다. 고고학 발굴에서, 당시 아시리아가 이집트를 견제하기 위하여 유다 곳곳에 야전 막사를 짓고 상당수의 군사를 주둔시켰음이 드러났다. 이런 판국이니 작고 황폐해진 유다의 임금 므나쎄가 한눈 팔 여유는 없었다.

그는 오히려 종교를 개혁하였다가 엄청난 재앙을 입은 아버지 히즈키야와 달리, 해와 별 등 "하늘의 모든 군대를 경배하는"(2열왕 21,3) 전통적인 민중제의를 복구시켜 무너진 백성의 마음을 추스려야 했다. 이 점에서 그는 배교자로 극심한 비난을 받게 된 것이다. 하지만 아시리아는 아수르 신을 숭배하도록 강요하지 않았으며, 해·달·별 숭배는 아시리아와 아람뿐 아니라 이스라엘에서도 전통적으로 해오던 종교적 관습이었다. 이는 고고학에서도 입증되고 있다.

근동 역사에서 므나쎄의 시대는 '아시리아의 평화(팍스 아시리아카)' 시기에 해당한다. 바빌로니아와 티로에서(기원전 668/7년) 국지적인 반란이 있었고 아시리아의 이집트 정복 전쟁도 치열했지만(기원전 667년 이집트는 천 년 만에 다시 이민족의 지배를 받았다), 원정 대신 유연한 국제관계를 추구한 에사르 하똔과 아수르바니팔의 정책 덕분에 기원전 7세기 전반부는 고대 근동에서 비교적 평온한 시기였다.

이때 유다도 평화를 누리며 산헤립이 남긴 폐허에서 상당히 재건되었다(므나쎄가 바친 조공인 은 10미나는 암몬의 금 2미나, 모압의 금 1미나보다 훨씬 적어 유다가 가난했음을 입증한다. *ANET* 301). 므나쎄는 덜 파괴된 벤야민 지역을 활성화하였고, 빼앗긴 구릉지역을 대체하기 위해 유다 광야와 네겝에 새로운 촌락들을 만들도록 지원하여 소득을 열 배나 더 늘렸다. 또 가자와 아라비아 반도의 교역망을 확충한 아시리아의 교역에 적극 참여하여 경제적 이익을 얻고, 올리브기름을 대규모로 생산했다. 이 올리브기름은 근동 최대의 올리브기름 수출항인 에크론을 통해 수출하였다.

이 시기에 제작된 것으로 추정되는 글자가 적힌 무게추, 인장, 오스트라카(옹기 조각) 등이 많이 발굴된 것도 관료제도의 발달과 경제 성장을 입증해준다. 므나쎄가 예루살렘의 외곽 성벽을 높이 쌓을 수 있었던 것도(2역대 33,14) 경제 상황이 나아졌기 때문이다. 고고학에서도 기원전 7세기 후반에 유다 곳곳에 성을 쌓은 것이 확인되었다. 므나쎄의 장기 통치 중에 유다 백성은 과거의 상처에서 조금씩 벗어나 평화와 안정을 누릴 수 있었다.

> **자료**
>
> "나는 하티 땅의 임금들과 강 건너 지역에 있는 임금들을 소집했다. 그들은 해안가에 있는 임금 열둘 곧 티로 임금 탈루, 유다 임금 므나쎄, 에돔 임금 카우스가브리, 모압 임금 무수리, 가자 임금 실벨, 아스클론 임금 메틴티, 에크론 임금 이카우수, 비블로스 임금 밀키아사파, 아르바드 임금 마탄바알, 삼시무루나 임금 아비바알, 벳 암몬 임금 파두일, 아스돗 임금 아히밀키이다. 또 바다 가운데 있는 키프로스의 임금 10명 곧 … 이다.
>
> 나는 해안과 섬에 있는 하티 임금 스물두 명에게 명령하였다. 시라라산과 레바논 산에 오랫동안 크고 강하게 자란 삼나무와 전나무로 만든 큰 통나무와 긴 들보, 얇은 판자를 내 왕궁을 지을 목재로, 또 수호신상을 만들기 위한 석재 … 들을 채석장에서 캐내 내 통치권의 도성 니네베로 매우 힘들게 운반해오라고 지시하였다"(아시리아 임금 에사르 하똔의 각기둥, *ANET*, 291).

요시야 임금의 종교 개혁은 어떻게 이루어졌나?

므나쎄의 후계자인 아몬은 재위 2년 만에 신하들에게 살해당했다. 모반의 이유나 그 신하들의 정체에 대해서는 전혀 알 수 없다. 그러나 또다시 '나라 백성'(암 하아레츠)이 요시야를 임금으로 세웠다(2열왕 21,24). 요시야 임금은 유다 역사에서 매우 중요한 인물이다("요시야처럼 … 주님께 돌아온 임금은 그 앞에도 없었고 그 뒤에도 다시 나오지 않았다." 2열왕 23,25: 참조 '히즈키야' 2열왕 18,5; '솔로몬' 1열왕 3,12). 그러나 성경 외에는 그에 관한 기록이 없다. 또 성경에서도 열왕기와 역대기의 설명에는 적잖은 차이가 있다. 열왕기는 통치 18년(기원전 622년)에 일어난 종교 개혁만 두드러지게 강조한다. 반면에 역대기는 요시야가 재위 8년부터 조상 다윗의 하느님을 찾기 시작했고, 재위 12년(20세 곧 성년이 되자마자)에 유다와 예루살렘을 정화하기 시작했다고 전한다(2역대 34,3).

이 당시 아시리아는 제국의 절정기를 이룬 아수르바니팔이 죽고 그의 아들들 간에 왕위 다툼이 벌어져 급격히 흔들렸다. 기원전 630년 즈음 팔레스티나에서 아시리아의 통제력은 완전히 사라졌다. 이미 바빌론은 칼데아 왕조의 나보폴라사르의 손에 넘어갔다. 그에 앞서 키악사레스 1세의 메디아가 아수르를 점령했으며(기원전 614년), 둘이 연합하여 니네베를 공격했다. 대제국의 수도라 방어시설을 전혀 갖추지 않았던 도성 니네베는 석 달 만에 함락되었다(기원전 612년; 나훔 3,1-19). 하란에서 잔명을 유지하던 아시리아는 기원전 609년에 완전히 무너졌다. 이제 유다도 종주국 아시리아의 눈치를 보지 않고 자신의 정책을 펼 수 있게 되었다. 실질적인 독립 상태였다. 하지만 이때 이집트가 아시리아와 협정을 맺어 팔레스티나를 차지하는 대신 군사 지원을 약속했다고 추정하는 견해도 있다(그래비, 344).

요시야가 이룬 대표적인 업적은 종교 개혁과 영토 확장이다. 성경에 따르면, 요시야가 가장 먼저, 신속하고 철저하게 추진한 정책은 '경신례의 중앙 집중'과 나라 전체의 종교적 정화였다. 지역의 성소인 산당들과 거기에 있던 각종 종교 기물들을 모두 부수고 담당 사제들을 내쫓았다. 예루살렘 성전과 소속 사제들만이 진정한 성소를 지키는 사제로 인정받았다. 요시야는 야훼 아닌 다른 신에 대한 숭배와 유아 번제 등을 금지하고 온 백성에게 계약의 책에 쓰여 있는 대로 파스카 축제를 지내도록 명령하였다. 이러한 종교 개혁은 나라의 분위기를 일신하고 예루살렘과 다윗 왕조 중심으로 온 백성을 일치시키려는 정치적 의도에서 추진되었을 것이다.

요시야의 종교 개혁을 뒷받침하는 고고학적 발굴 자료는 아직 없다. 다만 기원전 7세기 후반에 제작된 유다의 인장에서 해·달·별 등의 모습이 사라졌다는 것이 특이하다. 그러나 개인 집에서는 아세라 여신으로 추정되는 여자 입상이 많이 발굴되어 개혁의 한계를 보여준다.

요시야의 종교 개혁은 이스라엘 영토의 베텔과 사마리아까지(2열왕 23,15-20), 나아가 "납탈리까지" 곧 갈릴래아까지(2역대 34,6) 미쳤다고 전한다. 예로보암이 세운 산당과 베텔 제단까지 모조리 파괴되어 이스라엘을 죄짓게 한 뿌리가 사라졌다. 그러나 베텔 외에 다른 지역에 대한 고고학적 근거는 아직 분명하지 않다. 유다가 필리스티아 땅으로는

▲ 아세라 여신상으로 추정, 기원전 8-6세기 초, 유다 지역의 가정집에서 주로 출토, 이스라엘박물관.

크게 뻗어나갈 수 없었으니, 그곳은 벌써 이집트 26왕조의 손에 넘어갔기 때문이다. 아무튼 이 시기에 유다 왕국은 완전히 발전된 국가 수준에 도달했다. 고고학으로 발굴된 수백 개의 개인용 인장이 문자 문화의 발전을 입증한다. 전승을 역사로 서술할 능력을 갖춘 것이다(핑켈스타인, 327).

요시야 임금이 발견한 율법서는 어떤 책인가?

요시야 개혁의 토대는 성전에서 우연히 발견되었다고 하는 "율법서(토라의 책)"이다(열왕기는 둘의 관계를 밀접하게 기술하나 역대기는 그렇지 않다). 이 책이 요시야 임금의 재위 중에, 또는 그 직전에 쓰인 신명기의 초고(신명 12-26장의 일부)일 것이라는 의견이 많다. 이 당시 유다는 유입된 이스라엘 왕국의 백성과 한 민족이라는 공통의 정체성을 새롭게 할 필요성이 컸다. 더욱이 이스라엘 멸망의 원인을 성찰하기 위해 이집트 탈출 이후의 역사를 회고하였다.

그리하여 신명기계 학자들(서기관?)은 이스라엘 민족의 정체성을 하느님과 계약을 맺은 '하느님의 백성'으로 새롭게 규정하고(왕국의 백성이 아닌), 아시리아의 종주권 계약을 지키는 봉신이 충성을 맹세하듯이 하느님만을 섬기고 그분과의 계약에 충실한 백성이 되는 것을 살길로 제시했다. 당대에 통용되던 신아시리아의 봉신 조약은 물론 히타이트로부터 내려오는 고대 근동의 종주宗主 조약문을 신명기 법전의 문학적 토대로 삼았다.

그에 따라 하느님과의 계약 규정을 율법으로, 그 구체적인 내용을 모든 가나안 종교 관습의 폐기로, 그것을 지키는 근본정신을 '사랑'으로 표현하였다. 청동기시대부터 고대 근동의 외교문서와 서신에서 '사랑'은 정치적 충성을 표현하는 데 쓰인 단어였다. "너희가 아시리아 임금, 너희 주인 에사르 하똔의 아들, 태자 아수르바니팔을 너희 자신의 생명같이 사랑하지 않는다면…"(에사르 하똔의 종주 조약문 24항, *ANET*, 537).

기원전 609년, 이집트 임금 느코 2세는 아시리아를 돕기 위해 카르크미스로 올라가고 있었다. 바빌로니아와 스키타이 부대가 아시리아의 마지막 숨통을 끊기 위해 진격해오던 중이었다. 요시야는 느코를 맞서 싸우러 므기또로 나갔다가 죽었다. 왜 그가 굳이 싸우러 나섰는지는 알 수 없다. 요시야가 실제 전투에서 전사했다는 의견과 함께(2역대 35,20-27), 새롭게 유다의 종주국으로 나선 이집트의 느코에게 처형당했다고 보는 견해도 있다(그래비, 348).

한편 요시야 임금 초기에 활동했다고 언급되는 스바니야 예언자는 유다와 예루살렘에 대한 심판의 말씀과 함께 주님의 날이 온다는 종말의 메시지를 선포했다(스바 1,1).

유다는 어떻게 패망했나?

요시야의 죽음 이후 유다의 처지는 급전직하로 추락했다. 아시리아의 빈자리를 차지하려 두 강대국이 붙는 가운데에 유다가 서 있던 것이다. 아시리아를 무너뜨린 바빌로니아는 옛 아시리아 속주인 시리아와 팔레스티나를 자기네 영토로 확정지으려 했다. 그러나 이집트는 이미 아시리아의 동맹국임을 자임하며 시리아의 리블라, 하맛, 카르크미스를 장악하였고(기원전 620년), 아시리아와 연합하여 싸웠다. 기원전 609년, 이집트 임금 느코 2세는 시리아의 리블라에서 시리아와 팔레스티나 지도자들을 불러 충성 서약 예식을 치렀는데, 이 자리에 온 요시야의 아들 여호아하즈를 폐위하고 이집트로 끌고 갔다. 대신 그의 형 엘야킴을 여호야킴으로 개명한 뒤 즉위시키고 막대한 배상금을 물게 했다(2열왕 23,31-34). 여호야킴은 이집트에 순응할 수밖에 없었다.

시리아의 정세는 혼란스러웠다. 기원전 606년 전투에 패배했던(당시 세자 신분) 바빌로니아의 네부카드네자르 2세가 카르크미스에서 이집트 군을 결정적으로 무너트리고 거침없이 시리아와 팔레스티나 일대를 휩쓸며 내려왔다(기원전 605년). 여호야킴은 그에게 항복하고 세 해 동안 그의 봉신으로 있다가 기원전 601년 네부카드네자르가 이집트 국경에서 패하는 것(또는 무승부)을 보고 다시 이집트 편으로 돌아섰다. 기원전 598년 말에서 597년 초에 내려온 네부카드네자르는 3월 16일에 예루살렘을 점령하였다. 그는 항복한 유다의 새 임금 여호야킨(여호야킴의 아들인데, 2역대 36,6과 다르게 여호야킴이 바빌론으로 끌려가지 않은 것은 분명하나 어떻게 죽었는지는 불분명하다. 예레 22,18-19과 2열왕 24,6이 다르다)과 포로 1만 명(군인 7천 명과 장인 1천 명, 기타 2천 명)을 끌고 갔다(2열왕 24,14.16; 예레 52,28에는 3023명). 유다의 첫 번째 유배로, 실질적인 바빌론 유배의 시작이다.

유다의 마지막 임금은 여호야킨의 삼촌 치드키야이다. 바빌로니아 임금의 지명으로 세워진 그는 백성의 신망을 얻지 못한 듯하다. 치드키야 통치 4년에 유배자들의 귀환을 예언한 하난야 예언자와 이를 반박하는 예레미야 예언자의 대결이 소개된다(예레 28장). 당시 신하들도 친이집트파와 친바빌로니아파로 분열되어 있었던 듯하다. 이집트 임금 프사메티쿠스 2세가 누비아를 정벌하고 이어서 기원전 593년 시돈으로 병력을 파견하며 시위하자, 이에 고무된 치드키야는 예레미야의 강력한

◀ 예레미야 예언자의 예언을 기록했던 바룩의 점토인(bulla), 문서와 편지를 쓴 다음 파피루스를 감아 묶은 끈에 점토 덩이를 붙이고 그곳에 인장을 찍어 눌러 봉인하였는데, 그렇게 만들어진 것이 점토인이다. 유다가 멸망할 때 발생한 화재로 단단하게 구워졌다. 기원전 6세기, 이스라엘 문화재관리국.

반대에도 불구하고 바빌로니아에 반란을 일으켰다.

결국 18개월간의 포위 끝에 유다 왕국은 항복하고 예루살렘 성전과 기반시설은 완전히 파괴되었다. 기원전 587(또는 586)년 7월이었다. 이때 포로로 끌려간 이들의 숫자는 불확실하다(예레 52,29에는 832명으로 소개한다). 예루살렘뿐 아니라 예리코, 라키스, 벳 세메스 등 유다의 동부와 남부의 성읍과 촌락들도 상당히 파괴된 채 방치되었다. 그나마 기브온, 미츠파, 베텔 등 벤야민 지파의 영역은 크게 파괴되지 않았다.

유다 왕국의 멸망은 급변한 국제 정세를 잘못 판단한 데에서 기인하였다고 볼 수 있다. 외세의 개입으로 임금이 자주 바뀌어 지도력이 부실했고, 신하들 역시 이집트파와 바빌로니아파로 갈라져 통합된 의견을 내지 못하였다. 이집트와 바빌로니아 사이에서 우왕좌왕하다 최악의 결과를 맞은 셈이다. 그 점에서 이스라엘 왕국과 유다 왕국의 멸망 원인은 크게 다르지 않다.

> 자료
>
> "7년, 키슬리무 달: 아카드 임금은 군대를 이끌고 하티 땅으로 갔다. 유다 도성을 포위하고 아다루 달 2일에 그 도성을 점령했다. 임금은 자신이 선호하는 (새) 임금을 지명하고, 많은 전리품을 챙겨 바빌론으로 돌아왔다."
>
> — 바빌로니아의 네부카드네자르 2세의 연대기에서(*ANET*, 564)

패망 이후 팔레스티나에 남은 이들의 상황은 어떠했나?

네부카드네자르가 유다의 새 지도자로 세운 그달야는 가장 덜 파괴된 벤야민 지역의 미츠파를 행정 본부로 삼았다(미츠파는 바빌론 시대 내내 속주의 행정중심지였다). 그달야는 명문 귀족 집안 출신인데(2열왕 25,22; 예레 36,11-13 참조), 정작 그가 받은 직함(총독 혹은 임금)은 열왕기에 소개되지 않는다. 그러나 다윗 왕가의 먼 친족인 이스마엘 일행이 그달야를 매국노로 여겨 그와 많은 유다인을 죽이고 암몬으로 달아났다. 민족주의자들의 소행으로 추정되는 이 사건의 발생 연도는 성경에 소개되지 않으나, 바빌로니아 군대가 다시 내려와 모압과 암몬을 정복하고 (이때 두 나라는 사라진 듯하다) 유다인 745명을 포로로 데려간 기원전 582년으로 추정한다(예레 52,30). 이 일로 인해 남아 있던 유다의 지도자와 많은 유다인이 바빌로니아의 보복을 두려워하여 예레미야 예언자를 데리고 이집트로 내려갔다(예레 43,6-7; 2열왕 25,25-26).

이후로 하나였던 유다인들의 공동체는 크게 두 갈래로 갈라진다. 하나는 팔레스티나 본토 유다인이고, 또 하나는 외국에 사는 디아스포라 (*diaspora*, '흩어짐'이란 뜻의 그리스어) 유다인이다. 물론 그 전에 아시리아가 이미 북 이스라엘 백성 약 27,000명을 두 차례(기원전 733/732년과 기원전 722년)에 걸쳐 할라와 하브르 등지에 강제 이주시켰고(2열왕 15,29; 17,6), 기원전 701년에 유다인 25,000명을 끌고 간 적이 있었다. 그러니까 디아스포라의 시작은 오래되었으나 그 역사가 이어지고 영향력을 드러낸 때는 바빌론 유배 이후이다(죄인을 일시적으로 먼 곳에 보내는 유배는 그것을 풀어주는 해배解配를 포함한다. 하지만 아시리아나 바빌로니아 정책에는 해배 개념이 들어 있지 않기에 유배 대신 '포로' 또는 '강제 이주' 개념으로 설명하는 게 더 적절하다).

바빌로니아 군대는 유다와 주요 성읍과 예루살렘을 철저히 약탈하였다. 큰집은 모두 불태우고 성벽은 무너트렸으며, 취할 수 있는 금속은 다 빼앗았다(2열왕 25,8-17). 지도층은 모두 죽거나 끌려갔고, 남은 인구가 다수이기는 하나 모두 가난한 백성이었다. 한 연구에 따르면, 기원전 7세기 말과 6세기 초의 유다 인구를 대략 8만 명으로 추산하고, 그중 바빌론으로 끌려간 인구를 1차와 2차 합하여 2만 명으로, 죽거나 이집트로 내려간 사람들을 2만 명으로 추산한다. 결국 남은 유다 인구는 절반인 4만 명 정도라는 것이다(알베르츠 I,127-128). 바빌로니아는 죽거나 바빌론으로 끌려가 사라진 지주와 채권자들의 땅을 소작인과 채무자들에게 넘겨주어, 삶의 터전으로 하게 하는 동시에 충성심을 확보했다(예레 52,16). 하지만 농사 외에 장인 등 기본 인력과 사회기반시설이 대부분 사라지고 망가진 상태라 그들은 가난하게 살 수밖에 없는 처지였다. 그렇다고 그 땅이 아무 주민 없이 황폐해진 채 안식년을 지내는 상태로 있지 않았다(2역대 36,21). '빈 땅' 개념은 나중에 돌아온 바빌론 유배민들이 제시한 것일 뿐이다. 그 땅에는 사람이, 특히 가난한 유다 백성이 계속 살고 있었다.

그달야의 암살 이후 유다는 바빌로니아의 속주로 편입된 듯하나 관련 자료는 남아 있지 않다. 당시 유다는 유다 산악지대에 속한 좁은 영토에 한정되었고(추정 영토 1600km², 비교: 제주도 면적 1854km²) 그 가운데 약 40%는 광야였다. 게다가 이 와중에 바빌론에 빌붙어 필리스티아는 유다 서부의 구릉지대(세펠라)로, 에돔은 네겝과 남부 유다로 잠입해 왔다(오바 1,19; 에제 25,15; 36,5 참조). 남은 유다인들은 "내 살과 내 살갗을 닳아 없어지게 하시고 내 뼈를 부수시며 오래 전에 죽은 자들처럼 나를 암흑 속에 살게 하셨네"(애가 3,4.6) 하고 울부짖는 가운데서도 신앙생활을 계속하였던 것 같다(예레 41,5 참조). 왕정과 성전, 사제들이 모두 사라진 마당이라, 그들은 지역 성소에서 전통적인 방식으로, 아마도 혼합주의적 요소가 혼재된 채로 종교행위를 했으리라 추정한다. 그런 예배 장소로 무너진 예루살렘 성전 터(예루살렘은 바빌로니아 통치 시기 내내 버려졌다)와 미츠파를 꼽을 수 있다.

바빌로니아로 유배 간 유다인들의 삶은 어떠했나?

두려움과 절망 속에 1200km를 걸어 바빌론으로 끌려간 신세였지만, 임금(여호야킨은 기원전 561년까지 삼십칠 년 동안 갇혔으나 '임금' 신분을 유지했다. 2열왕 25,27)과 귀족들만 투옥되었고 다른 유다인들은 종살이를 하거나 특별한 제약을 받지 않았다(에제 8,1; 33,30-33). 그들은 바빌로니아 정부가 지정해준 촌락을 이루어 살았던, 아주 적은 수의 유배민 공동체(골라 *Golah*)를 형성하였다. 그들의 주거지가 텔 멜라, 텔 하르사(에즈 2,59) 등 텔(무너진 성읍 위에 만들어진 언덕)인 것으로 보아, 버려져 있던 땅을 개간하는 농부와 목자로 일한 듯하다. 에제키엘 예언자가 유배생활을 한 크바르강 유역은 니푸르 부근에 있는 유프라테스강의 큰 수로 중 하나를 가리킨다. 물론 네부카드네자르가 벌인 대규모 건설공사의 노역에 끌려가거나(에테메난키 신전을 짓는 벽돌공으로), 징집되어 군대로 간 이들도 있었다.

아무튼 유배민들은 그들보다 먼저 기원전 597년에 온 유다인들과, 훨씬 이전인 기원전 8세기에 유배 온 이스라엘 왕국 사람들의 일부와 합세하거나 그들의 도움을 받아 좀 더 빠르게 정착할 수 있었을 것이다. 그들은 삼대에 걸친 '집안과 종족'(에즈 2,59) 단위로 공동체를 이루었고 원로들의 지도를 받았다. 자유롭게 조국과 통신할 수 있었고 상업 활동에도 종사하며 점차 재산을 늘리고 노예를 가지기까지 하였다(에즈 2,65.68-69).

▲ 바빌론의 재건을 자부하는 네부카드네자르의 치적을 적은 돌판. 현무암, 기원전 6세기, 런던의 동인도 건물 본부.

이 당시 바빌로니아의 국력은 일취월장하였다. 단기간에 아시리아를 꺾고 근동의 강대국으로 등장한 바빌로니아의 네부카드네자르는 조공과 세금, 교역을 통해 얻은 막대한 부로 수도 바빌론을 당대 세계 최고 규모로 건설하였다(면적 10.1km², 추정 인구 15만 명). 신흥 강대국이 지닌 역동적인 힘은 물론 오래 축적된 바빌로니아 문화, 여기에 우주의 중심지요 마르둑 제의 중심지로 신설된 대규모 건물(바빌론에는 마르둑 신을 모신 86m×79m인 에사길라 신전 외에도 신전이 53개가 있었고, 바벨탑의 원형으로 추정되는 지구라트 에테메난키의 기단부는 92m×92m나 되었다)이 유배 간 유다인들에게 큰 충격을 주었을 것이다. 패망과 유배의 상처에 더하여 강력한 이방 문화가 그들의 전통과 정체성을 뒤흔들었다.

유다인 대부분이 신바빌로니아 제국의 공용어인 아람어를 사용하게 되면서, 히브리어는 전례 언어로만 보존되었다. 이름과 달력 명칭 등 삶의 곳곳에 바빌론 문화가 들어오자 그들의 문화와 종교에 동화되어 우상을 섬기는 유다인들도 계속 생겨났다(이를 비판하는 이사 44,9-17; 46,1-13 참조). 낯선 곳에서 하느님을 어떤 분으로 인식하고 자신의 정체성을 어떻게 규정할 것인지를 놓고 공동체는 서서히 분열되어 갔다.

바빌로니아로 끌려온 이들 가운데 유다의 지도자인 "살아남은 원로들과 사제들과 예언자들"이 있었다(예레 29,1; 에제 20,1.3). 그들에게는 유일한 임금인 여호야킨이 살아 있기에 모든 연대 표기는 그 임금의 재위 연수에 따랐다(에제 33,21; 40,1). 그들 중 일부는 바빌로니아의 행정과 법체계를 익혀 다니엘처럼 체제 속으로 들어갔다(다니 1,3-4 참조). 또 다른 이들은 자신들을 이스라엘 민족의 진정한 상속자, '남은 자'로 간주했다. 임금과 나라, 영토를 모두 잃은 백성인 그들은 자신들의 참된 정체성을 신명기의 가르침에 따라 '하느님의 백성'으로 설정했다. 예루살렘 성전은 파괴되었지만 야훼 하느님은 하늘에 계시며(1열왕 8,39) 그들과 함께 계시다고 믿었다(에제 10장). 야훼만을 유일한 하느님으로 섬기면서 압도적인 이방 문화 속에서 자기 정체성을 지키기 위한 노력으로 새로운 관습을 지키기 시작했다. 일종의 경계 설정이다.

그들이 지키기 시작한 대표적인 관습이 할례(바빌로니아인들은 하지 않음), 안식일 준수(유배지에서 지킬 수 있는 유일하게 거룩한 날), 단식일 지정(성전 파괴 등 멸망의 고통을 기억하는 4일, 즈카 8,19), 성결법(레위 17-26장)에 따른 식사 규정 준수(에제 4,13) 등이다. 정체성을 지키는 가장 중요한 사항은 동족 간의 혼인이었다(예레 29,6 참조). 또 성전이 없어 제사를 드리지 못하는 대신 어느 일정한 장소에 모여 기도하고 탄식하며 설교를 듣는 시간을 가졌을 것이다. 기도할 때는 예루살렘 쪽을 향했던 것 같다(다니 6,11 참조). 이런 관례가 점차 고정되면서 서서히 회당 제도(독립 건물을 가지지 않은 형태로)가 꼴을 잡아갔던 것으로 보인다. 이를 통해 야훼 신앙을 중심으로 한 종교적 문화적 정체성이 유다인들의 정체성의 핵심으로 자리 잡게 되었다.

이 시대에 이루어진 가장 중요한 작업은 그동안의 전승과 기원전 8-7세기에 형성된 문서 자료를 편집하여 성경의 꼴을 만든 일이었다. 자신들이 가져온 문서와 구전들을 토대로 사제들이 사제계 문헌을 중심으로 사경(창세기, 탈출기, 레위기, 민수기)을 편집하였고, 서기관 출신으로 추정되는 이른바 신명기 신학자들은 계약 사상을 토대로 신명기를 완성하고 신명기계 역사서(여호수아기~열왕기)를 편찬했다. 또 예레미야서를 비롯하여 여러 예언자의 신탁과 일화를 수집, 기록하는 일도 시작되었다. 신명기 신학과 이사야서를 바탕으로 유일신론이 확고하게 자리 잡았다.

이집트 디아스포라 유다인들은 어떻게 살았는가?

결국 바빌로니아는 이집트의 정권도 뒤집었다. 부하 장군 아마시스(아흐모세 2세)가 쿠데타로 권력을 쥐고 바빌로니아의 도움을 받아 40년 이상 다스렸다(기원전 570-526년). 그는 나우크라티스 항구를 통해 그리스와 교역을 활발히 벌여 큰 번영의 시대를 이루었고 각종 개혁 사업을 펼쳤다. 그의 시대에 이집트로 끌려 내려간 예레미야 예언자는 그곳에 사는 유다인들에게 신탁을 전했다(예레 44장). 그때 유다인들은 이집트 최북단의 군사 중심지 믹돌, 타흐판헤스, 중부의 멤피스, 누비아의 파트로스 지방에 살았다. 그 밖에도 이집트 최남단의 제1폭포 근처 엘레판틴섬에도 유다인 정착지가 있었던 것으로 드러났다(예레 44,2-19).

성경과 역사 사이에서

이스라엘 왕국이 멸망한 후 홀로 남은 유다 왕국은 135년을 버티다 결국 멸망하였다. 바빌로니아 유배는 이스라엘과 유다 역사의 한 단절이다. 잘린 그루터기에서 새싹이 돋았다. 비록 인원은 적었지만 그 싹은

◀ 오경 두루마리, 16세기 초 필사, 양피지, 성서와함께.

바빌로니아 유배자들에게서 솟았다. 그들은 다윗 왕조의 멸망, 성전 파괴, 유배 등의 엄청난 충격을 받으면서 또 그 트라우마로 고통받는 가운데 그동안 지녀온 신앙관에 근본적인 물음을 던지게 되었다. '과연 야훼께서 자신들을 버리셨는가?' '왜 자신의 도성과 성소를 더럽히도록 두셨는가?' '바빌로니아의 신 마르둑(풍우신)보다 무력하신가?' '여전히 그분을 믿고 희망할 수 있는가?' '우리의 미래는 어떻게 될 것인가?'

이렇게 성찰하고 반성하는 가운데 기존의 생각 틀이 무너지고 새로운 깨달음이 솟아올랐다. 그들은 자신들의 "많은 죄악 때문에 주님께서 그에게 고통을 내리신 것"(애가 1,5)이며, 그 재앙은 하느님의 의로운 심판임을 인정하게 되었다(애가 1,22). 무엇보다 원로와 사제와 왕실 예언자 등 지도자들의 죄악이 컸음을 고백하면서도(애가 4,13.16), "보소서, 주님, 살펴보소서"(애가 1,11; 2,20) 하며 탄원하기 시작했다.

또 자신들을 압도하는 놀라운 바빌로니아 문화의 충격 속에서 그들의 시야와 비전 역시 크게 열렸다. 야훼를 이스라엘 민족의 보호신으로만 생각하다가 다른 민족들을 망라한 온 우주와 역사를 주관하는 창조주 하느님이심을 깊이 깨달았다. 또 가시적인 성전과 제사가 사라진 현실에서 특정 장소에 매이지 않고 시간 속에 현존하신 하느님을 깨달으며, 낯선 땅에서 안식일을 통해 하느님을 경배하게 되었다. 나아가 "아들은 아버지의 죗값을 짊어지지 않는다"는 예언의 말씀(에제 18,20)을 통해, 각자가 선대의 죗값에 짓눌리지 않고 하느님 앞에서 의롭게 살아갈 수 있다는 개인적 신앙의 길이 열리면서 미래를 희망할 수 있게 되었다.

유배자들은 멸망과 유배를 통해 "거짓과 오도였을 뿐"(애가 2,14)인 신탁을 전한 거짓 예언자들의 정체를 깨닫고 예레미야 등 참된 예언자들이 선포한 하느님의 말씀에 새롭게 귀를 기울였다. 이집트 탈출과 광야 생활이라는 왕정 시대 이전의 초기 역사에서 자신들의 참된 신원을 찾으며, 창조와 온 세계를 아우르는 주님의 놀라운 섭리를 읽어내려고 애썼다. 또 예레미야 예언자는 유다에서 첫 유배자들에게 신탁을 보냈지만(예레 29장), 바빌로니아 현지에서도 에제키엘 예언자와 제2이사야(이사 40-55장을 선포한 예언자) 등 여러 성향의 예언자들이 유배민들에게 주님에 대한 믿음과 희망을 전하였다. 이들은 하느님의 영광이 예루살렘을 떠나 이곳으로 옮겨 왔으며 주님 스스로 성전이 되어 주셨다고 믿었고(에제 10장; 11,16), 예루살렘으로 다시 데려가신다고 선포하였다(이사 40장).

유배민들은 "우리 어찌 주님의 노래를 남의 나라 땅에서 부를 수 있으랴"(시편 137,4) 하면서도, "하느님, 언제까지나 적이 깔보아도 됩니까?"(시편 74,10)라고 호소하고 "당신의 분노를 쏟아부으소서, 당신을 알지 못하는 민족들에게"(시편 79,6) 하며 울부짖었다. 삶의 밑바닥, 용광로 같은 고난의 땅 바빌로니아에서 유일신 사상(이사 44,6; 46,9; 48,12-13)을 비롯하여 새로운 야훼 신앙의 토대가 한층 깊고 넓게 세워졌다. 자신의 죄악을 인정하고 수용하면서 주님의 뜻을 더 깊이 찾고 선포하는 가운데 비로소 자신들의 정체성을 바로 깨닫고 디아스포라 유다인으로 살길을 찾을 수 있었다. 가장 어두운 시간에 삶의 밑바닥을 더듬으며 새롭게 찾아내고 깨달았던 신앙의 계시가, 유다인들의 삶과 이전의 역사를 온전히 새롭게 본 사람들에 의해 하나하나 기록되어 권위를 가진 글로 고정되었다.

3부

유다인들의 갱신과 성장, 파국과 새로운 시작

약속의 땅에 귀환하였다가 다시 쫓겨나 흩어지기까지

1

유다인들의 갱신과 유다교의 태동

페르시아 시대(기원전 539-332)

성경의 증언

구약성경 〉 역사서 〉 에즈라기, 느헤미야기, 에스테르기
　　　　　 예언서 〉 하까이서, 즈카르야서, 제3이사야서, 말라키서

에즈라기

키루스 황제의 칙령으로 제후 세스바차르가 유배 갔던 유다인들을 이끌고 귀환했다. 귀환한 온 회중의 수는 42,360명이었다. 즈루빠벨과 사제 예수아가 중심이 되어 성전을 지으려 하자, 그 지방 백성이 이 일을 훼방하며 페르시아 임금 아르타크세르크세스에게 상소하였다. 임금의 명령으로 작업은 중지되었다. 그러나 다리우스 임금 제2년 키루스 칙령에 근거하여 공사를 계속하라는 명령이 내려, 통치 제6년에 유다인들은 성전을 완공하고 파스카 축제를 지냈다.

아르타크세르크세스 임금 때 사제이며 율법학자인 에즈라가 예루살렘으로 파견되었다. 그는 임금의 명령에 따라 "하느님 법과 임금의 법"을 가르치고 적용하는 권한을 가졌다. 그가 유다인과 이민족의 혼인을 큰 잘못으로 지적하자, 유배자 중에서 이민족 여자와 혼인한 남자들이 아내와 자식들을 떠나보냈다.

느헤미야기

수사(Susa) 왕성에서 술 시중을 들었던 느헤미야가 예루살렘의 처참한 모습을 전해 듣고 유다 지방관으로 자원하여 파견되었다. 그는 유다인들과 함께 먼저 무너진 예루살렘 성벽을 새로 쌓기로 결의하고, 방해를 물리치며 "동이 틀 때부터 별이 나올 때까지" 일하였다. 그는 스스로 지방관의 녹을 받지 않고 귀족과 관리들이 유다인 동포들을 억압하지 않도록 요구하였다. 52일만에 성벽 공사를 끝낸 뒤 귀환자들의 수효를 파악하였다.

일곱째 달 온 백성이 물(水)문 앞 광장에 모였을 때 율법학자 에즈라가 율법을 읽어주고, 레위인들이 가르쳤다. 모두 율법의 규정대로 초막절 행사를 지낸 다음 단식하며 참회기도를 드렸다. 그리고 하느님의 법규와 규정을 지키겠다고 맹세한 다음, 제비를 뽑아 열 명 중 하나를 예루살렘에서 살게 하였다.

사제와 레위인들이 백성과 성벽을 정결하게 하였고, 백성이 그들에게 돌아갈 거룩한 몫을 내놓았다. 또 율법대로 이스라엘에서 모든 이방

무리를 분리시켰다. 느헤미야는 임금에게 돌아갔다가 다시 예루살렘으로 돌아와 사제들의 불의를 바로잡았다.

▲ 유다주州

(성서사십주간 성경지도 97)

역사의 증거

페르시아 임금 (재위: 기원전)	주요 사건	유다 지역의 사건
키루스 2세 (559–530)	메디아(549), 리디아 점령(547) 바빌론 점령(539) – 귀환령	바빌론 유다인들 귀환 시작 세스바차르 – 성전 토대 놓음
캄비세스 2세 (530–522)	이집트의 멤피스 점령(525)	
다리우스 1세 (522–486)	바빌론과 메디아의 반란 진압 페르세폴리스의 건립 트라키아 점령, 이오니아 지역 반란 마라톤 전투에서 패배(490)	즈루빠벨, 예수아 등 귀환? 하까이, 즈카르야 예언자 활동 **두 번째 성전 완공**(515)
크세르크세스 1세 (486–465)	바빌로니아의 반역 그리스 전투–살라미스 패배(480) 이집트의 반란(460–454) 진압	말라키서?
아르타크세르크세스 1세(465–424)	아테네와 평화조약 체결	**에즈라** 파견(458)? **느헤미야** 1차 파견(445) – 성벽 건설 느헤미야 2차 파견(431?)
크세르크세스 2세 (424)		
다리우스 2세 (424–404)	이집트 반란(405), 독립	엘레판틴 성전 파괴(412)
아르타크세르크세스 2세(404–359)	총독들의 반란 진압(359) 스파르타와 평화조약 체결(386)	에즈라 파견(398)?
아르타크세르크세스 3세(359–338)	시돈의 반란과 파괴(349–345)	
아르세스(338–336)		
다리우스 3세 (336–331)	알렉산드로스에게 패망	

시대 전체보기

바빌로니아 제국은 너무나 빨리, 80여 년 만에 무너졌다. 제국을 세운 네부카드네자르(2세)가 죽은 뒤 혼란이 닥쳤다. 6년 동안 임금이 4명이나 바뀌었다. 마지막으로 왕위를 찬탈한 나부나이드(나보니도스)는 바빌론의 최고신 마르둑보다 자기 어머니가 사제로 섬겼던 달月신 신(Sin)을 섬기는 데 주력했다. 더구나, 10년간 도성을 떠나 있어 사제들과 백성에게서 멀어졌다(이때 섭정으로 일한 그의 아들이 '벨사차르'이다. 다니 5,1-30 참조).

요동치는 바빌로니아의 동북부에서 메디아 왕국이 자그로스산맥을 타고 급속히 힘을 키우며 아나톨리아 동부까지 정복하였다. 메디아 왕국의 남쪽 변방인 파르사(그리스어 *Persis*) 지역에 속국인 안샨(Anshan) 왕국이 있었다. 이란계 페르시아 종족인 이곳 임금 키루스(2세)가 종주국인 메디아 왕국을 정복하고, 나아가 에게해 연안까지 아나톨리아 일대를 점령하였다. 마침내 기원전 539년 키루스는 오피스 전투에서 바빌로니아 군대를 격파한 뒤 저항 없이 바빌론에 입성하여 바빌로니아 임금이 되었다(그는 마르둑 신이 보낸 '해방자'로 자처했다).

이로써 에게해부터 중앙아시아의 북부 지역까지 다스리는 페르시아 제국 시대가 열렸다(왕조 창건자의 아버지로 설정된 영웅 이름을 따서 '아케메네스 왕조'라 부른다). 이 영토에 캄비세스 2세는 이집트와 키레네, 리비아와 키프로스를 덧붙였고, 다리우스 1세는 트라키아와 마케도니아, 인도 북서 지역까지 확장하였다(페르시아 제국 영토에 해당하는 현대 국가로는 리비아, 이집트, 이스라엘, 요르단, 터키, 불가리아, 아르메니아, 아제르바이잔, 이라크, 이란, 투르크메니스탄, 우즈베키스탄, 타지키스탄, 파키스탄 등이다. 그리스와 러시아 남부, 사우디아라비아, 인도의 일부도 여기에 속했다).

페르시아 제국은 그 당시까지 세계 역사에서 가장 넓은 지역을 다스리면서 다양한 민족의 고유성과 종교 제도를 인정하여 지역 내 상당한 자율권을 보장하였다. 이는 불필요한 충돌과 마찰을 줄여 제국의 이익을 극대화하기 위한 정책인데, 이로써 가장 크고 부유한 제국을 이백 년간 이끌 수 있었다. 덕분에 각 지역의 전통적인 제의와 문화도 왕실을 위해 기도하는 한, 아무런 관여나 단절 없이 이어갈 수 있었다. 그럼에도 큰 신전에는 세금과 군역을 부과하고 왕실 관리가 통제하여 지방 세력의 거점이 되지 못하도록 막았다. 근동 지역을 넘어서는 광대한 영토가 통합되면서 물자와 인력의 소통이 원활해졌고 경제와 문화가 성장하였다(교역하는 배들은 물품마다 1/10 세금을 냈다. 페르시아인들도 곡식의 1/30, 포도주의 1/10에 해당하는 세금을 냈다. 야마우찌, 218). 제국 전체의 행정 언어로 아시리아의 행정 언어인 아람어가 공식적인 '제국 아람어'로 통용되었다. 학술어인 아카드어, 지방어인 엘람어, 페니키아어 등도 함께 쓰였다.

제국은 스물세 개의 관구로 나뉘어 총독('임금 권력의 수호자'를 뜻하는 페르시아어 '사카파반', 그리스어 '사트라페스')이 그 지역을 통치했다. 총독의 자율권은 상당히 컸지만 주로 행정 분야에 한정되었고 군대의 지휘권은 제한되었다. 왕실 군대의 지휘권은 별도의 관리가 맡아 총독의 권한이 비대해지지 않도록 조치했다. 유다는 '유프라테스 서부 지방'(정확히는 '강 건너편'으로, 유프라테스강 서쪽의 시리아, 팔레스티나, 키프로스 지역을 가리킨다. 에즈 8,36; 느헤 2,7.9)에 속했다. 총독 밑에 속주의 지방관, 서기관, 판관, 감독관 등 여러 관리가 일하면서 세금(속주의 조공은 은銀 350 탈렌트, 헤로도토스, 3.91)을 걷고 치안을 통제했다(에즈 4,8-9 참조). 유다가 독립된 속주의 지위를 얻은 시기가 언제인지는 불분명하다.

페르시아 제국의 경제가 기본적으로 농업에 토대를 두었지만, 제국 전체의 도로와 수운이 통합되고 소통되어 지역 경제와 국제 교역이 매우 활성화되었다. 아나톨리아의 사르디스와 페르시아의 수사를 잇는 이른바 '임금의 길'도 연락망으로 마련되어 제국의 통합에 기여했다. 이로 인해 페니키아의 무역 도시들이 큰 이득을 얻고 성장했으며 특히 시돈이 그 중심에 있었다. 페르시아 경제는 멸망 때까지 결코 쇠락하지 않았다.

기원전 7세기에 리디아에서 시작했다는 화폐 주조도 페르시아 제국에서 계속 발달했다. 다리우스 1세가 금화 다릭(중량 8.4g, 순도 98%, 1역대 29, 7 참조)과 은화 시글로스(중량 5.4g; 가치는 다릭의 1/20)를 공식 화폐로 지정한 뒤, 각 지역에서 화폐 주조권을 받아 화폐를 발행했다. 유다 주州(정식 명칭은 아람어 '예후드' yehud)도 총독 이름을 찍은 동전을 주조했다. 기원전 5세기 후반에 주조된 일부 동전에는 대사제의 이름이 찍혀 있어 당시 대사제의 권한이 꽤 커졌음을 시사한다(유다 지역은 그리스 왕국 시대에 가서야 화폐가 널리 통용되었다).

엄청나게 큰 규모인데도 불구하고 페르시아 제국은 다양한 전통을 융합하여 이백 년 동안 정치적 통일성을 유지하였다. 하지만 아케메네

▲ 송골매 옆에 '예후드'(*yehud*) 글자를 새긴 은전의 앞과 뒤, 기원전 4세기, 8.5mm, 0.35g, 이스라엘박물관.

스 왕조는 공식적인 역사 기록을 거의 남기지 않아 베히스툰 비문을 제외하면 관련 사료도 상당히 적다. 그래서 최근에 발굴된 고고학 자료가 역사를 재구성하는 데 큰 도움을 주고 있다. 반면에 페르시아의 공격을 성공적으로 방어한 뒤 그리스 세계는 아테네를 중심으로 문화 전성기를 이루면서 고전 문명을 탄생시켰다. 그러면서 헤로도토스와 크테시아스, 투키디데스 등이 비교적 많은 자료를 남겼는데 페르시아에 적대적 입장에서 기술하였기에 정밀한 검증이 필요하다.

성경에서 페르시아 시대를 다룬 책은 에즈라기와 느헤미야기, 하까이서와 즈카르야서, 말라키서이다. 그러나 이들도 한정된 시기만을 다루고 있어 아직 알지 못하는 역사의 빈 부분이 많다.

예루살렘으로 처음 귀환한 유다인들은 누구인가?

대제국의 군주가 된 키루스는 아시리아와 바빌로니아와 다른 통치 전략을 시행했다. 그는 통치 첫해(기원전 538년)에 점령지 백성을 강제 이주시키거나 흩어버리는 대신 자기네 땅에서 본래의 종교를 믿으며 살도록 허락했다. 민심을 사로잡고 낙후된 지역을 활성화하기 위한 방책이었다. 새로운 정책이 제국 전반에 걸쳐 시행되면서 바빌론으로 끌려온 유다인 역시 본래의 고향으로 되돌아갈 길이 열렸다. 일종의 사면령이 내린 셈이다.

물론 키루스의 칙령이 유다인에게만 내려진 것은 아니다(에즈 1,2-4). 키루스의 우선 관심사는 수메르와 아카드 지역의 신상들을 되돌리는 것이었다. "내가 거룩한 도읍에 재정착시킨 모든 신이 매일 벨 신과 나부 신께 나의 장수를 빌어주시기를!…"(키루스 원통사적비에서, ANET 316). 하지만 바빌론 유배 시기에 제2이사야는 키루스를 주님의 "목자, 기름부음받은이"라고 부르며 예상치 못한 이 급변을 예고한 바 있었다 (이사 44,28; 45,1).

그러나 강제 이주된 지가 벌써 오륙십 년 되다 보니, 유배자들도 대부분 2세대나 3세대가 되었다. 이곳 생활에 상당히 정착한 터라 낯선 고향땅으로 선뜻 떠나기가 어려웠다. 그럼에도 "유다 제후"(히브리어 '나시'nasi, 다윗 계열의 통치자 지칭. 에제 34,23-24) 또는 "지방관"(아람어 '페하'peha는 다양한 계급을 지칭. 에즈 5,14)인 세스바차르가 키루스로부터 예루살렘 성전 기물을 받아 유배자들 일부를 데리고 팔레스티나로 돌아

▲ 키루스 원통사적비, 기원전 539-530년, 바빌론에서 발굴, 길이 23cm, 영국박물관.

왔다(에즈 1,8). 그의 귀환 목적은 예루살렘 성전 재건이었다.

세스바차르의 신원이 명시되지 않았지만 그를 여호야킴의 손자 센아차르로 보거나(1역대 3,18 참조) 적어도 귀족으로 추정한다. 사실 예루살렘 성전 기물이 예루살렘의 멸망 당시 바빌로니아 군대의 손에서 그대로 보존되었을까 의심스럽지만, 그것들의 존재 자체가 솔로몬 성전과 제2성전의 연속성을 보장해주었다. 유배자들의 귀환 행렬은 그 뒤 즈루빠벨·예수아 일행과 함께 2차로, 또 에즈라와 느헤미야 때 3차와 4차에 걸쳐 계속되었고, 그리스 왕국 시기에도 있었다.

그들이 돌아온 "유다주州는 페르시아 시대의 상당 기간 동안 비교적 가난하고 비교적 작았다"(퍼어슨, 97). 영역은 예루살렘 중심으로 대략 40-50km의 직사각형 모양(면적은 2000km²)의 영토 중에서도 40% 가까이가 광야일 정도로 좁고 열악했다. 인구 역시 해당 지역의 유배 전 인구의 1/3 이하인 이만 명 정도로 적었다. 조공을 비롯한 속주의 모든 행정은 페르시아 왕실에서 임명한 지방관이 책임졌다. 유다가 언제 속주

1. 유다인들의 갱신과 유다교의 태동

로 독립했는지는 알 수 없으나, 속주의 지방관은 대부분 유다인으로 추정되며 후기에는 대사제 가문에서 임명되기도 하였다(레이니, 382).

두 번째 성전은 어떻게 재건되었나?

에즈라기와 느헤미야기에 따르면, 세스바차르와 첫 유배자들이 예루살렘 성전의 기초를 놓았다고 한다(에즈 5,16). 그러나 "그 땅의 백성들"(에즈 3,3) 또는 "그 지방 백성"(암 하에레츠, 에즈 4,4)이 그 일을 가로막았다. 아마도 이들은 유배 가지 않고 바빌로니아의 네부카드네자르로부터 경작지를 부여받은, 유다에 남은 백성이었을 것이다. 그들 중 일부는 아시리아의 에사르 하똔 임금 때 끌려온 사람이라고 주장한다(에즈 4,2). 그 임금의 이집트 원정이 기원전 673년과 671년에 있었으므로, 그렇다면 140년 이상 오랜 시간 이 땅에 살아온 외국인인 셈이다.

유배 귀환자들과 본토에 남았던 유다인 사이에 갈등이 드러나기 시작했다. 그 결과 성전 재건 작업은 상당 기간 멈추었다. 물론 귀환자들의 경제 사정이 넉넉지 않은 점 역시 지체 요인이 되었을 것이다. 당시 유다가 가뭄 때문에 경제가 침체하고 어려웠기 때문이다(미들마스, 37-38). 또 그 당시 지중해 동부 해안지역에는 이집트 침공을 준비하던 페르시아 군대가 주둔하였으며, 뒤이은 막대한 전비를 지원하기 위한 조세 부담도 적지 않았을 것이다.

키루스의 후계자인 캄비세스가 이집트를 정복한 뒤(기원전 525년) 귀환 중에 급사하면서 후계자를 둘러싼 페르시아 내분이 컸다. 기원전

522년, 키루스의 방계 자손인 다리우스 1세가 이 혼란을 수습한 뒤 즉위하여 제국의 통치 제도를 정비하고 리비아와 인도 서부까지 정복하여 제국의 중흥을 이끌었다. 아나톨리아의 사르디스에서 수사에 이르는 '임금의 길'을 건설한 이도 그였다.

다리우스 통치 초기에 상당수의 유다인들이 팔레스티나로 귀환했다(즈카 2,10 참조). 그들의 지도자가 즈루빠벨과 대사제 예수아였다고 추정한다(에즈 2장 참조). 즈루빠벨은 다윗 왕조의 마지막 후손으로 여호야킨의 손자(세스바차르를 여호야킨의 아들로 보면, 즈루빠벨은 그의 조카)요 지방관(하까 1,1.14; 2,2은 "총독"으로 소개)이었다. 그가 성전의 기초를 놓았다고 소개하는 성경 본문도 있다(에즈 3,6-7; 즈카 4,9). 그의 최후를 알 수 없는데, 유다 민족주의자들의 반란을 두려워한 페르시아 조정에서 그를 소환하였을 수 있다(에즈라-느헤미야기에서는 다윗 왕조와 관련된 메시아 운동을 외면한다). 예언자 즈카르야가 왕관을 쓰고 "자기 왕좌에 앉아 다스리리라"고 예언한 대상이 예수아 대사제가 아니라 본래 즈루빠벨이었다고 추정되기 때문이다(즈카 6,9-12 참조: 6,13에는 왕좌 곁에 사제가 있다). 아무튼 즈루빠벨이 사라진 뒤 홀로 남은 예수아 대사제의 권한이 강화되었다.

이때 돌아온 귀환자들을 42,360명으로 소개하는데(에즈 2,1-64; 느헤 7,1-67: 나온 숫자를 합하면 29,818명뿐이다), 이 명단과 숫자의 진위를 확인할 길이 없다. 다만 페르시아의 "유프라테스 서부 지방" 관구(총독 소재지는 다마스쿠스)에 속한 유다주의 전반기 주민수를 약 13,350명, 후반기에는 약 20,650명으로 추정하는 연구 결과를 참조하면(퍼어슨, 97), 귀환민 수가 매우 과장되었음을 알 수 있다.

제국의 혼란이 가라앉을 즈음 유다 내부에는 성전 재건을 둘러싼 사회적 갈등과 긴장이 고조되었다(이 당시를 암시하는 이사 56-66장 참조). 혼란스러운 분위기였던 다리우스 재위 2년(기원전 520년)에, 잔류한 유다 백성으로 추정되는 하까이 예언자와 바빌론에서 귀환한 유배자 출신으로 추정되는 즈카르야 예언자가 함께, 먼저 해야 할 의무는 성전 재건이라고 유다인들을 일깨웠다(하까 1,1; 즈카 1,1). 그리하여 이들이 곧바로 재건 공사를 재개했을 때 유프라테스 서부 지방관 타트나이가 이 공사의 적법성을 임금에게 문의하였다. 키루스 칙령을 확인한 다리우스가 공사를 재개하고 지원하라고 명령한 뒤 진행된 공사는 다리우스 재위 6년에 끝났다(기원전 515년: 에즈 6,15).

71년 만에 지어진 이 성전을 솔로몬 성전에 이은 '제2성전'이라 부르고, 이 성전이 존속했던 시기(기원전 515-기원후 70년)를 흔히 '제2성전 시대'라 부른다[이에 따라 제1성전과 제2성전 사이를 '무성전'(templeless) 시대라 부르는 이도 있다. 미들마스, 24-27].

성전이 세워지면서 사제 계급이 본격적으로 자리를 잡고 활성화된다. 사제 계급 가운데 대사제가 기원전 5세기 후반에 처음으로 등장하여 권위를 가지게 되었다. 그의 지위는 지방관보다 낮지만 지방관의 임명을 받지 않고 세습되면서 점차 확고한 자리를 구축했다(이때부터 기원전 2세기 초반까지 차독 계열의 대사제 시대가 계속되었다). 귀환한 유다인뿐 아니라 디아스포라의 유다인들까지 성전을 존중하고 성전세를 내면서 성전과 대사제의 권한이 늘고 권위 역시 높아졌다. 다윗 왕정의 회복이 불가능한 상황에서 대사제 중심의 신정체제가 서서히 유다 사회에 정착하게 된 것이다. 또 페르시아가 몇몇 신전과 사제에 대해 징병과 납세 의무를 면제하고 왕실을 위한 기도를 드리게 하여 충성을 유도하였다. 예루살렘 성전도 이에 해당되었을 수 있다.

두 번째 성전 재건의 주역은 누구인가?

고대 사회에서 성전 또는 신전은 그 지역사회의 중심이었다. 그 성전에 출입하고 제의에 참여하는 것은 그 지역에 거주하는 이들의 특권이었고, 그래서 그 출입에 제한이 따랐다. 예루살렘 성전이 재건되면서 성전 제의에 참여 여부를 둘러싸고 귀환자 공동체와 본토민들이 갈등을 빚을 수밖에 없었다. 누가 참된 야훼의 백성이냐 하는 문제가 제기되었기 때문이다.

성전 재건의 주역은 귀환자들이었지만, 그 이후 지낸 파스카 축제에는 유다에 남았던 땅의 백성의 일부가 귀환자들의 야훼 신앙으로 돌아선 뒤 함께 참여한 것으로 보인다("그 지방 민족들의 부정을 떨쳐버린 모든 이와 함께" 에즈 6,21). 이렇게 외부인에 대해 선택적으로 열려 있었지만, 기본적으로 에즈라-느헤미야기에서 "모든 이스라엘 사람" "이스라엘 백성" "이스라엘의 후예들"은 돌아온 유배자 무리만 가리킨다(에즈 2,70; 9,1; 느헤 9,2). 유배자들만이 참된 야훼의 백성, 이스라엘이라는 주장이다. 그들은 유배지에서처럼 자신들만의 모임을 '회중, 공동체'(카할 *qahal*)라고 불렀다(에즈 2,64; 느헤 5,13; 8,17;13,1). 그리고 이 모임의 구성원 명단을 족보와 목록에 기재했다(블렌킨소프, 65-66; 124).

그래서 인구의 다수를 차지하던 그 "땅의 백성"(이때 암 하아레츠는 유배기 동안 유다 지역에 남아 있던 본토인과 그 지역에 정착한 이들을 가리킴)은 크세르크세스의 통치 때에도, 아르타크세르크세스 때에도 계속 귀환자들의 활동을 비방하는 글을 올렸을 것이다(에즈 4,6-23). 이 두 임금 때에 이집트가 큰 반란을 일으켰는데, 어쩌면 비방에는 이런 배경이 있을지도 모른다. 특히 크세르크세스 1세는 이집트와 바빌로니아의 반란을 진압한 뒤 다리우스가 실패한 그리스 원정에 나섰다가 대패하였다(기원전 479년: 에스테르기가 그 시대를 배경으로 한다). 그가 암살당한 뒤 즉위한 아르타크세르크세스 1세는 장기간에 걸쳐 이집트 반란을 진압한 뒤로 평화를 누렸다. 하지만 이집트는 페르시아의 집중 공격을 받아 마지막 독립 왕조인 30왕조가 무너지고 다시 페르시아가 세운 31왕조의 지배를 받아야 했다(기원전 343-332년). 이러한 주변 정세의 변화가 유다주와 주민들에게 영향을 미쳤을 것이다.

에즈라와 느헤미야, 누가 먼저 왔나?

가까스로 성전은 재건되었지만 유다인 공동체는 분열된 채 갈등 속에 있었다. 이러한 상황에서 유다에서 주요한 역할을 한 대표적인 인물이 에즈라와 느헤미야이다. 둘 다 바빌론 디아스포라 곧 유배지 출신 유다인인데, 페르시아로부터 공식적으로 파견되어 유다의 지도자로 활동했다. 에즈라는 모세의 율법에 능통한 학자요 차독 계통의 사제로서 아르타크세르크세스 임금 재위 7년에 파견되었다고 소개된다(에즈 7,1-6: 블 레킨소프, 209-215). 그가 가져온 "모세의 율법"은 그가 속한 사제 계통에서 최종 편찬한 현재의 오경과 가까운 형태거나, 적어도 신명기 법으로 추정된다.

그런데 페르시아에 아르타크세르크세스 임금이 세 명 있어 어느 임금 때 왔느냐는 문제가 대두된다. 전통적인 견해는 아르타크세르크세스 1세 때로 보고 기원전 458년에 파견되었다고 주장한다. 당시 최고조에 달했던 이집트의 반란을 진압하기 위해 애쓰던 차라 이집트의 주변지역인 유다의 동요를 없애고 충성심을 높이며 안정시키기 위해, 신임하는 에즈라와 느헤미야를 파견하였다는 것이다(이 당시 바빌로니아 디아스포라의 역사는 140년에 가까워 에즈라와 느헤미야는 꽤 성숙한 신학과 관습을 익혔을 것이다).

사실 이 시기에 유다의 상황은 매우 열악했던 것 같다. 조상들의 땅으로 돌아와 성전만 지으면 하느님의 복을 받아 번성하리라고 기대했는데(이사 54,1-3; 하까 2,19; 즈카 1,17), 성전을 지은 지 오십여 년이 지난 당시에도 크게 달라지지 않았다. 여전히 제사 의식은 부패하고(말라 1,6-14), 온 백성이 십일조와 예물을 내지 않으며(말라 3,8-10), 이웃끼리도 품삯을 떼어먹고 고아와 과부를 억압하는 일이 빈번하였다(말라 3,5). 기근때문에 빚을 얻고 이자를 내느라 자녀를 종으로 넘기거나(느헤 5,1-5), 이방인과 혼인하거나(말라 2,11; 느헤 13,23-27) 아내를 버리는(말라 2,13-16) 경우도 많았다. 포로살이에서 깨닫고 지켜온 신앙의 틀이 무너지고 있었다. 과연 귀환자들이 하느님의 백성으로 계속 살 수 있는가가 의문스러운 위태로운 시기였다. 에즈라는 귀환 역사의 새 시대를 알리는 신호탄이었다.

유다인의 삶과 사회에 분명한 질서와 경계가 필요하였는데, 에즈라가 그 역할을 감당하러 온 것이다. 당시 페르시아에서 임금이 선포한 법령과 판결이 가장 높은 권위를 갖지만, 그 아래에서는 각 지역의 관습법이 계약 등 실제 업무에 중요하게 적용되었다. 유프라테스 서부 지방에서는 아시리아 - 바빌로니아 관습법이 중요하게 쓰였다. 에즈라의 역할은 유다의 법을 그런 관습법의 하나로 제정 공포하여 실제로 시행하는 것이었을 수 있다.

느헤미야는 아르타크세르크세스 1세의 헌작 시종(높고 명예로운 직위는 아님)으로 있다가 이렇게 무너진 유다와 예루살렘의 상황을 전해 듣고 자청하여 유다주의 지방관으로 왔다(느헤 1,11). 해당 지역의 민족 가운데서 지방관을 뽑는 관례에 지원한 것이다(이때 유다 지역이 속주로 독립했고, 그가 최초의 유다 지방관으로 왔다는 견해도 있으나 입증되지 않는다. 느헤 5,14 참조). 그는 기원전 445년에 파견 와서 12년 봉직한 뒤 페르시아로 돌아갔다(느헤 2,1; 5,14; 13,6). 그가 다시 돌아왔다고 하는데(느헤 13,7) 그 이후의 행적은 알 수 없다(그의 활동 연대는 이집트의 엘레판틴 파피루스로 검증된다).

그런데 성경에는 에즈라 다음에 느헤미야가 활동한 것처럼 나오는데, 에즈라가 먼저 와서 활동했다는 흔적을 느헤미야기에서 전혀 찾아볼 수 없다. 이 점이 문제이다. 또 느헤미야가 성벽을 재건했는데, 에즈라가 예루살렘 성벽을 쌓게 해주신 하느님께 감사를 드린다(에즈 9,9).

둘이 동시에 집회를 열고 활동하는 모습도 나오는데(느헤 8장), 그렇다면 에즈라가 적어도 13년 이상 머물렀다고 봐야 한다. 아니면 후대의 편집자가 두 지도자를 함께 묶어놓기 위하여 한 명의 이름을 삽입한 결과로 봐야 한다(블레킨소프, 99-101). 이 점에서 과연 누가 먼저 와서 활동했는지 논란이 되었다. 그리하여 에즈라가 느헤미야보다 늦게, 즉 아르타크세르크세스 2세 7년인 기원전 398년에 왔다는 주장이 대안으로 제시되었다. 각자의 활동 내용을 보면 역사적으로 느헤미야가 앞서는데 신학적 의도에 따라 사제인 에즈라를 앞에 두었다는 것이다(뢰머, 1,228-229). 또는 에즈라가 1년 정도 짧게 재임하여서 둘이 겹치지 않았다고 설명하기도 한다. 아무튼, 에즈라의 존재와 활동 시기는 계속 논란이 되고 있다(예컨대 집회 44-49장에서 칭송되는 조상 중에 에즈라가 빠져 있다).

에즈라와 느헤미야가 한 중요한 일은 무엇인가?

활동 연대는 논란 중이지만, 에즈라는 페르시아에서 받은 권한과 사제의 권위(율법을 가르치고 실행할 수 있는 권위: 2역대 15,3; 17,7-9)로 하느님의 가르침인 토라(오경)의 일부 규정을 유다인들에게 적용되는 "하느님의 법"(에즈 7,25)으로 단단하게 정립시켰다(에즈 7,14; 느헤 8,1-9,3). 법이 시행되면서 질서가 생겨났다. 구체적인 실천으로 귀환자들 가운데 이방인 아내와 자식들을 내보내는 조치가 단행되었다(에즈 9,1-10,17).

현지인과의 혼인은 귀환자들이 현지에 적응하고 토지 소유권을 회복할 수 있는 하나의 방안이라, 사제와 귀족들도 현지의 유력 가문과 혼인하는 경우가 적지 않았다(에즈 9,2; 느헤 13,28). 더구나 현지인들도 야훼를 섬기는 신앙인인 경우가 많았다. 하지만 에즈라는 이 혼인이 "거룩한 씨(자손)"를 이 지방 백성들과 섞이게 하여 율법에 어긋난다고 단호하게 거부하였다(에즈 9,2). 사실 율법(신명 7,3-4; 23,4-9)은 가나안 원주민과의 혼인을 금할 뿐인데, 에즈라는 이를 확대 해석하여 이미 성립한 혼인을 파기하라고 과도하게 요구한 것이다. 혼인 역시 중요한 사회적 '계약'이기에 혼인의 파기는 당사자는 물론 사회에 큰 파장을 미쳤을 것이다. 에즈라의 조치는 하느님 백성이요 참된 이스라엘 민족의 소속 자격을 '귀환자'로만 한정해 확실하게 경계를 그은 것이다.

오경의 최종 형태가 기원전 400년경에 확정되었다고 주장할 수 있는 것은 에즈라기와 느헤미야기에 나오는 율법 규정(에즈 7,6.10; 느헤 8장; 10장)이 오경의 신명기 법과 사제계 법의 일부와 상당히 일치하기 때문이다. 당시에 오경은 형성되었지만 예루살렘 사제들도 규정대로 지키지 않았기에 에즈라 같은 특사의 파견이 필요했던 것이다.

느헤미야 역시 적대자들의 반대 속에서도 예루살렘 성벽을 재건하였다(느헤 2,11-3,32). 또 시골 주민들을 이주시켜 도성이 유지되도록 이끌었을 뿐 아니라, 형제들의 빚을 탕감하고 안식일을 지키도록 온 힘을 다하였다(느헤 5,1-13; 13,15-22). 가뭄과 흉년으로 빈부 격차가 극심해진 유다 사회에서 사실상 희년 규정(레위 25,10-13)을 지키도록 강제하는 동시에(지켰는지는 의문이지만), 십일조를 지키도록 하여 사제와 레위인들의 삶을 보장해주었다. 물론 이런 정책은 종교적 취지를 넘어 제국을 지지하고 후원하려는 정치적 의미도 담고 있었다. 예루살렘 성벽은 '성채'를 포함한(느헤 2,8; 7,2) 군사 방어시설의 하나로 건설되었으며, 예루살렘 경제의 활성화는 유다 지역을 안정시키고 그 지역의 페르시아 군대를 지원하려는 뜻도 들어 있었다.

아무튼 느헤미야는 자신의 권한과 왕실 지지를 바탕으로 주변 속주의 힘센 사마리아 지방관(산발랏 집안은 페르시아 멸망 때까지 대대로 사마리아 지방관을 지내고, 또한 유다의 대사제 집안과 혼인할 만큼 강력한 토착 세력이었다)과 암몬의 토비야 집안(기원전 2세기까지 정치 경제적으로 강력했던 세력), 해안 지역을 관장하는 아라비아 사람 게셈 등의 압력으로부터 유다의 '귀환자' 공동체를 지켜냈다. 그 공동체는 성전을 중심으로 한 제의 공동체인 동시에 야훼 신앙을 가진 토착민 및 사마리아인들과 구분되는 사회적 공동체였다. 느헤미야는 평신도이지만 사제 에즈라와 마찬가지로 이방 여인과의 혼인을 파기하고 귀환자와 '이민족'을 구별 짓는 데 힘을 쏟았다. 엄격한 율법주의의 대표자라 할만하다.

과연 에즈라와 느헤미야의 개혁은 성공했을까? 느헤미야 이후(기원전 5세기 말)부터 마카베오 시대(기원전 2세기 중반)까지의 팔레스티나 상황을 알 수 있는 정보는 극히 적다. 극히 단편적인 정보들을 보면 그들의 개혁은 일단 실패했다. 가장 역점을 두었던 이방 여인과의 혼인은 그 뒤로도 유다의 대사제나 유력 가문에서 계속 이루어졌다(요세푸스, 유다 고대사 11.312). 하지만 에즈라와 느헤미야가 주장했던 율법 중심의, 야훼만을 섬기는 신앙 자세는 계속해서 구체화되었던 것으로 보인다(블렌킨소프, 251). 이로써 율법과 오경의 권위가 점차 강화되고, 유다인들의 변화도 진전되었다. 그 변화는 하스모내오 왕조 시대에 전반적으로 확고해졌다.

페르시아 시대에 유다인 디아스포라의 상황은 어떠했는가?

이 시기에 바빌론에 있던 유다인 공동체의 상황을 알 수 있는 자료는 많지 않다. 그중 기원전 5세기 후반(455-403년)의 부동산 계약과 관련 행정 처리를 기록한 일명 '무라슈(Murashu) 문서'가 특별하다. 이 쐐기문자 토판에 쓰여 있는 내용을 통해 니푸르 일대에 자리 잡은 유다인들이 (이름으로 추정컨대 2500명 중 82명 곧 2.5%에 지나지 않았지만) 상업과 금융 쪽에서 상당히 성공했음을 알 수 있다. 무라슈 문서는 임금에게 하사받은 토지의 경작을 위임받아, 소작농을 고용하여 곡물과 농업용수를 대준 뒤에 임대료와 세금을 거두어 국고에 납부하는(미에룹, 419-420), 일종의 임대사업자 역할을 하는 이들을 알려준다(대여 금리는 20-40%). 고국으로 귀환하지 않고 정착한 대부분의 유다인 중에는 현지에 동화한 이들도 꽤 있었던 모양이다. 그런 가운데서도 원로와 사제들이 이끈 바빌론 디아스포라는 야훼 신앙을 더욱 심화하고 유다로 간 귀환자들을 돕는 데 기여했던 것 같다. 이 공동체는 그 후 1500년 동안 유다교의 성장과 발전에 크게 기여하였다.

이집트의 유다인 디아스포라의 생활을 알려주는 자료는 극히 드문데, 엘레판틴섬에서 발견된 파피루스 문서 43개가 그 빈틈을 메워준다. 이 섬은 이집트 최남단의 제1폭포 근처에 있었다. 이 섬에 정착한 유다인들은 어쩌면 이집트 26왕조 때부터 있었거나 또는 페르시아 캄비세스의 이집트 원정 때 이주한 것으로 추정된다. 그들은 군인으로 남쪽 국경을 지키고 나일강 교역을 보호하며 머물렀다(이 섬의 명칭은 그리스어로 엘레판틴, 아랍어로 아스완이다). 이 요새의 수비대장은 물론 군인과 정착민 모두 자신들을 '유다인'(yehudaye)으로 소개한다.

이 문서는 기원전 495-399년 사이에 아람어로 기록되었다. 이를 보면 이곳에 야후(Yahu 혹은 Ya'u) 성전이 있었다. 예물을 바치는 신이 셋이었는데, 야후와 아낫 베텔, 그리고 에쉠 베텔이다(예물의 양은 야후-아낫-에쉠 순서로 줄었다). 그 성전은 페르시아가 이집트를 점령한 기원전 525년 이후에 세워졌다가 이집트가 반란을 일으킨 기원전 410년경에 이집트인들에게 파괴당했고 주민들은 학살당했다. 숫양을 희생제물로 드리면서 숫양을 표상으로 하는 크눔 신의 사제들과 충돌한 것이다.

성전이 무너진 뒤 이곳 지도자 여도니야는 페르시아의 유다 지방관(느헤미야의 후임인 바고히)과 사마리아 지방관(산발랏 1세의 아들인 들라야)에게

◀ 엘레판틴 파피루스 중 하나, 기원전 5세기, 아람어, 브루클린박물관.

1. 유다인들의 갱신과 유다교의 태동

재건을 도와달라고 호소하는 편지를 보냈다. 3-4년 후 짐승을 희생제물로 드리지 않는다는 조건으로 성전 재건축 승인은 나왔지만 실제로 재건되었는지는 알 수 없다. 기원전 400년에 페르시아 세력이 이집트에서 쫓겨났기 때문이다. 아무튼 엘레판틴의 유다인들은 조상 전래의 야훼 신앙을 지키면서도 '하늘 여왕'에게 향을 피우고 술을 바치는 등 유배 이전처럼(예레 44,2-25), 혼합된 신앙생활을 하였다. 그럼에도 그들의 이름 중 50% 이상에서 '야훼' 이름을 발견할 수 있다. 그들은 예루살렘 성전의 사제들과도 통교했다.

성경과 역사 사이에서

바빌론 유배를 전후한 기원전 6세기를 이스라엘 역사에서 '창조적 시대'요 갱신된 희망의 시기라 부르는 이들이 있다(아크로이드, 7-8). 예레미야, 에제키엘, 제2이사야 같은 이스라엘의 대예언자들과 함께 하느님과 역사에 대한 새롭고 놀라운 생각이 움튼 시대였기 때문이다. 비슷한 시기에 이스라엘 밖에서도 조로아스터, 공자, 부처, 그리스의 이오니아 철학자들이 인간과 세계를 새로 보는 눈을 열었다.

그러나 페르시아 시대 초기부터 이스라엘에는 내적 갈등이 적지 않았다. 가장 큰 문제는 성전 건립과 토지 소유권을 둘러싼, 본토 유다인들과 귀환한 유다인들 간의 갈등이었다. 아마도 귀환자들의 야훼 신앙 중심주의와 본토 유다인들이 지녔던 혼합적인 야훼 신앙은 쉽사리 타

협될 수 없었을 것이다(에즈 6,21; 에제 11,18 참조). 오직 야훼만을 섬겨야 하는가 하는 문제만으로도 의견을 좁힐 수 없었을 것이다. 또 이 땅의 소유권을 주장하는 본토 유다인들에 맞서, 예언자들은 주님의 귀환과 함께 주님께서 그 땅을 귀환자들에게 주시리라고 선포한 바 있었다(예레 30,3; 에제 11,15-17; 37,14). 이런 말씀을 신학적 근거로 하여 귀환 공동체는 소유권을 주장하며 주로 예루살렘 북쪽의 벤야민 영토에 정착했다(에즈 2장; 참조 여호 18장). 이 당시 유다 남부는 에돔족이 장악한 이두매아로 바뀌어 있었다. 토지 소유권 문제는 그 땅을 한 세기 이상 경작한 이들에게 소유권을 그대로 인정하는 선에서 해결되었으리라고 보는 견해가 있다(소진, 281). 반면에 고고학적 발굴 결과를 근거로, 당시 정착지의 65% 정도가 사람이 살지 않았던 땅이었기에, 유다에서 정착지의 숫자가 크게 늘어났지만 귀환자들과 본토민 사이에 소유권 싸움은 없었다고 보는 견해도 있다(윌키, 419).

인구수도 적고 여러모로 불리했던 귀환자들이 유다 사회에 굳건히 정착하게 된 데에는 몇 가지 요인이 있다. 먼저 그들은 페르시아의 후원을 등에 업고 성전을 지어 유배 이전 유다와 연속성을 확보하고 야훼 신앙의 구심점을 구축했다. 성전이 눈에 보이는 중심이라면 눈에 보이지 않는 두 번째 중심은 율법이다. 에즈라가 페르시아의 권력을 활용하여 종교법인 율법을 지역법으로 확립하려고 시도함으로써(그 과정에는 의문의 여지가 남아 있지만), 유다인들은 서서히 토라의 정신으로 살아가는 독특한 계약 공동체로 자리 잡게 되었다. 이로써 새로운 종교적 정체성이 수립된다. 전통적인 야훼 신앙을 가진 이들이 아니라, 야훼만을 유일한 하느님으로 섬기며 그분의 가르침 곧 율법을 충실히 지키는 사람이라야 '참된 이스라엘 백성'이라는 것이다.

이 주장을 유다 사회 전반에 확산시키는 과정에서 에즈라와 느헤미야의 기여가 컸다. 이들은 바빌론 디아스포라에서 배우고 깨달은 야훼 신앙대로, 자기들의 죄를 씻는 정화와 회개의 자세로 하느님의 말씀을 지키려고 엄격하게 토라 규정을 시행하였다. 그리하여 "거룩한 도성"(느헤 11,1)에서 성전과 율법을 중심으로 살아가는 신앙공동체를 결속하려고 애썼다. 그들에게서 '토라'는 야훼 신앙인 공동체의 삶을 규율하는 '율법'이라는 법률 개념으로 굳어졌다고 볼 수 있다. 그러나 율법 중심의 사회가 되는 데는 훨씬 더 많은 시간이 필요했다. 맹약을 맺고 이에 부응한 귀환민들은 점차 유다 사회에서 자리 잡아 갔고, 에즈라와 느헤미야의 엄격한 율법 중심 개혁에 반발한 유다인들은 부분적으로 사마리아로 넘어가고, 사마리아인과 유다인의 갈등이 심해지기 시작했다(그럼에도 사마리아인들 역시 기원전 400년경 동일한 오경을 받아들여 유일한 경전으로 삼았다. 둘 사이의 차이는 거의 없다. 사치, 155-156).

요시야의 개혁 이후 미뤄졌던 종교 개혁은 페르시아 시대에 재개되었다. 축제에서 농경생활과 관련된 부분은 사라지고 이스라엘의 옛 전승과 연관되어 그 성격이 재해석되기 시작했다. 종교적 열정이 높아지면서 함께 모여 기도하고 율법을 공부하는 회당 모임이 이 시대에 팔레스티나와 디아스포라에 모습을 드러냈다. 새로운 신학으로 새로운 체제를 세우기 위한 매우 역동적인 움직임이 활발하게 전개되면서 초기 유다교가 조금씩 꼴을 갖추기 시작했다.

페르시아 시대 초기에는 하까이와 즈카르야, 제3이사야 등의 예언자들이 귀환민들을 위로하며 성전을 재건하고 하느님의 법에 따라 살도록 촉구하였다. 기원전 5세기경에 활동한 말라키 예언자를 끝으로 예언의 시대는 마무리되고, 예언서의 편집만 계속되었다. 하지만 초기 유다교가 태동되는 가운데서도 점술과 사자死者 숭배, 점성술 같은 전통적인 민간종교는 여전히 존속했던 것 같다. 기원전 5세기경에 이집트 신 베스의 형상 같은 다양한 부적들이 팔레스티나에서 발굴되었다. 그럼에도 기도의 대상으로 세워지던 여인 형상의 기둥 조각상 제작이 기원전 5세기 초로 중단되었다. 야훼 신앙의 한 지표로 신명神名 '야훼'의 요소가 들어 있는 유다인 이름의 비율을 살펴보면, 바빌론 공동체는 약 42%였는데 에즈라 느헤미야 시대에는 약 63%로 늘어났다(김영진, 415-417).

성경의 많은 부분이 저술되던 바빌론 유배 시기에 이어, 페르시아 시대는 이 저술들이 지속적으로 편집되어 완성된 형태를 갖춘 시기였다. 열악한 환경에서 성경이 편집되었을까 하는 의문이 줄곧 있었으나, 현재는 서기관으로 추정되는 신명기 신학자들이 아마도 즈루빠벨과 함께 돌아와 신명기계 문헌과 예레미야서, 하까이서, 즈카르야서 등을 계속 편집 수정하였다고 추정하는 견해가 제시된다(퍼어슨, 155-156, 206-212). 특히 성전을 재건한 뒤 사제와 원로, 서기관들이 함께 오경을 확정하여 유배 이후 귀환 공동체의 정체성을 밝히고, 그 구성원의 경계를 세우며, 성전과 함께 공동체의 구심점으로 삼은 것 같다(스카, 입문, 402-408). 그 밖에도 예언서들과 시편 등 시편과 지혜문학서들도 수집되고 형태를 갖추었다. 이제부터 성경 기록이 이 새로운 유다인 공동체에 놀라운 권위를 갖게 된다.

기원전 4(~3)세기경에 이스라엘의 역사가 새롭게 쓰였는데 곧 역대기이다. 바빌론 귀환자 출신의 역대기 역사가(아마도 레위인인 듯)는 이미 형성된 오경과 신명기계 역사서는 물론 시편과 예언서를 인용하거나 암시하고 해석하면서 아담부터 키루스 칙령에 이르는 이스라엘 역사를 다시 서술하였다. 그는 그 역사의 중심에 야훼 하느님이 머무르시는 예루살렘 성전과 사제들이 이끄는 성전 예배를 놓아, 재건된 제2성전과 사제 중심의 신정체제를 적극 지원하면서 야훼를 예배하는 백성이라는 자신들의 종교적 정체성을 분명하게 정립하려 하였다. 역대기에서 진정한 이스라엘 왕국은 다윗 왕조의 유다 왕국뿐이며 북쪽 이스라엘 왕국의 역사는 오직 유다 왕국과 관련된 경우에만 한정되었다. 그럼에도 야훼 하느님의 경륜 안에서 열두 지파가 온전해질 날에 대한 희망을 담았다.

페르시아 시대를 직접 다룬 에즈라기와 느헤미야기는 오랫동안 역대기와 묶여 '역대기계 역사서'로 분류되었다. 하지만 최근에는 이 두 권이 공통점 못지않게 차이점이 많기에 역대기와 분리해서 보려는 움직임이 있다. 에즈라기에는 아람어로 쓰인 여러 편의 페르시아 공문서 서간이 인용되는데(4,8-6;12 7,12-26), 페르시아 제국의 공인 아람어 서간 양식에 부합하지 않는 것으로 드러나 사료 가치를 낮게 평가받는다. 또 일인칭으로 소개된 일명 '느헤미야 회고록'(느헤 1-7장; 11-13장)도 그 친저성이 의심받고 있다(쳉어, 468-470). 그럼에도 페르시아 시대 후기나 헬레니즘 초기에 쓰인 듯한 에즈라기와 느헤미야기는 페르시아 시대의 유다인 역사를 드러낼 뿐 아니라, 무엇보다 생존의 위기 속에서 새로운 유다인 공동체가 형성된 과정과 그 경계를 분명히 밝히는 신앙의 증언으로서 중요하다. 한편 이민족과의 혼인을 긍정하는 룻기와 잔혹한 아시리아인들의 회개를 다룬 요나서는 이들과 다르게 좀 더 개방되고 보편적인 정신을 담아 성경 안에서 긴장을 자아낸다.

바빌론 유배자들은 유다인 중에 소수였다. 그들 가운데 귀환한 유배자들은 더욱 소수였다. 이 극소수의 사람들이 자기들이 깨달은 신앙의 비전을 확립하기 위해 분투 노력한 시기가 페르시아 시대였다. 페르시아 제국이 지역 중심 정책을 펴지 않았다면, 즈루빠벨 지방관과 예수아 사제의 협력으로 성전이 서지 않았다면, 사제 에즈라와 느헤미야 지방관의 탁월한 지도력과 솔선수범으로 율법이 사회 규범으로 정립되지 않았다면, 무엇보다 그 소수자들이 크게 변하지 않는 현실에서 고집스럽게 야훼 신앙을 붙들고 살지 않았다면 이들은 토라에 기초한 하느님의 백성으로 살아남지 못했을 수 있다. 전통적인 야훼 신앙에 묻혀 그들 안에 움튼 참된 야훼 신앙을 끝내 틔우지 못했을 것이다. 참나무는 잘린 그루터기나 뿌리에서 새순이 돋는다(이사 6,13 참조). 유배 후에 돋은 새순은 유배 귀환자들이 품고 온 야훼 유일 신앙이었다. 그 순이 자라면서 점차 본토에 남아 있던 백성과 함께 바빌로니아와 이집트 등 주변에 흩어진 유다인들까지 포괄하게 될 것이다.

2

헬레니즘의 도전에 응전하는 유다인
그리스 왕국과 하스모내오 왕조 시대 (기원전 332-63)

성경의 증언

구약성경 〉 역사서 〉 마카베오기 상·하, 에스테르기, 토빗기, 유딧기
　　　　　 예언서 〉 다니엘서(7-12장)
　　　　　 시서와 지혜서 〉 코헬렛, 집회서

마카베오기 상권

알렉산드로스와 그의 장군들에게서 뻗어나온 죄의 뿌리가 안티오코스 4세이다. 그는 유다인들을 박해하고 그들의 고유한 종교적 관습을 지키지 못하도록 칙령을 내렸다. 또 번제 제단 위에 황폐를 부르는 혐오스러운 것을 세웠다. 칙령을 따른 이도 많았지만 순교한 유다인도 많았다. 모데인에 사는 사제 마타티아스가 율법에 대한 열정으로 항쟁에 나섰다. 그가 죽은 뒤 아들 유다 마카베오가 계속 승리한 뒤 성전을 탈환하

여 정화하였다. 그는 유다 지역 외에서 박해받는 유다인들을 구해 데려왔다. 유다는 안티오코스 5세, 데메트리오스 1세와 싸우다 전사하였다.

유다의 후계자 요나탄이 알렉산드로스 발라스와 데메트리오스 2세로부터 대사제로 인정받았다. 그러나 그가 트리폰에게 살해당하자, 형 시몬이 지도자와 대사제가 되어 데메트리오스 2세와 동맹을 맺고 독립하였다. 시몬이 살해당한 뒤에는 그의 아들 요한이 뒤를 이었다.

마카베오기 하권

예루살렘과 유다 지방의 유다인들이 이집트의 유다인 형제들에게 보낸 편지가 먼저 소개된다. 이 책은 마카베오 형제들의 이야기를 쓴 야손의 책 다섯 권을 한 권으로 요약한 것이다. 먼저 성전의 관리 책임자 시몬의 고자질로 왕국의 헬리오도로스가 성전 제물을 탈취하러 왔다가 하느님의 힘에 쫓겨났다. 야손에 이어 메넬라오스가 대사제직을 돈으로 사고 그리스 관습들을 받아들였다. 안티오코스 4세가 성전을 약탈하고 모독하며 유다교를 박해하였다. 그때 율법학자 엘아자르와 일곱 형제와 어머니가 순교하였다.

유다 마카베오가 항쟁에 나서 니카노르 군대를 격파했다. 안티오코스 4세가 비참하게 죽은 뒤, 유다 마카베오가 성전을 탈환하고 정화한 다음 장엄하게 재봉헌하였다. 유다가 안티오코스 5세의 군대에 계속 승리하였고 유다 총독으로 임명된 니카노르도 죽었다.

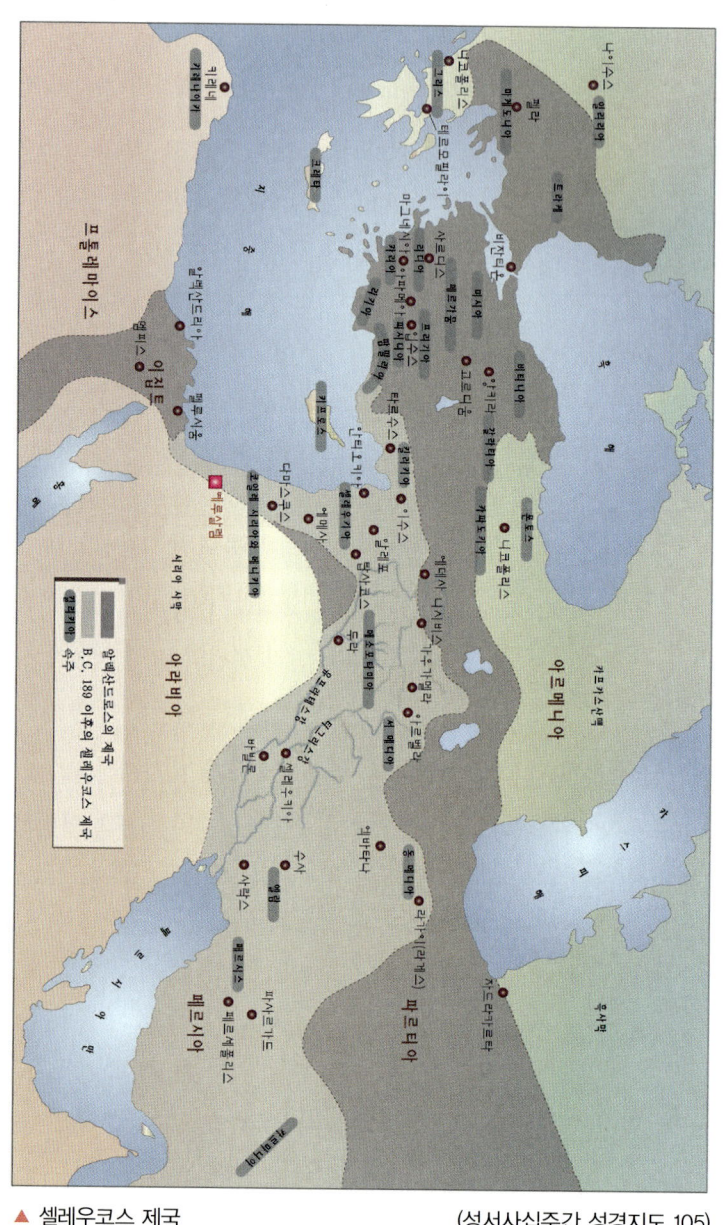

▲ 셀레우코스 제국　　　　　　　　　　(성서사십주간 성경지도 105)

역사의 증거

프톨레마이오스 왕조	기원전	셀레우코스 왕조
이집트 점령	312	셀레우코스 1세(-281)
1세(304-283) - 왕국 선포	**304**	
2세(282-246) - 칠십인역 성경 번역?	282	안티오코스 1세(-261)
3세(246-222)	261	안티오코스 2세(-246)
…	246	셀레우코스 2세(-225)
	226/5	셀레우코스 3세(-223)
	223	안티오코스 3세(-187)
	200-198	**팔레스티나 점령**
	187	셀레우코스 4세(-175)
유다의 하스모내오 왕조	175	**안티오코스 4세(-164)**
마카베오 가문의 항쟁 시작	167	**유다교 율법 실천 금지**
성전 재봉헌 축제	164	안티오코스 5세(-162)
유다 사망, 요나탄 승계	160	데메트리오스 1세(-150)
요나탄 사망, 시몬 승계	143	알렉산드로스 발라스(150-145)
유다 독립, 하스모내오 왕조 시작	140	데메트리오스 2세/안티오코스 6세
시몬 사망, 요한 히르카노스(-104)	135	안티오코스 7세(139-129)
아리스토불로스 1세(-103)	104	안티오코스 8세(125-113, 111-96)
알렉산드로스 얀네오스(-76)	103	안티오코스 9세(113-95)
살로메 알렉산드라(-67)	76	아르메니아의 강점(83-69)
아리스토불로스 2세(-63)	63	로마 속주로 편입(64)

시대 전체보기

페르시아 제국이 번성하는 동안 그 주변에서도 새로운 영토국가들이 생겨났다. 한때 페르시아의 공격을 막고 부흥하던 그리스의 도시국가들은 삼십 년 가까이 내전(펠로폰네소스 전쟁, 기원전 431-404년)을 치르면서 무척 약화되고, 변방의 마케도니아가 강력해졌다.

기원전 336년 마케도니아의 알렉산드로스 임금이 즉위하여 그리스 전역을 평정한 뒤 곧이어 페르시아 제국을 공격했다. 그라니코스 전투, 킬리키아 지방의 이수스 전투에서 페르시아의 다리우스 3세를 물리친 뒤 티로와 유다, 이집트를 정복하고(기원전 332년) 알렉산드리아 도시를 건설했다. 이어 메소포타미아 북부의 가우가멜라에서 페르시아 군대를 결정적으로 격파했다(기원전 331년). 그는 바빌론을 수도로 삼고 동방과 서방이 융합된 새 제국을 이루려 했으나 갑작스레 죽었다(기원전 323년). 후계자(디아도코이)로 등장한 그의 장군들이 제국의 통일과 분할을 두고 다투다가 결국 갈라섰다(기원전 301년). 이집트에 프톨레마이오스 왕국이, 메소포타미아와 이란에 셀레우코스 왕국이, 마케도니아에는 안티고노스 왕국이 세워졌다.

알렉산드로스 제국이 성립되면서 이제껏 유지되었던 근동의 '고대 세계'는 끝나고 서방의 그리스 로마 세력이 근동의 상당 부분을 지배하는 시대가 이어진다(이슬람이 정복하는 7세기까지 지속). 지도자들은 마케도니아인과 그리스인들로 바뀌었지만 페르시아의 정책과 제도는 여러 부문에서 존속되었다.

하지만 근동 문화와 상당히 다른 서방의 그리스 문화가 지배 문화로 들어와 점차 융합되면서 이른바 '헬레니즘'이라는 독특한 문화가 서서히 형성된다(헬레니즘은 헬렌의 자손으로 자처하는 그리스인들의 문화 전반을 일컬으나, 특히 알렉산드로스 이후의 그리스 문화를 지칭한다). 수많은 그리스인이 동방으로 이주했으며, 그리스식 도시가 곳곳에 건설되고 그리스 신전과 경기장, 극장이 세워졌으며 그리스 교육이 시행되었다. 코이네 그리스어가 보급되고 그리스 철학과 종교가 확산되었다. 이 주류 문화에 매혹되어 동화되는 이들이 많았으나 절충을 시도하거나 저항하는 이들도 있었다. 페르시아의 축적된 부가 흩어지고 지역 교류가 확산되면서 각 지역의 경제 수준도 높아졌다.

유다 역시 이 거대한 변화의 파도에 휩싸였다. 더구나 그 위치가 두 왕국의 접경지대에 위치해서 칠십여 년 동안 다섯 차례나 치러진 '시리아 전쟁'(기원전 274-271년, 260-253년, 246-241년, 221-217년, 202-200년)에 흔들릴 수밖에 없었다. 계속되는 전쟁과 심한 조공으로(셀레우코스 왕국은 유다인들에게서 곡식의 1/3세, 포도주와 올리브기름의 1/2세를 거두었다. 1마카 10,30) 수많은 유다인이 팔레스티나를 떠나 큰 도시로 떠났다. 그러면서 해외 디아스포라 유다인이 본토 유다인보다 더 많게 되었다.

프톨레마이오스 왕국 시대에 유다인들은 어떻게 살았는가?

라고스 장군(왕위에 오르면서 '프톨레마이오스'로 개명)이 이집트에 세운 왕국은 면적이 적은 대신(153,600km², 알렉산드로스 제국의 3%) 인구가 조밀하고(500-700만 명 추산) 바다를 이용한 교역이 활발하며 농산물이 풍부한, 가장 부유한 헬레니즘 국가였다. 특히 알렉산드로스 제국이 분열되는 초기에 시리아와 팔레스타나 지역을 선점하여 페니키아 항구들을 통해 해상 교역을 활발히 펼쳤다. 하지만 절반 이상의 토지가 임금의 토지였고, 그 밖에 신전 토지, 귀족과 정착민들에게 나눠주는 토지가 많았으며 사유지는 소규모였다. 그래서 대다수 백성의 삶은 열악했다. 철저한 중앙집권적 왕조를 구축한 왕국의 계층에는 임금을 비롯한 소수의 마케도니아인들 밑에 용병이나 상인 또는 노동자로 들어온 그리스인, 초기에 들어온 페르시아인 군인들, 그리고 원주민인 이집트인이 있었다. 상호간에 혼혈이 진행되었고 인종차별적인 정책은 시행되지 않았으나, 부유한 상류계급과 가난한 백성 간의 격차는 매우 심했다. 다양한 형태의 군대를 유지하고 전쟁을 치르는 데 막대한 비용이 들었기 때문에 국가 경제와 재정은 항상 보수적으로 운용되었다.

스스로 파라오를 자처하며 이집트 전통을 수용한 프톨레마이오스 왕조의 임금은 알렉산드로스를 신으로 섬기는 등 통치자 예배를 일찍부터 시작하였다. 통치자 예배의 한 표현이 임금 이름 뒤에 붙는 별칭이다. 이를테면 프톨레마이오스 1세의 경우 구원의 신이라는 뜻의 '소테르'(soter)라는 별칭이 붙었다. 이집트에는 수도 알렉산드리아, 노크라티스, 프톨레마이스 외에 새로 건설된 도시가 없었다. 그런 면에서 도시 중심의 그리스적 통치보다 철저한 임금 중심의 중앙집권적 이집트 통치가 뚜렷했다. 프톨레마이오스 왕국은 그리스화된 이집트 신 세라피스와 이시스를 최고신으로 섬기는 동시에, 이집트의 전통 신전과 예배를 최대한 배려하여 토착민들의 저항을 최소로 하려고 노력했다. 프톨레마이오스 왕국은 기원전 30년에 로마에 합병될 때까지 삼백 년 가까이 지속했다.

기원전 301년부터 유다 지역은 프톨레마이오스 왕국의 지배를 받았는데, 페르시아의 지배와 크게 다르지 않아 비교적 안정되었다. 당시의 정치 경제적 제도의 구체적인 모습은 알 수 없으나, 이때부터 대사제가 유다 민족을 대표하여 징세와 조공을 책임진 듯하다. 대사제를 보좌하는 원로들이 원로원(*gerusia*)을 구성하였고, 토비야 가문 같은 부유하고 강력한 집안에서 징세 업무를 위탁받은 것으로 보인다. 과세의 기본 단위가 촌락마다 짜여 있어 개인이 과세를 피할 길은 없었다.

왕국의 입장에서 유다는 밀과 포도주, 올리브기름의 주요 수출 지역으로 중요했다. 또 귀족들의 가정과 일터는 물론 각종 작업장의 일꾼으로 노예들이 필요했기에, 노예 송출은 칙령으로 금지했는데도 불구하고 유다에서는 불법적으로 지속되었다. 유다로서는 작은 변방 지역으로 있던 페르시아 시대보다, 프톨레마이오스 왕국 시대에 와서 더 큰 변화에 휩싸였다.

특히 페르시아 초기보다 네 배 이상 성장한 예루살렘은 이 변화를 더 적극적으로 수용한 것 같다. 한 예로 예루살렘에서 발견된 천 개 이상의 항아리 손잡이들이 대부분 로도스산 포도주 수입에 사용된 것인데, 그 연대가 기원전 3세기 중반부터 기원전 2세기 중반에 몰려 있다. 유다의 경제가 상당히 나아졌으며 예루살렘이 국제화되었다는 표시로 볼 수 있다. 동시에 이런 발전의 혜택은 도시의 귀족 계급 등 상층부에 집중되었고 농민들은 오히려 빚에 허덕이는 신세였다.

밀려드는 헬레니즘의 물결은 유다인의 삶 전반은 물론 성경과 문학에도 영향을 미쳤다. 헬레니즘을 접하면서 개인적으로 전통적인 구약의 지혜를 새롭게 성찰한 작품이 '코헬렛'이다. 또 에녹 1서 같은 위경이 이 시기에 작성되었다. 기원전 3세기 후반부터 이집트의 비문과 문헌에는 유다인 회당이 언급된다(주로 '기도[의 집]'으로 묘사된다). 회당 모임에서 정기적으로 오경 등을 봉독하게 되면서 '거룩한 책'이라는 개념이 형성되고 성경에 남다른 권위가 부여되었다.

◀ 로도스에서 수입한 포도주 항아리의 손잡이. 토기에 그리스어가 찍혀 있다. 기원전 3-2세기, 예루살렘 출토, 이스라엘박물관.

이 시기에 이집트 디아스포라의 형편은 어떠했는가?

일찍부터 이집트 전역에 형성된 유다인 디아스포라 공동체는 이 시기에 상당히 성장했다(요세푸스에 따르면, 프톨레마이오스 1세가 유다와 사마리아 일대에서 10만 명을 포로로 잡아갔으며, 비옥한 이집트로 자발적으로 이주한 자도 많았다. 유다 고대사 12, 1-2). 특히 수도 알렉산드리아에 터잡은 디아스포라 공동체가 매우 커지고(시민의 40%에 달했다고 전해진다) 그리스 문화와 적극적으로 교류하였다. 이들의 필요에 따라 오경을 그리스어로 번역한 듯한데, 이 번역본(곧, 칠십인역 성경, LXX)의 출간을 프톨레마이오스 왕국의 후원과 결부시켜 왕국과의 우호적인 관계에 있음을 시사한다. 이 점은, 비록 역사성이 논란되고 있긴 하지만, 기원전 2세기 후반에 알렉산드리아의 유다인이 썼다고 추정하는 《아리스테아스의 편지》에서 암시된다(김정훈, 38-40.52).

아마도 디아스포라 공동체가 회당 모임에서 봉독하는 데 사용하기 위해 기원전 3세기 이전부터 오경을 그리스어로 옮기기 시작했고, 그 번역본인 칠십인역 성경이 기원전 3세기 중엽에 왕국으로부터 공인되었다고 볼 수 있다. 오경 외에 다른 성경들의 번역본은 물론 그리스어로 쓰인 유다인 저술까지 실리면서 칠십인역 성경은 점차 포괄적인 경전으로 확장되었다(이때 성경 본문은 아직 고정되지 않은 상태였다). 이 성경은 헬레니즘 세계에 유다교 신앙을 널리 알리는 데 기여했다.

또 기원전 169년경 아버지 오니아스 3세가 피살된 후 유다에서 피신한 차독 가문의 마지막 대사제 오니아스 4세에게, 프톨레마이오스 6세가 레온토폴리스의 옛 신전터에 유다교 성전을 세울 수 있도록 허락했던 것도 양자 간의 우호적 관계를 입증한다. 이 성전은 기원후 1세기까지 존속했다. 유다인 디아스포라는 이집트를 넘어 주변 지역으로 뻗어나가 다변화되면서 점점 더 영향력을 키워갔다.

셀레우코스 왕국 시대에 유다는 어떠했는가?

셀레우코스 왕국의 영역은 거의 페르시아 제국의 영토와 비슷할 만큼

넓었고(전성기에는 알렉산드로스 제국 영토의 75%), 인구도 가장 많았다(3,000만 명 정도). 임금은 관료 체제로 왕국을 다스렸지만, 특히 '도시'(폴리스)를 헬레니즘의 중심체로 여겨 상당한 권한과 자유를 부여하여 성장시켰다. 그래서 왕국 곳곳에 도시를 계속 신설하였다(예컨대 안티오코스의 이름을 딴 도시가 열여섯 개나 된다). 그럼에도 그리스의 영향은 동방으로 갈수록, 내륙으로 들어갈수록, 지중해에서 멀어질수록 적어져 왕국 내부에 편차가 심했다. 왕국의 규모가 너무나 커서 정규군과 용병을 유지하는 데 막대한 비용이 들었다.

왕국 경제는 여전히 농업에 기초했으나, 화폐(은화와 동화)가 유통되면서 교역의 중요성이 커졌다(법정 이자율은 월 2% 이상: 에렌버그, 347). 그런 맥락에서 셀레우코스 왕국은 지중해로 나가는 페니키아 항구들의 확보가 매우 중요했고 또 기원전 301년의 협약에서 자기 몫으로 정해진 것을 빼앗겼기에, 프톨레마이오스 왕국으로부터 그곳을 빼앗기 위해 계속 전쟁을 벌였다. 시종 밀렸던 셀레우코스 왕국은 안티오코스 3세 때 마침내 시리아와 팔레스티나를 정복했다(기원전 200년, 파네이온 전투). 이어서 에게해를 넘어 그리스 동북부의 트라케까지 정복했으나 기원전 190년 동진 중이던 로마에게 마그네시아에서 결정적인 패배를 당했다. 셀레우코스 왕국은 아나톨리아 지역을 포기하고 막대한 배상금을 지불해야 했다(기원전 188년의 아파메아 협약). 이것이 왕국의 재정에 엄청난 부담을 안겼다. 점차 위축되던 왕국은 기원전 125년경에는 북시리아 일대로 영토가 좁아졌고 결국 로마에 흡수되었다.

한편 셀레우코스 왕조의 지배를 받게 된 유다인들은 안티오코스 3

세에게 적극 협력한 덕분에 조공 감면 등 여러 가지 특전을 받아 평화를 누렸다. 본래 셀레우코스 왕조는 넓은 통치 지역마다 전통적인 종교와 예배 관습을 인정했으며 통일된 종교 정책을 시행하지 않았다. 다만 셀레우코스 가문의 양대 신으로 제우스와 아폴로를 모셨다고 추정한다(헹엘, ②, 112). 그럼에도 안티오코스 3세는 유다인들이 별다른 제재 없이 조상 때부터 내려온 신앙을 지켜나가도록 허용했다. 심지어 성전 규정에 따라 부정한 것으로 여겨지는 식품들이 예루살렘에서 유통되지 못하도록 금지하는 칙령까지 내렸다. 이런 우호적인 관계는 얼마 안 가 유다교 관습을 금지하는 정책으로 깨어지고, 마카베오 항쟁을 거치면서 둘의 관계는 완전히 갈라선다.

마카베오 항쟁은 왜 일어났나?

마카베오 항쟁은 초기 유다교의 분기점을 이룬 매우 중요한 사건이다. 그런데 이 시기를 다룬 자료들이 충분하지 않아 다양한 가설만 있을 뿐 그 배경과 원인에 대한 뚜렷한 합의는 없다. 중요한 성경 자료로 마카베오기 상·하권이 있으나, 두 권의 성격과 관점이 크게 달라 비판적으로 살펴야 한다.

초기에는 매우 우호적이었던 셀레우코스 왕조와 유다인들의 관계에 금이 가기 시작했다. 안티오코스 3세가 피살된 후 즉위한 아들 셀레우코스 4세는 각 지역의 신전 금고를 한층 엄밀하게 통제하기 위해 칙령들을 내렸다. 로마에 낼 배상금을 확보하기 위한 대책이었다. 예루살렘 성전의 관리 책임자로서 시몬이 임명된 것도 이에 따른 조치일 수 있다. 시몬이 성전 금고에 프톨레마이오스 왕조 시절 징세 책임자였던 토비야 히르카노스(느헤 2,10에 나오는 "암몬 사람 관료 토비야"의 후손)의 막대한 돈이 들어 있다고 왕실에 일러바쳤기 때문이다(뢰머, 1-142). 헬리오도로스가 이 돈을 압수하려고 왔다가 대사제 오니아스의 반대로 뜻을 이루지 못한 채 돌아갔다(2마카 3,4-40에는 천사의 저지로 소개된다).

셀레우코스 4세가 피살된 뒤 로마에 있던 동생이 안티오코스 4세 에피파네스로 즉위했다. 그는 대사제 오니아스 3세를 파직하고 정규 조공인 360달란트(추정)보다 더 많은 돈(은 440달란트)을 내겠다고 약속한 그의 동생 야손(히브리어 '여호수아')을 대사제로 세웠다(기원전 175년). 야손은 예루살렘에 그리스식 교육 시설인 경기장(gimnasion)을 세워 그리스식 도시로 만들 수 있는 허가를 얻으려고 별도의 돈(은 150달란트)을 냈다. 당시에 그리스식 도시와 시민권은 하나의 특권이었고 국제화되는 지름길이었다. 야손은 상류층이 바라는 대로 예루살렘을 좀 더 개방적인 국제도시로 만들고자 했던 것이다. 이미 꽤 그리스화된 예루살렘에서 야손의 행위는 큰 문제로 대두되지 않았던 것 같다.

그런데 문제는 3년 뒤에 터졌다. 차독 가문이 아닌 일반 사제인 메넬라오스(성전 관리 책임자인 시몬의 동생)가 안티오코스 4세에게 더 많은 돈을 약속하고 대사제가 된 것이다(기원전 172년). 권력을 쥐었으나 약속한 돈을 낼 수 없어 메넬라오스가 성전 기물을 훔쳐 뇌물로 바치자 유다인들이 폭동을 일으켜 많은 이가 학살되었다(2마카 4,27-50). 그럼에도 메넬라오스는 10년 동안 대사제로 봉직했다.

한편 안티오코스 4세는 이집트를 침공하여 승리한 뒤(기원전 170년 11월-169년 9월) 귀환 길에 예루살렘 성전을 약탈하였다. 이어서 기원전 168년 봄에 두 번째로 이집트를 침공하였는데 로마의 제지로 그냥 돌아오게 되었다. 그는 자신이 없는 사이에 예루살렘을 공격하였던 야손의 행위를 반란으로 규정하고 예루살렘 주민들을 대대적으로 학살하였다(2마카 5,11-14). 하지만 이 기사는 그가 파견한 아폴로니우스가 예루살렘 주민들을 학살했다는 보고(2마카 5,24-26)와 겹쳐 의문스럽다.

안티오코스 4세는 예루살렘에 시리아 군대를 주둔시키는 요새(아크라, 위치는 아직 모름)를 세워 억압했다(기원전 169-168년). 나아가 할례와 안식일 준수, 제물 봉헌 등 유다교 관습을 금하는 칙령을 반포하고 성전 번제 제단 위에 "황폐를 부르는 혐오스러운 것"[그리스 신상이 아니라 흔히 '제우스'로 표현되었고 시리아 군인들이 섬기던, 페니키아인들의 토착신인 바알 샤멤(*Baal Shamem*, '하늘의 주님'이란 뜻)이란 이름의 히브리식 말놀이로 보는 견해가 많다]을 세워 성전을 모독했다(기원전 167년). 이 조치는 유다와 예루살렘에 한정되었다. 사마리아인들은 기원전 168년부터 임금의 신성을 인정하고 자신들의 신(야훼)을 헬레니즘식으로 바꿔 '그리스인들의 제우스'로 명명하였기에 면책권을 받은 상태였다(뢰머, 1,146).

이런 칙령은 셀레우코스 왕조에서 전례가 없던 일이라, 그 배경에 대한 설명이 여러 갈래다. 안티오코스 4세의 성격 파탄이나 친헬레니즘적 경향을 그 배경으로 소개하기도 하나, 그가 능력 있는 통치자였고 열정적인 헬레니즘 찬미자가 아니었다는 다른 자료들에 비추어볼 때 신뢰하기 어렵다. 또는 메넬라오스와 토비야 집안과 같은 친헬레니즘파가

◀ 안티오코스 4세의 모습이 새겨진 은화. 기원전 2세기, 이스라엘박물관.

유다교를 개방하고 개화하려는 조치를 지원하려는 정책, 반란의 근거를 유다교로 보아 유다인들에게 주었던 종교적 특권을 철회하는 조치, 로마의 방식처럼 문제의 근원인 유다교를 유배 이전처럼 '혼합된 이교적 유다교'로 바꾸려는 시도, 옛 계약과 무관한 새로운 유다교 제의를 창설하려는 메넬라오스의 제안을 수용하는 정책 등으로 다양하게 설명한다.

당시 안티오코스 4세의 입장에서 보면, 돈이 절실히 필요했고 유다를 안정시켜야 할 필요성도 높았기에, 유다교와 유다 문화를 잘 알지 못한 상태에서 더 많은 돈을 약속한 메넬라오스 등의 잘못된 조언으로 이런 극단적인 정치적 조치를 시행했을 수 있다. 아무튼 이로 인해 대다수의 유다인은 절망하여 수동적으로 따르거나, 유다 영토 밖으로 도주하였다. 유다교에 충실한 이들(이른바 '하시딤들')은 순교를 각오하면서 하느님의 섭리를 끝끝내 믿고 희망하는 묵시주의에 빠져들었다(묵시문학인 다니엘서 7-12장이 이때 곧 기원전 165년경에 작성되었다고 본다).

마카베오 항쟁의 시작은 어떠하였나?

그런 가운데 모데인에서 사제 마타티아스가 임금의 조치에 항거하면서 그의 아들 다섯과 함께 항쟁에 나섰다(기원전 167년: 이들이 과연 사제 가문이었는지, 최초로 항쟁에 나선 이들인지, 아니면 기존 항쟁에 참여한 것인지는 논란이다). 유다교에 충실한 이들과 농민들이 합류하면서 게릴라전으로 시작한 이들의 항쟁은 3년 만에 성전을 되찾아 정화하는(기원전 164년 12월) 성공을 맛보았다. 이 당시 셀레우코스 왕국은 더 중요한 동방 원정에 주력하느라 유다와의 전투에 큰 힘을 쏟지 않았다(1마카 3,39에 나오는 "보병 사만과 기병 칠천"은 매우 과장된 수효이다). 섭정 리시아스의 군대가 퇴각한 이유도 전투에서 패배했기 때문(1마카 4,18-35)이라기보다 다급한 국내 문제에 기인한 것으로 보는 견해가 있다. 아무튼 예상하지 못했던 성전 정화 사건을 엄청나게 중요한 사건으로 받아들인 유다인들은 빛의 축제(하누카 축제)를 지내기로 결의하였다.

하지만, 기원전 163년 봄부터 주력부대를 보내기 시작한 왕국과의 수차례 전쟁으로 유다의 군대는 어려운 처지에 놓였다. 그런데 안티오코스 4세가 죽은(기원전 164년 가을) 뒤 후계자인 아들 안티오코스 5세가 메넬라오스를 처형하고 박해 칙령을 폐기했다. 종교의 자유를 부여한 것이다. 뒤이어 안티오코스 5세를 죽이고 권력을 장악한 데메트리오스 1세(셀레우코스 4세의 아들)는 아론 사제 가문이며 헬레니즘을 선호하는 알키모스를 대사제로 지명했다(기원전 161년). 유다교에 충실한 유다인을 비롯한 대다수가 그를 합법적인 대사제로 인정했고 셀레우코스의 지배를 받아들였던 것 같다. 그 결과 유다인들에게 항쟁의 이유가 사라졌다. 그러자 마카베오 가문에서 항쟁의 명분과 목표를 바꿨다. 조상 전래의 신앙을 지키려던 목표에서 다른 민족으로부터의 독립을 새 목표로 내세운 것이다. 그러나 많은 유다인이 이 목표를 이룰 수 있다고 여기지 않았기 때문에 유다의 지지 세력에서 이탈하였다. 육천 명에 달했던 유다의 군인 중 상당수가 이때 떨어져나간 듯하다.

마카베오 항쟁이 어떻게 성공할 수 있었나?

병력과 지원의 한계에 처한 유다는 그럼에도 셀레우코스의 니카노르 군대를 꺾고 로마와 우호 동맹을 맺는(1마카 8장: 이 서간의 역사성은 의심받고 있다) 성과를 거두지만 결국 전사했다(기원전 160년). 후계자인 요나탄 역시 매우 절박한 상황에 처했다가 셀레우코스 왕조의 내분에 힘입어 대사제이자 유다인들의 지도자로 인정받았다(기원전 152년). 그러나 율법에 충실한 유다인들의 일부가 정통 대사제 가문도 아니고 전투로 피를 흘려 부정해진 요나탄의 대사제직 보유를 불의한 일로 규정하고, 예루살렘을 떠나 광야로 갔다고 추정한다(흔히 그들을 에세네파로 보며, 사해 문서를 그들의 작품으로 간주한다). 그러나 유다인의 대부분은 그의 직책들과 지도력을 인정했던 것으로 보인다.

셀레우코스 왕국의 트리폰에게 잡혀 죽은(기원전 143년) 요나탄의 뒤를 이어, 시몬은 셀레우코스 왕조의 경쟁자 사이에서 자리를 굳히다가 과세권과 화폐주조권을 얻어 마침내 실질적인 독립을 쟁취하였다(기원전 142년). "유다인들의 총독이며 지도자인 시몬 대사제 제일년"(1마카 13,42)이 시작되었다(완전한 독립은 기원전 140년에 이루어졌다). 시몬 치하에서 유다인들의 사회경제적 힘이 상당히 성장했다(1마카 14,4-15의 '시몬 찬가' 참조). 마카베오 가문이 항쟁 25년 만에 극적인 성공을 거둔 원인 중 첫째는 로마에 꺾여 쇠퇴하던 셀레우코스 왕국이 왕위 다툼으로 힘을 결집하지 못했던 것이다. 또 프톨레마이오스 왕국이 쇠퇴기여서 팔레스티나에 직접 관여하지 못한 채 방관했고, 로마가 마카베오 항쟁을 간접 지원했다는 점도 한 요인이다. 물론 마카베오 형제와 유다인들이 조상들의 전통("거룩한 계약" 다니 11,28)과 율법을 지킨다는 뚜렷한 목적의식을 가지고 결집했다는 점도 요인으로 들 수 있다.

하스모내오 왕조는 왜 짧게 끝났나?

유다인들의 독립 국가 건설은, 기원전 8세기 이후 제국의 봉신국가 또는 속국이었던 유다 역사에서 획기적인 사건이다. 445년 만에 "이민족들의 멍에에서 벗어났다"(1마카 13,41). 다윗 시대처럼 주변 강대국들의 세력이 약화되어 발생한 힘의 공백기에 예상치 못하게 등장한 놀라운 일이었다. 하스모내오(마타티아스의 증조부 이름 *Asamōnaios*에서 연유) 왕조는 대사제와 임금이라는 최고의 권위를 동시에 지닌 유일한 경우이다. 독립의 토대를 놓은 시몬의 뒤를, 아들 요한 히르카노스가 세습받았다. 그는 더 이상 조공을 바치지 않고 남쪽 이두매아를 정복한 뒤 강제로 주민들을 개종시키는 등 영토 확장에 진력했다. 그가 스켐을 정복하고 사마리아 성전을 파괴하였다고 전하나(기원전 128년), 고고학적으로 확인되지 않는다. 그의 재임 중에 최초로 자체 왕조의 화폐를 발행하였다. 아들 아리스토불로스 1세는 1년밖에 통치하지 못했으나, 처음으로 '임금'이란 칭호를 사용하여 완전한 독립국임을 표방했고, 북부의 이투래아 지역을 점령하여 강제 개종시켰다.

아리스토불로스 1세의 부인 알렉산드라 살로메가 임금으로 세운 시동생 알렉산드로스 얀네오스(히브리어 예호나탄)는 적극적으로 국경을 확장하여 레바논 남부에서 갈릴래아, 사마리아, 유다, 이두매아, 모압, 요르단 북부에 이르는 이스라엘 역사상 가장 광대한 영역을 차지했다. 성경에 묘사된 다윗 솔로몬 시대의 재현이라 할 만하다. 이 과정에서 그는 나바테아 왕국과의 전투뿐 아니라 임금의 통치에 맞선 바리사이들을 대거 십자가형에 처하는 등 숱한 피를 흘렸다. 예루살렘도 이때 다

▲ 알렉산드로스 얀네오스의 동전. 앞면에는 히브리어로, 뒷면에는 그리스어로 임금의 이름을 새겼다. 기원전 1세기, 청동, 이스라엘박물관.

섯 배 이상 커졌다. 또 그들은 정복한 이민족에게 유다교 개종을 강요하여 적개심을 불러일으켰다.

하스모내오 왕국은 전통적인 유다 민족 국가를 넘어 적잖은 이방인을 망라한 그리스 국가의 모습을 띠게 되었다. 그러면서 유다인 내부에서도 종교적이고 정치적인 입장에 따라, 하스모내오 왕조가 차지한 대사제직의 부당성과 권력의 불의에 맞서는 여러 분파가 생겨났다. 왕조의 초기부터 원로 중심의 사두가이와 율법 중심의 바리사이, 차독의 후손인 '정의의 스승'이 세웠다고 추정되는 에세네파 등이 생겨나 임금들과 갈등을 빚거나 제휴하였다. 알렉산드로스가 죽은 뒤 부인 알렉산드라 살로메가 유다인 출신의 유일한 여왕으로 통치하던 시기에는 주변 국가들과 평화롭게 지냈으며 국내 분파들과도 원만한 관계를 유지했다. 이때 바리사이들도 처음으로 최고의회 의원이 되었다고 전한다. 여왕이 겸할 수 없었던 대사제직은 맏이 히르카노스(2세)가 수행했다.

알렉산드라의 죽음 이후 유약한 맏이 히르카노스(2세)가 왕위를 이어받았으나 훨씬 적극적인 동생 아리스토불로스 2세가 형을 공격해 왕위와 대사제직을 넘겨받았다. 그런데 이두매아 총독 안티파테르가 히르카노스를 부추겨 나바테아 군대를 끌어들여 아리스토불로스 2세를 공격했다.

세력이 비등했던 양쪽은 때마침 시리아 일대를 합병하러 온 로마의 폼페이우스에게 지지를 호소하였다. 일반 백성은 하스모내오 왕조 대신 대사제 중심의 옛 통치체제로 되돌려줄 것을 청원하였다. 폼페이우스가 결정을 보류하고 있는 사이 아리스토불로스의 지지자들이 예루살렘을 점령하고 항거하자 폼페이우스가 3개월 만에 그 도성을 함락하였다. 히르카노스(2세)가 대사제로 임명되었지만, 유다는 독립을 잃었다. 아리스토불로스 2세를 끝으로 하스모내오 왕조는 80년 만에 무너지고 왕국은 로마의 시리아주에 합병되었다(기원전 63년).

폼페이우스는 하스모내오 왕조 때 정복한 많은 지역을 분리 독립시켰다. 사마리아는 물론 요르단 동편의 그리스 도시들도 독립되어 이른바 10개 도시 연맹(데카폴리스)을 이루었다. 유다의 땅으로는 본래의 유다와 갈릴래아, 페레아 지역만 남았다.

성경과 역사 사이에서

헬레니즘 세계의 여느 민족처럼 유다인들도 그리스 문화의 영향을 상당히 받은 것은 분명한데, 그 정도는 지역과 계층, 신분에 따라 다양하다. 예루살렘의 대사제를 비롯한 귀족 등 적잖은 상류층과 도시 주민들이 그리스 문화에 상당히 호의적이었고 개방적이었음은 분명하다. 야손이 유다교 율법의 일부 규정을 완화하여 예루살렘을 이교인들의 왕래가 자유로운 교역 도시, 그리스식 폴리스로 만들려고 한 조치를 지지한 이들은 적지 않았던 듯하다. 물론 이에 맞서서 전통적인 유다의 지혜와 신앙을 옹호하는 율법학자 등도 있었다. 한 예로 기원전 4세기 말이나 3세기 초에 코헬렛을 쓴 유다의 현자는 전통적인 야훼 신앙을 바탕에 두면서도 인간의 삶을 깊이 관찰하고 비판적으로 성찰하였다는 점에서 그리스 문화의 영향을 엿볼 수 있다.

또 다른 예가 기원전 2세기 초에 집회서를 쓴 시라의 아들 예수이다. 그는 지혜가 시온(예루살렘 성전)에 자리 잡았으며 율법이 지혜를 흘러넘치게 한다며 율법과 지혜를 통합한다(집회 24,10.25). 그는 "율법과 예언서와 다른 선조들의 글을 읽는 일에 오랫동안 전념하였다"(집회서 머리글)고 하는데, 이는 그 당시 오경과 역사서, 예언서와 시편과 몇몇 지혜문학서가 권위를 인정받고 있었음을 의미한다. 그럼에도 그 문헌들의 본문은 여전히 확정되지 않은 채 다양한 이본으로 유통된 것 같다. 일반 유다인의 삶에도 코이네 그리스어 등 그리스 문화가 꽤 영향을 미쳤다.

그러나 마카베오 항쟁이 성공한 이후 유다교는 성전과 율법에 한층 집중되었고 개방성과 유연성을 잃어갔다. 유다교에 심각한 위기를 가져왔던 그리스 문화의 위협을 성공적으로 극복함으로써 유다교의 자의식이 공고해졌으며, 열정적으로 유다교를 옹호하는 민족주의적 경향이 높아졌다. 대다수 유다인들은 안식일과 절기를 지키고 성전세를 내며 정기적으로 성전에 순례를 갔다. 지역에는 회당이 속속 건립되고 형상과 우상에 대한 거부감이 커갔다.

해외 디아스포라 세계에서 모국 유다와 예루살렘의 위상이 높아졌고 교류가 활발해졌으며 상호 관계가 밀접하게 증진되었다. 그리스 문화가 계속 영향을 미쳤지만 유다에서든 해외에서든 유다인의 정체성이 한층 분명해지고 초기 유다교의 토대는 단단하게 굳어졌다. 반면에 세상의 지식을 추구하는 그리스식 교육은 거부되고 전통적이고 종교적인 교육에 집중하는 폐쇄적인 면을 보였다.

이런 갈등과 절충의 양상은 하스모내오 왕조에서도 여실히 드러난다. 이 왕조가 처음에는 유다교 신앙과 전통을 철저하게 수호하기 위해 나섰지만 실제로 왕국을 운용한 정책에는 헬레니즘적인 요소가 적지 않았다. 그들이 발행한 주화에 새겨진 명문과 상징을 보면, 독특한 유다적인 것에 한정되지도 않고 완전히 이교적인 형상도 넣지 않는, 어느 정도 절충한 형태이다. 그러나 다른 헬레니즘 국가들처럼 용병을 모집하고 기병대를 창설하며 그리스식으로 왕실 묘지를 만들었다. 이런 추세는 로마 시대에 이어지면서 한층 거세졌다.

이런 배경에서 마카베오기 상권과 하권, 유딧기, 에스테르기(그리스어 첨가문), 외경 희년서 등이 저술 보급되었다. 마카베오기 상권과 하권은 서로 다른 배경을 가졌다. 상권은 하스모내오 왕조의 정통성을 강조하며 마카베오 형제들의 활동을 모두 소개한다(대략 기원전 166-134년까지). 반면에 하권은 하스모내오 왕조를 비판하며 십여 년에 걸친 유다의 활동만 소개한다. 두 권이 상당한 역사성을 지녔지만, 초점은 유다 민족의 위기 속에 함께 계신 하느님의 도움을 고백하는 신앙에 있다. 즉 객관적인 역사의 기술이 아니라, 보잘것없는 마카베오 형제들을 통해 당신의 권능을 드러내신 하느님을 증언하는 데 의의가 있다.

그러면서도 선민이라는 유다인의 자긍심과 율법에 충실하려는 뜨거운 열정, 생존의 위기 속에서 마카베오 항쟁이 성공한 체험은 이후 이민족에게 맞서는 유다인 항쟁의 주된 뿌리가 되었다. 반면에 유다인들이 한층 민족과 종교를 중심으로 폐쇄적이고 배타적인 태도를 취하자

다른 민족들 사이에서 '반反유다인' 정서가 야기되었다. 이로 인해 이집트 등 주요 디아스포라에서 지속적인 갈등과 충돌이 빚어졌다. 이러한 추세는 신약시대인 기원후 1-2세기까지 이어진다.

3

새 계약의 이스라엘 백성과
온 세상에 흩어진 유다인들

로마 시대와 1·2차 유다 항쟁 (기원전 63-기원후 135)

성경의 증언

구약성경 〉 시서와 지혜서 〉 지혜서
신약성경 〉 복음서들, 사도행전, 서간들, 요한묵시록

루카복음

헤로데 시대에 사제 즈카르야 집안에 아들 요한이 태어나고, 갈릴래아 지방 나자렛에 사는 처녀 마리아에게서 예수님이 태어났다. 그분은 나자렛에서 성장한 뒤 티베리우스 황제 치세 제15년에 회개의 세례를 선포하는 요한에게서 세례를 받고 광야로 가 유혹을 받고 물리치셨다. 예수님은 나자렛 회당에서 희년을 선포한 뒤 여러 회당에서 복음을 선포하셨다. 베드로와 야고보와 요한을 제자로 부르셨고, 가는 곳마다 병자를 고치고 악령을 쫓아내셨다.

제자 중에서 열두 사도를 뽑은 후 원수를 사랑하라고 가르치셨다. 과부의 외아들과 야이로의 딸을 살리고 죄 많은 여자를 용서하시며, 많은 비유를 가르치셨다. 오천 명을 먹이시고 당신의 수난과 부활을 거듭 예고한 뒤 예루살렘을 향해 떠나셨다. 여정 중에 착한 사마리아인의 비유 등과 주님의 기도를 일러주셨다. 두려워하지 말고 복음을 선포하며 하느님 나라를 먼저 찾도록 가르치셨다. 수난과 부활을 세 번째로 예고하신 뒤 예리코에서 눈먼 이를 고치셨다.

예루살렘에 입성하여 성전을 정화하신 뒤 당신의 권한을 문제 삼는 지도자들과 논쟁하셨다. 제자들에게 마지막 날의 모습을 일러주시고, 최후의 만찬을 나누신 뒤 겟세마니에서 기도하셨다. 붙잡혀 최고의회에서 신문을 받은 뒤 빌라도 총독에게 사형선고를 받아 십자가에 달려 죽고 묻히셨다. 사흘 후에 제자들에게 나타나시어 복음 선포의 사명을 주시고, 제자들을 강복하신 뒤 그들을 떠나 하늘로 올라가셨다.

사도행전

부활하신 예수님이 40일 동안 함께 계시다 승천하신 뒤, 제자들은 기도하며 기다리던 성령을 오순절에 받았다. 베드로가 복음을 선포하고 치유하며 가르쳐 많은 사람이 세례를 받았다. 공동체는 한마음 한뜻이 되어 모든 것을 서로 나누었다. 그러나 성령께 밭 값을 속인 하나니아스 부부는 죽음의 벌을 받았다. 사도들은 최고의회에서 박해받았지만 끊임없이 복음을 선포하였다. 또 배급 문제로 불평이 나오자 일곱 봉사자에게 식탁 봉사를 맡겼다. 그들 중 스테파노가 돌에 맞아 순교하였고, 필리포스가 사마리아와 에티오피아 내시에게 복음을 전하였다.

사울이 다마스쿠스로 박해하러 가던 도중에 예수님을 만나 회심하고 세례를 받았다. 그는 다마스쿠스와 예루살렘에서 선교를 하다 위험해지자 타르수스로 갔다. 베드로는 백인대장 코르넬리우스의 초대를 받아 이민족을 차별하지 않으시는 하느님의 뜻을 깨닫고 코르넬리우스에게 세례를 주었다. 박해로 흩어진 신자들의 선교로 안티오키아의 그리스계 사람들이 교회를 이루었다. 바르나바가 사울을 불러 함께 안티오키아 교회를 돌보았다. 헤로데 임금이 야고보를 죽이고 베드로를 가두었으나 주님께서 그를 풀어주셨다.

바르나바와 사울이 성령께서 이끄시는 대로 키프로스와 피시디아, 이코니온과 리스트라에서 선교한 뒤 교회를 세웠다. 사도들과 원로들이 예루살렘에 모여 회의한 끝에 이방인 그리스도인에게 할례를 요구하지 않기로 결정하였다. 바오로는 티모테오를 데리고 필리피와 테살로니카와 베로이아, 아테네를 거쳐 코린토에서 1년 6개월간, 또 에페소에서 3년간 선교하였다.

예루살렘 교회를 위한 헌금을 가지고 예루살렘으로 돌아온 바오로는 성전에서 정결예식을 하던 중 군중에게 죽임을 당할 뻔하였다. 로마군에게 체포된 바오로가 군중과 최고의회, 총독 앞에서 자신의 소명을 밝혔다. 2년간 투옥되었다가 새 총독인 페스투스와 헤로데 아그리파스 앞에서 증언한 뒤 황제에게 상소하였다. 수인 바오로가 늦가을에 뱃길로 로마에 가던 중 난파되어 몰타섬에 상륙했다. 그 뒤 로마로 가 연금 상태에서도 찾아오는 모든 사람에게 하느님 나라를 선포하였다.

▲ 예수 시대의 팔레스티나　　　　　　　　(성서사십주간 성경지도 133)

역사의 증거

그리스도교	연대	로마와 팔레스티나의 정치 상황
	기원전 63	폼페이우스, 팔레스티나 정복
	47	카이사르, 히르카노스를 유다인 통치자로 임명
	40	로마, 헤로데를 유다 임금으로 임명
	37	헤로데가 안티고노스를 꺾고 유다 임금으로 통치 시작
	27	옥타비아누스, 아우구스투스 칭호 받음 (-기원후 14)
예수 탄생 (기원전 7-5)	4	헤로데 사망(니산 달), 아르켈라오스 등이 영주로 통치
	기원후 6	유다의 봉기, 아르켈라오스 실각, 총독의 유다 통치 시작
	14	로마 황제 티베리우스(-37)
	26	유다 총독 본시오 빌라도(-36)
세례자 요한, 예수의 활동	28/29?	(루카 3,1: 티베리우스의 치세 15년은 기원후 29년)
예수의 죽음, 부활	30/33?	(파스카 준비일, 안식일 전날, 요한 19,31)
바오로 회심(34?)	37	로마 황제 가이우스(칼리굴라, -41)
	41	로마 황제 클라우디우스(-54),
사도 야고보의 순교		아그리파스 1세의 유다 통치(-44)
예루살렘 사도회의?	49	로마에서 유다인 추방 칙령 내림(사도 18,2)

그리스도교	연대	로마와 팔레스티나의 정치 상황
바오로의 코린토 선교	51	갈리오가 아카이아 총독으로 재임 (7월 1일부터 몇 개월)
바오로의 에페소 선교	54	로마 황제 네로 즉위(–68)
베드로, 바오로 순교 (64년)?	66	제1차 유다 항쟁 발발(–74)
	68–69	황제 자리를 놓고 갈바, 오토, 비텔리우스가 경합
마르코복음서 저술?	70	로마 황제 베스파시아누스(–79), 플라비아누스 왕조 수립
	79	로마 황제 티투스(–81),
마태오·루카복음서 저술?	81	로마 황제 도미티아누스(–96),
요한복음서·묵시록 저술?	96	로마 황제 네르바(–98), 안토니우스 왕조 수립
	98	로마 황제 트라야누스(–117),
총독 플리니우스, 황제에게 그리스도인 처벌 문의	115	키레나이카, 이집트와 키프로스에서 유다인 항쟁(–117)
이냐시오 주교의 순교	117	로마 황제 하드리아누스(–138)
베드로 2서 저술?	132	제2차 유다 항쟁 발발(–135)

헤로데 임금은 어떻게 권력을 잡았나?

로마가 팔레스티나 지역을 점령한 이후 정치적 방향은 로마 최고 정치가 간의 권력 투쟁에 따라 춤추었다. 카이사르가 폼페이우스를 꺾고 승리한 뒤 그에게 원군을 보낸 히르카노스(2세)가 대사제요 유다인 통치자로 임명되었다. 하지만 실제 권력은 유다 총독으로 임명된, 이두매아 출신인 안티파테르에게 있었다. 카이사르는 유다교를 로마의 합법적인 종교로 인정하여 제국의 보호를 받는 특권을 부여했다. 카이사르가 암살된 뒤 재차 벌어진 권력 투쟁에서 안토니우스와 옥타비아누스가 승리했다(기원전 44년). 그 와중에 안티파테르가 피살되었고, 동부의 통치자가 된 안토니우스는 히르카노스와 안티파테르의 두 아들 헤로데와 파사엘을 지배자로 인정했다. 그런데 그때 파르티아 군대가 예루살렘을 공격하였고 그들과 동맹을 맺은 아리스토불로스 2세의 아들 안티고노스가 대사제이자 임금으로 즉위하였다(재위 기원전 40-37년). 하스모내오 왕조의 마지막 불꽃이었다.

이 위기에서 로마로 도망간 헤로데는 안토니우스와 옥타비아누스(아우구스투스)의 신임을 받아 원로원으로부터 유다 지역의 임금으로 지명되고(기원전 40년), 로마 군대의 도움으로 유다 지역을 장악한 뒤 안티고노스를 처형했다. 그가 처음에는 안토니우스를 지지했으나 옥타비아누스가 승리한 뒤 자신의 실책을 자백하고 왕위에서 물러났다. 그래서 옥타비아누스는 그를 다시 임금으로 임명하고 유다 주변의 사마리아 외에 갈릴래아 호수 동북쪽의 가울라니티스 등 광대한 영토를 차례로 넘겨주었다. 헤로데는 백성에게서 가혹하게 세금을 거두면서도 기근 때(기원전 25년) 왕실 비용으로 밀을 구입해 백성에게 보급하고 세금을 감면하는(기원전 20년에는 1/3로, 기원전 14년에는 1/4로) 등 매우 기민한 정치가의 모습을 보였다.

이두매아인 아버지와 나바테아인 어머니 사이에서 태어난 헤로데는 잔혹하면서도 유능한 권력자였다. 그는 유다교를 제대로 이해하지 못했으나 존중하는 모습을 보이려고 애썼다. 그는 본보기로 여긴 솔로몬 임금처럼 대규모 건설사업을 진행했다. '스트라톤의 탑'이라 불리는 지중해변에 항구 도시 카이사리아를 신설하고, 사마리아를 '세바스테'(그리스어 *Sebastos* = 라틴어 *Augustus*, '존엄한 자')라는 그리스식 도시로 재건하여 아우구스투스에게 봉헌함으로써 후견자인 로마를 기쁘게 했다. 올림픽 경기를 재개하도록 그리스 등에도 희사하여 너그러운 통치자로 명망을 얻었다.

동시에 유다인들의 인정을 받고자 근동 최대 규모로 성전을 아름답게 개축하고(기원전 20-기원후 63년: 성전 면적 141,619m²) 그 과정에서 율법 규정이 지켜지도록 세심하게 배려했다. 그러면서도 대사제직은 자기 권력에 위협이 되지 않도록 사제 가문에서 순종적인 인물을 마음대로 선정했다. 유다 역사의 변천기에 로마 제국의 그늘 아래에서 권력을 쥔 헤로데는 정통성을 얻고자 하스모내오 가문의 마리암네 1세와 혼인했다가 살해하고 하스모내오 왕조의 마지막 후손인 아리스토불로스 3세를 대사제로 임명했다가 익사시키는 등 배신의 두려움과 의심으로 끊임없이 피를 흘리는 폭정을 행하다 기원전 4년에 죽었다.

헤로데 임금의 아들들은 어떻게 통치하였나?

그 뒤 아우구스투스는 헤로데의 세 아들에게 헤로데의 영토를 나눠주었다. 맏이 아르켈라오스는 아버지 영토의 절반 정도에 해당하는 유다와 사마리아, 이두매아 지역의 영주(실제 직책은 임금보다 낮은 '민족 통치자'인 에트나르크 Ethnarch)로 지명되었으나 폭정을 펼치다 유다인들의 청원으로 파직당하고 갈리아 지역으로 유배되었다(기원후 6년; 마태 2,22 참조). 다른 절반의 영토는 영주(실제 직책은 임금 통치 영역의 1/4을 다스리는 낮은 등급의 통치자인 테트라르케스 Tetrarches)로 임명한 헤로데의 두 아들에게 부여했다(성경에서는 일반 백성처럼 그들도 '임금'이라 부른다).

헤로데 안티파스는 갈릴래아와 페레아의 영주로 임명받아 43년간 다스렸다(기원전 4-기원후 39년). 그는 처음에 페레아에 머물다가 기원후 6년에 갈릴래아 나자렛 주변의 세포리스를 재건하여 수도로 삼았으며, 기원후 19/20년에 갈릴래아 호숫가에 티베리아스('티베리우스' 황제에게 봉헌)라는 그리스식의 새 수도를 건설하였다. 그는 첫 부인인 나바테아 왕국의 공주와 이혼하고 이복형제(헤로데 보에토스)가 살아 있는데도 그의 아내 헤로디아와 혼인한 일로 세례자 요한의 비난을 받았다(마르 6,17에는 헤로디아의 남편을 '필리포스'로 잘못 적었다). 또 백성의 신뢰를 받는 세례자 요한이 소요를 일으킬 우려가 있다 하여 마케루스 요새에서 처형하였다(요세푸스, 유다 고대사 18.116-19). 기원후 36년에는 예전의 장인인 나바테아 임금 아레타스 4세의 공격으로 큰 패배를 맛보았다. 기원후 39년 그는 임금이 되게 해 달라고 가이우스 황제에게 청원했으나 오히려 파직당하고 갈리아로 유배되었다.

필리포스는 갈릴래아 호수의 동북쪽인 이투래아와 트라코니티스(기원전 4-기원후 34년)를 성공적으로 다스렸는데, 주민의 대부분이 이방인이어서 로마 황제의 상을 새긴 화폐를 주조해도 별 문제가 없었다. 그가 기원후 6/7년경 파니아스 지역에 새로 세운 수도가 카이사리아이다(헤로데 대왕이 건설한 지중해변의 카이사리아와 구분하여 흔히 '필리피의 카이사리아'라 불렸다. 마르 8,27 참조).

　아르켈라오스가 폐위된 뒤 유다와 사마리아, 이두매아 지역은 유다인들의 요청에 따라 로마 황제 관할 총독구가 되었다. 시리아 총독의 감독을 받는 유다 총독은 작은 속주를 다스리는 일종의 지방장관이었으며 대부분 원로원 계급보다 낮은 기사 계급에서 임명되었다. 그들은 카이사리아에 머물렀는데 대체로 유다인과 유다교의 특성을 제대로 이해하지 못하였고 폭력으로 다스리며 착취하였다. 당시 유다교는 카이사르로부터 합법적인 종교로 인정받아 대사제의 지도 아래 율법을 관습법으로 적용하며 상당한 자율권을 행사하였다. 대사제를 중심으로 한 유다의 지도층(이른바 최고의회 의원들)은 대사제의 지명권을 쥔 총독과 제휴하여 유다 사회의 안정을 도모하였다(당시 대사제직을 거의 독점한 한나스 가문이 대표적이다). 그럼에도 때때로 로마에 맞서는 폭동이 일어나 유다 사회를 흔들었다(기원후 6년, 45년 등).

헤로데 왕조의 통치하에서 그리스도교는 어떻게 시작되었나?

기사 계급 출신으로 군인이었던 본시오 빌라도(26-36년 재임)가 총독으로, 카야파가 대사제로(18-36년) 있을 때 나자렛 출신인 예수가 처형되었다(30년 또는 33년). 그는 헤로데 안티파스의 관할 지역인 갈릴래아에서 성장하였으며 28/29년경 세례자 요한이 투옥된 뒤 하느님 나라가 이르렀다고 선포하였다. 그는 치유와 구마 기적을 많이 행하고 죄를 용서하여 하느님의 놀라운 사랑과 권능이 이미 이 땅에 임하였음을 보여주었다. 또 권위 있는 가르침과 비유로 하느님 나라의 도래를 믿고 회개할 것을 요청하였다. 하지만 예루살렘 성전에서 공개적으로 성전 체제를 비판하고 지도자들에게 도전한 끝에 폭동 혐의로 고발되어 십자가형으로 숨졌다. 그의 가르침과 행적이 당대 유다 사회의 지도층에 큰 파장을 일으킨 것 같지는 않다. 그가 유다와 예루살렘이 아닌 변두리 갈릴래아에서 주로 활동했으며 그 기간이 2-3년으로 길지 않았고, 또 철저히 비폭력적으로 활동했기 때문이다.

▲ 본시오 빌라도 이름이 새겨진 비석, 라틴어, 기원후 26-36년, 석회암, 카이사리아에서 발굴, 이스라엘 박물관. "…TIBERIEVM / [PON]TIVS PILATVS / [PRAEF]ECTVS IVDA[EA]E … 티베리에움 / 폰티우스 필라투스 / 유대아 총독…"

그러나 그의 제자들이 예수의 부활을 증언하고, 그를 예언된 하느님의 약속을 성취한 메시아(그리스도)로 선포하면서 하나의 공동체가 생겨났다. 유다교의 한 분파처럼 간주된 이 그리스도 공동체는 본토 유다인들과 갈등을 빚으면서 사마리아와 주변 로마 세계로 뻗어나갔다. 특히 타르수스 디아스포라 출신의 유다인 사울/바오로는 로마 제국 곳곳으로 뻗어 있는 도로망과 유다인 디아스포라들의 연계를 활용하여 20여 년 동안 소아시아와 그리스 지역에서 열정적으로 복음을 전하였다. 당시 그 지역의 도시들은 이른바 '로마의 평화'(Pax Romana)라는 로마 제국의 안정적인 통치로 부흥하고 있었는데, 바오로는 그곳에 그리스도 공동체의 자리를 작게나마 마련해놓았다. 당시 로마 제국의 중추를 형성했던 큰 도시들에서는 온갖 철학과 종교들이 전파되고 뒤섞이며 신장되고 있었다. 그런 가운데 유다교에 호의를 가지고 '하느님을 섬기던' 이들이 그리스도교의 복음 선포에 적극 호응했다. 사도들이 선포하고 증언하는 죽음을 넘어선 구원의 희망, 믿음과 회개만을 요구하는 단순하고 보편적인 가르침, 그리스도 공동체 안에서 구현되는 조건 없는 사랑에 사람들이 끌렸다.

이 시기에 유다에서는 헤로데 대왕의 손자로 로마에서 성장한 헤로데 아그리파스(정식 이름은 마르쿠스 율리우스 아그리파스) 1세가 가이우스 황제의 호의로 삼촌 필리포스와 리사니아스, 헤로데 안티파스의 영토를 차례로 부여받아 다스렸다(37-40년). 마침내 클라우디우스 황제는 그를 기존 영역 외에 유다와 사마리아, 이두매아까지 다스리는 임금(41-44년)으로 임명했다. 할아버지 헤로데보다 더 넓은 영토를 다스린 그는 유다교에 충실한 경건한 사람으로 행동해 유다인들의 신뢰를 받았다 (그의 할머니가 하스모내오 가문의 마리암네라는 배경도 작용한 듯하다). 그는 자신의 상을 예루살렘에 세우려던 가이우스 황제의 계획을 무산시켰으며, 사두가이들의 입장을 선호하여 그리스도교 공동체의 지도자 사도 야고보를 참수하였다(사도 12,1-4). 그러나 국내외의 이방인들에게는 전형적인 그리스 임금답게 자신의 상을 넣은 화폐를 주조하고 기부와 건축 지원으로 명망을 얻었다. 당대 지중해 지역에서 가장 큰 가치가 명예였기 때문이다. 그는 3년 통치 후 갑작스럽게 54세로 죽었는데, 당시의 민간전승은 그가 교만해서 하느님을 불경하게 대해서 처벌받았다고 전한다(사도 12,20-23 참조). 44년 이후 유다 지역은 다시 로마 총독의 지배체제로 들어갔다.

한편 로마에서 성장한 아그리파스 1세의 아들 헤로데 아그리파스 2세가 클라우디우스 황제에게서 필리포스와 리사니아스의 영토를 받고(53년), 네로 황제에게서는 갈릴래아와 페레아의 상당 부분을 하사받아 다스렸다(93년까지). 아그리파스 2세는 유다의 로마 총독과 밀접한 관계를 유지하며 유다인들을 적극적으로 도왔다. 그의 여동생 베르니케는 삼촌 칼키스의 헤로데와 혼인했다가 사별한 뒤 오빠 곁에 주로 머물면서 바오로의 설교를 듣기도 했다(사도 25,13-26,32). 또 다른 여동생 드루실라는 에메사 임금 아지주스와 혼인했다가, 해방노예 출신으로 자격이 없는데도 권력의 위세를 입어 임명된 유다 총독 펠릭스(52-59/60)와 불법적인 혼인을 하였다. 이들도 바오로의 설교를 들었다(사도 24,24-26).

로마에 맞선 유다인의 1차 항쟁은 어떻게 벌어졌나?

1세기 팔레스티나는 농경사회로서 그 기반은 토지였다. 로마가 팔레스티나를 정복하면서 황제는 하스모내오 왕조에 속한 에스드렐론(=이즈르엘) 평야와 예리코의 비옥한 토지를 차지하였으며, 간접적으로 땅 전체를 로마의 소유로 여겨 세금을 매기고 충성하는 지역의 지도자들에게 나누어주었다. 렌스키에 따르면 당시 영주와 총독, 대사제와 원로 부류의 지배계급은 인구의 2% 정도, 그들 밑에서 왕국과 도시의 각종 용역을 제공하는 관리 계층이 8% 정도이고, 나머지 90%는 농부와 장인들이었다(네이레이, 155). 농부들은 대개 친족 단위로 마을에 모여 살았다. 해마다 기후 사정에 따라 수확량이 크게 달라졌는데, 로마에게 내는 세금은 상황에 따라 총 수확물의 1/2-1/4에 달했으며 영주에게 내는 세금과 성전에 십일조(신명 14,22)까지 내야 했다. 수확이 적으면 빚을 내야 했는데 그 이율이 50%에 달하는 경우도 있었다. 결국 소농들은 땅을 잃고 소작농이나 일용노동자로 전락하거나 심지어 종으로 팔렸다. 반면에 왕실과 원로 같은 대지주들의 토지는 계속 확장되었다. 이런 가운데 사회적 긴장은 계속 커갔다.

마카베오 항쟁 이후 유다인들은 하느님과 성전, 율법에 대해 매우 큰 자부심을 갖고 민감하게 반응하였다. 반면에 그리스 로마 문화에 친숙한 로마 총독들은 이들의 열정과 관심에 무지하였고 탐욕스러웠다. 카이사리아에서 벌어진 유다인과 그리스인들의 시민권 분쟁(61년)에서 황제 네로는 일방적으로 그리스인들의 편을 들어 유다인들의 분노를 샀다. 기원후 66년 총독 게시우스 플로루스가 성전 금고에서 17탈렌트를 약탈하였고 이를 비난하는 예루살렘 시민들을 잔혹하게 다루었다. 곧 이어 폭력 사태가 커지면서 열혈당원들이 무장하고 아그리파스 2세와 사제단, 바리사이들이 만류하였지만 많은 유다인이 나서서 안토니아 요새를 비롯하여 예루살렘을 완전히 장악하였다. 생각지 못한 이 성취로 고무된 유다인들이 적극적으로 나서면서 항쟁은 전국으로 확산되었다. 당시 유다인들은 조직력도, 무기도, 지휘 체제도 갖추지 못한 채 열정만 가득했는데 내분까지 일어나 서로 죽고 죽였다.

상황의 심각성을 인식한 네로 황제로부터 파견된 베스파시아누스 장군은 67년 봄에 갈릴래아부터 진압하기 시작했다. 이 당시 갈릴래아의 항쟁군 지휘관이었던 요세푸스는 로마군에 항복하여 살아났고, 후에 유다의 고대사와 항쟁에 대해 기록하였다. 68년 봄까지 대부분의 땅을 탈환한 베스파시아누스는 네로 황제의 자살(68년 여름) 뒤에 황제직을 두고 장군들이 벌인 경합을 지켜보다 로마 황제로 추대되었다(69년 여름, 12월 즉위).

베스파시아누스의 아들 티투스가 진압군 4개 군단을 이끌고 포위하던 예루살렘을 공격한 때는 70년 파스카 축제 기간이었다. 밖에서는 로마군이 성벽을 하나씩 부수면서 밀고 들어왔고, 도성 안에서는 열혈당원들이 절대 항전을 외치면서 도망가려던 주민들을 처형했다. 마침내 70년 8월 성전을 포함한 예루살렘 전역이 파괴되었다. 티투스는 성전의 등잔대(메노라)와 제사상을 승전 기념품으로 가져갔고 열혈당의 지도자 '기살라의 요한'과 '시몬 바르 기오라'를 포로로 압송하였다. 그 뒤 여기저기 요새에 남아 있던 소규모 항쟁 세력이 무너진 뒤 마지막으로 마사다 요새가 74년 초에 점령되었다. 이때 그 주변에 있던 에세네파의 쿰란 공동체도 무너진 것 같다.

항쟁의 결과는 참혹했다. 요세푸스 등은 팔레스티나 유다인의 약 25%인 육십만 명이 전쟁 때 죽었고 많은 이가 포로로 끌려가거나 노예로 팔렸다고 전한다. 유다는 시리아에서 분리되어 독립적인 황제의 속주가 되고 로마의 10군단이 예루살렘에 주둔하였으며, 성전세는 로마의 유피테르 카피톨리누스 신전으로 보내졌다. 항쟁에 참여한 주모자들의 재산은 모두 몰수되고, 로마의 퇴역 군인에게 배분된 몫을 제외한 나머지 땅은 판매되었다. 끔찍한 재앙에서 살아남은 유다인들은 매우 위축되었다.

▲ 1차 유다 항쟁 중 자체 주조한 동전. 앞에는 "둘째 해", 뒷면에는 "시온의 자유"라는 히브리어가 쓰여 있다. 청동, 지름 1.7cm, 기원후 67/68년, 성서와함께.

1차 항쟁 후에 유다인들은 어떻게 살았나?

항쟁을 반대했던 힐렐의 제자 요하난 벤 자카이를 중심으로 한 일단의 바리사이들이 로마군의 허락을 얻어 야브네(얌니아)에 정착했다. 곧 이곳은 바리사이들의 본거지가 되었고, 이 참혹한 재난을 이스라엘의 죄에 대한 심판으로 이해한 그들은 더욱 철저하게 율법 중심으로 살아가는 길을 찾았다. 성전과 사제가 사라졌기에 모든 유다인이 '거룩한 민족'으로서 정결하게 살아가기 위해 율법 준수가 강조되고, '조상들의 전통'을 율법 해석의 한 지침으로 삼았다. 다양한 라삐들의 해석이 논의되고 지침이 정해져서 사방에 전해졌다. 로마의 간섭 없이 라삐들의 견해가 권위를 갖게 되고 생존한 유다인들을 이끌면서 '라삐 유다교'가 점차 형성되었다.

그들을 이끈 말씀은 이러했다. "정녕 내가 바라는 것은 희생제물이 아니라 신의다. 번제물이 아니라 하느님을 아는 예지다"(호세 6,6). 이때부터 누구나 율법을 배워 하느님의 뜻을 알고 실천할 수 있도록 율법 교육과 전수가 강조되었다. 셰마(신명 6,4-6) 기도와 18조 기도, 자선과 단식이 중요한 희생제물로 간주되었다. 또 성경을 영감받은 책으로 믿어 '정경'의 개념이 도입되었고, 이에 따라 성경의 모든 세부 사항도 중요하게 여겨 꼼꼼히 해석하게 되었다. 그리스인 아퀼라가 유다교로 개종한 후 디아스포라 유다인들을 위해 성경 본문을 히브리어 본문에 가장 근접하게 거의 직역 수준의 그리스어로 옮긴 칠십인역 아퀼라 역본을 이때(128-140년경) 내놓았다. 라삐들의 권위가 해외 디아스포라까지 퍼지는 데는 시간이 걸렸다. 유다인들은 구전을 기록한 이 시기(20-200년경)를 '탄나임(*tannaim* '교사들'이란 뜻) 시대'라 부른다.

1차 항쟁 당시 유다계 그리스도인들은 유다인들이 메시아 운동이라 주장하는 유다 항쟁에 동조하지 않고 요르단 동편의 펠라로 옮겨가 선교했다고 전한다(에우세비우스, 교회사 3.5.2-3). 그 뒤로 유다인들은 유다계 그리스도인들을 배반자로 여기며 배척하게 되었다. 예수를 메시아로 인정하는가 여부와 함께 할례와 율법 등 유다교의 핵심에 대한 이해와 해석이 달랐기 때문에 서로 간에 경계가 세워지기 시작했다. 유다인 그리스도인 세력이 위축된 대신 다른 민족들의 그리스도인이 늘어나면서 그리스도교의 중심은 이방계로 넘어갔다. 70년대 그리스도교는 사도 등 첫 세대 지도자들의 사망으로 인한 가르침과 전승의 단절, 모태인 유다교와의 갈등과 불화, 항쟁 실패 이후 제국 곳곳에서 야기된 반유다인 정서 등으로 힘든 시기를 보냈다. 이때 사도들이 전한 가르침과 전승을 수집하여 기록한 마르코복음서 등 복음서와 바오로 서간집이 로마 제국 곳곳에 수립된 그리스도교 공동체를 지탱해주었다.

로마에 맞선 유다인의 2차 항쟁은 어떻게 벌어졌나?

로마는 유다의 항쟁에도 불구하고 유다교를 여전히 합법적 종교로 인정하였다. 유다 지역에서 유다인들의 삶은 지속되었으나 로마에 대한 반감과 갈등 역시 살아 있었다. 본토보다 훨씬 더 많은 유다인들이 해외에서 살았고(대략 500-550만 명), 현지의 반유다인 정서에 맞서 유다인들의 폭동이 벌어지곤 했다. 트라야누스 황제가 동방의 파르티아 왕국과 싸우고 있던 115-117년에 디아스포라인 키레나이카와 이집트에서 유다인 항쟁이 일어나 키프로스와 메소포타미아까지 번져갔다. 이때 수만 명의 그리스인과 훨씬 더 많은 유다인이 학살되었다. 이 항쟁과 유다 지역의 관계는 자료가 없어 전혀 알 수 없다. 하지만 이 참혹한 진압에 대한 기억은 하드리아누스 황제의 통치 시기(117-138년)까지 지속되었다.

바로 그 황제 때 유다에서 또 한 차례 항쟁이 일어났다. 하드리아누스 황제가 내린 할례 금지 칙령(유다뿐 아니라 제국 전체에)과 예루살렘 성전터에 유피테르 카피톨리누스 신전을 포함한 새 도시를 세우도록 내린 명령이 그 원인으로 전해진다. 두 번째 성전이 파괴된 지 60여 년이 지나 세 번째 성전 수립에 대한 기대가 높았던 터라 소요가 확산되었다. 132년 가을 1차 항쟁과 다르게 무기와 양식, 요새 등을 충분히 장만하였고 지휘 체제도 하나로 유지한 가운데 모데인 근처에서 2차 항쟁이 시작되었다. 항쟁의 지도자는 시메온 바르 코시바였는데 당대에 존경받는 라삐 아키바가 그를 '별의 아들'(바르 코크바: 민수 24,17 "야곱에게서 별 하나가 솟고")이라고 부르며 메시아로 간주했다(그 뒤 역사에서 그는 바르 코크바로 알려졌다). 그를 메시아로 인정하지 않는 유다인(그리스도인)들은 박해를 받고 처형되었다(유스티누스, 변증론 1,31; 아비 요나, 171). 1차 항쟁 이후 극도로 빈곤에 시달리던 촌락의 농민들과 하층민들이 이 항쟁에 적극 참여했다.

항쟁은 주로 예루살렘과 주변의 유다 지역에서 벌어졌으며, 갈릴래아의 유다인들은 일부만 참여했다. 항쟁군들은 예루살렘을 탈환하고

▲ 바르 코크바의 히브리어 편지, 132-135년, 파피루스, 이스라엘박물관.

게릴라전을 벌이며 유다가 독립국임을 선언했다. 이들은 은화와 동전에 '이스라엘 구원 제 - 년'이란 명문을 새겨 찍어냈다. 또 주화의 80% 이상에 파괴된 예루살렘 성전과 예루살렘 글자를 옛 히브리 서체로 새겨 영광의 때를 기렸다. 당대의 명장 율리우스 세베루스가 이끈 로마군 8개 군단은 천천히 확실하게 진압했다. 4년간(132-135년) 진행된 두 번째 항쟁으로 마을 천 개 정도가 파괴되고, 바르 코크바를 비롯하여 유다인 58만 명이 죽었다고 전해진다(로마인 역사가인 디오 카시우스의 기록). 그 후 팔레스티나에 남은 유다인은 80-90만 명 정도로 추정한다.

그 뒤 할례받은 유다인(유다계 그리스도인 포함)의 출입이 전면 금지된 예루살렘은 '아일리아 카피톨리나(Aelia Capitolina)'라는 이름의 전형적인 로마 식민시로 재건되고 유피테르 신전이 세워졌다. 유다라는 지역 명칭은 시리아 팔레스티나로 바뀌었다(133-134년경). 주변의 시리아인들과 아랍인들이 로마인들과 함께 예루살렘으로 들어와 살게 되었고, 팔레스티나 내에서 자녀 할례와 기도 모임, 라삐 임명이 금지된 유다인들은 뿔뿔이 흩어진 채 얌니아를 중심으로(이곳에 최고의회가 존재했다) 살았다. 하드리아누스 황제의 후계자인 피우스가 유다인들에 대한 처벌을 완화하고 공동체 생활을 복원시켰지만 흩어진 유다인들은 주로 각 지역의 도시에 거주하였다. 이로써 유랑의 시대에 들어선 뒤 천 년 이상, 라삐 유대교는 갈릴래아와 바빌로니아 디아스포라를 중심으로 살아남아 성장하였다.

성경과 역사 사이에서

정치 군사적 면에서 패권을 쥔 로마제국에서 그리스(헬레니즘) 문화는 그리스-로마 문화로 묶여 한층 더 강력하게 스며들었다. 이에 대응하는 유다교의 방식은 복잡하고 다양했다. 하나의 좋은 실례가 이집트의 알렉산드리아에서 그리스식 교육을 받은 익명의 유다인이 그리스어로 쓴 '지혜서'이다. 이 책은 헤로데 통치 시기에(기원전 37-4년) 쓰였다고 추정된다. 여기서 저자는 로마가 이집트를 정복한 뒤(기원전 30년) 한층 열악해진 유다인들의 처지에서 압도하는 헬레니즘과 이집트 토착 종교(특히 이시스 숭배)들에 맞서 유다교 전통을 붙잡고 정의와 악, 우상숭배, 의인화된 지혜, 이집트 탈출 등의 주제를 깊이 숙고한다. 그의 가르침에 따르면, "사람을 먹여 살리는 것은 여러 가지 곡식이 아니라 당신을 믿는 이들을 돌보는 당신의 말씀"(지혜 16,26)이다.

유다교 신앙의 구심점은 예루살렘 성전이지만, 디아스포라 유다인 사회에서처럼 팔레스티나에서도 기원전 1세기부터 여러 지역에서 회당 모임을 가졌던 것 같다. 유다인들은 안식일과 축제 때에 회당에 모여, 안식일 예배 때에는 토라(오경)와 예언서를 읽고 이를 해설하는 설교를 들었으며 공동기도를 드렸던 것으로 추정된다. 경우에 따라서는 공동식사도 겸했음이 거의 확실하다(특히 쿰란에서는 신성한 식사를 함께했다). 평소에는 회당이 지역의 학교나 공동창고, 재판소, 손님 접대용 시설 등으로 다양하게 쓰였던 것 같다(예루살렘에서 발굴된 테오도토스의 회당 건립 비문 참조). 회당 건물로 지어졌지만 다른 용도로 변경한 건물이 가믈라(기원전 1세기 말), 마사다와 헤로디움 요새(66년경 항쟁 시작 때), 쿰란, 카파르나움(기원후 1세기 초)에서 발굴되었다.

1차 항쟁 이전의 유다교는 비교적 잘 알려진 사두가이와 바리사이, 에세네파 같은 집단들 외에 에녹서 같은 위경을 쓴 소규모 분파들도 공존하는 매우 다양한 양상을 띠었다. 그 당시 토라와 예언서, 성문서의 대부분이 권위 있는 책으로 여겨졌고, 90-110년경에 24권이 히브리 '성경'으로 확정된 것 같다(가말리엘 2세가 주도한 야브네 회의에서 결정되었다고 전한다). 이는 유다교 내부의 고유한 전승을 확정하는 동시에, 칠십인역 성경을 자기들의 경전으로 사용하는 그리스도교에 대한 대응책이었다. 이로써 히브리 성경의 문이 닫혔다.

유다인들로 구성된 초기 그리스도인들은 유다교 내에서 매우 독특한 성격을 띤 소분파였다고 볼 수 있다. 그들은 하느님께 "선택받은 종말론적 공동체"로 자처하면서도(쿰란 집단처럼), "토라가 아닌 나자렛 예수를 중심으로 자신들의 정체성을 규정"(니켈스버그, 361)한다는 점에서 독특했다. 이런 특성 때문에 유다 지역에서도 갈등을 빚었지만, 그리스도인들이 유다인이 아닌 다른 민족들에게 복음을 전하기 시작하면서 논란이 커졌다. 이른바 예루살렘 사도회의(49년경, 사도 15장)에서 할례와 정결식사법 등을 포기하고 믿음과 세례로만 그리스도인이 될 수 있다고 결의함으로써 그리스도교는 보편화의 길로 한층 나아갔다. 그들은 예수의 "피로 맺는 새 계약"(루카 22,20)의 공동체, 예수를 통한 "새로운 길"(사도 9,2)을 주장하여 '새로움'을 강조했다. 그러면서도 유다교로부터 히브리 성경(좀 더 확대된 형태의 칠십인역 구약성경으로)과 회당 예배 형식(성경 봉독과 설교, 기도, 시편 노래 등), 윤리적 성격의 율법을 받아들여 그들로부터 전해오는 신앙의 유산과 가치를 놓지 않았다.

정작 어려움은 1차 유다 항쟁 이후에 닥쳤다. 이 항쟁을 일종의 메시아 운동으로 여겼던 유다인들과 그런 성격을 거부하고 항쟁에 참여하지 않은 그리스도인 간의 갈등이 분명히 드러났다. 엄청난 상처 속에서 재건의 길을 닦은 바리사이파 라삐들은 한층 엄격하게 율법과 전통을 강조했고, 토라의 길을 걷지 않는 그리스도교와 선을 긋기 시작했다. 1세기 말 일부 지역 회당에서는 그리스도인들을 회당에서 쫓아냈다(요한 9,22). 2세기 말에는 도처에서 유다교와 그리스도교의 경계선이 분명하게 지어졌다. 이런 추세는 해외에서도 나타났다. 디아스포라 유다인들은 기원전 1세기부터 유다교 선교를 활발히 전개하여 개종자와 '하느님을 섬기는 이'들을 배출하였는데, 1차 항쟁 이후에는 그리스도교와 경쟁하기보다 독특한 '민족종교'를 지키며 위축되는 경향을 보였다.

사도들이 죽고 유다교에서 배제되기 시작한 신생 그리스도교는 믿음의 토대인 예수의 삶과 가르침을 문서로 남기기 위해 다양한 문헌을 저술하였다. 그리스도인들은 1차 항쟁 중에 저술되었다고 추정되는 마르코복음서와 기존에 회람되던 바오로의 서간들에서 자신들이 믿고 행해야 할 바를 배우게 되었다. 그 뒤로도 마태오복음서 등 여러 복음서가 예수의 가르침을 풍요롭게 전했고 중요한 사도의 이름을 빌려 쓴 서간들이 그리스도인의 정체성과 삶의 자세를 일러주었다. 70-120년 사이에 초기 그리스도교의 주요 작품들이 왕성하게 저술되었다. 이렇게 나온 여러 종류의 복음서와 행전, 서간과 묵시록 등이 각 지역의 그리스도교 공동체 안에 회람되면서 가르침과 주일의 전례 독서에 사용되었다(유스티누스, 첫째 호교론 67). 시간이 흐르면서 다양한 외경과 호교론 저술이 속속 등장하였다.

로마 교회의 신자인 마르키온이 구약성경을 배제하고 그리스

◀ 현존하는 가장 오래된 요한복음서 파피루스 p^{52}, 요한 18,31-33 기록, 125년경, 이집트 출토, 리란드대학교도서관.

도교 문서들을 임의로 편집했을 때(140년경), 그리스도교 공동체에서는 권위 있는 문헌을 어떤 근거로 결정할 것인지 논의할 필요성이 제기되었다. 또 2세기 중반 무아경에서 받은 예언을 중시하는 몬타누스파의 문헌들에 맞서, 그리스도교 공동체는 사도 전승에서 유래하고 전체 교회가 사용하는 문헌만이 권위를 가진다고 주장해야 했다. 이런 사건들에서 자극을 받아 그리스도교 공동체는 전해 받은 자체 문헌 가운데 성령의 영감 받은 책을 '경전'으로 식별하는 작업을 시작했다. 이 작업은 당시 교회의 중심지로 부각되던 로마와 소아시아 교회를 중심으로 자율적으로 펼쳐졌다. 현재와 같은 신약성경 27권의 목록은 367년 아타나시오 주교의 부활절 서한에서 최초로 드러나지만, 그중 대부분은 이미 2세기 중반에 폴리카르포 주교와 이냐시오 주교 등에게 경전으로 인정받은 것들이었다.

 2차 항쟁의 실패로 땅을 잃은 이스라엘 민족은 히브리 성경과 구전 전통을 붙잡고 '책의 백성'으로 변모했다. 새 계약으로 '하느님의 백성'(1베드 2,10)이 되었다고 고백하는 그리스도인들은 히브리 성경을 구약성경으로 받아들여 그들이 받은 하느님 계시와의 근본적인 연속성을 보여주었다. 동시에 2세기 말에는 그리스도교의 문헌들 일부 역시 경전(신약성경)으로 인정하여 예수가 구약성경의 계시들을 완성하였음을 주장하며 유다교와의 차이를 드러냈다. 예수가 옛 계약과 하느님의 약속을 모두 성취하였기에 옛 제도와 틀은 변화될 수밖에 없다고 여겼기 때문이다. 그렇다고 그리스도교가 새로운 이스라엘로 구약시대의 이스라엘 백성을 대체했다고 자처하지는 않았다. 사도 바오로는 야생 올리브 가지인 이방인 그리스도인들이 참 올리브 가지에 접붙여졌다고 비유적으로 설명했다(로마 11,17-24). 그리스도교는 전통적으로 내려오는 옛 이스라엘과 연대하여 하느님 백성을 확장하는 사명을 새롭게 부여받았다고 인식한 것이다(교황청 성서위원회, 그리스도교, 164 참조).

나가는 말

 고대 이스라엘 민족의 역사는 135년의 2차 항쟁 실패로 끝나지 않았다. 그들은 그 뒤로도 계속 존속하여 오늘에 이르고 있다. 그들보다 먼저, 그들과 함께 역사를 시작하고 동반한 주변 민족들은 모두 사라져버렸다. 이집트인들만 남아 있을 뿐이다. 아시리아와 바빌로니아의 가공할 공격, 압도하는 그들의 권력과 문화, 헬레니즘의 강력한 도전, 로마제국의 철저한 응징이 모두 역사의 쓰나미처럼 이스라엘 민족을 덮쳤다. 그 파란만장한 역사에서 그 민족을 내적으로 지탱해주고 버티게 해준 요소는 야훼만을 유일한 하느님으로 믿고 따르는 야훼 신앙이었다. 그 신앙이 라삐 유다교에서는 한층 강고하고 폐쇄적으로 지속되었다면, 그리스도교에서는 예수를 통해 보편적인 형태로 뻗어나갔다.

 모든 역사는 공간과 시간 속에서 전개되고 해석된다. 고대 이스라엘 민족의 역사에도 그런 모습은 뚜렷하다. 그런데 이스라엘 민족은 야훼 하느님이 역사를 이끌어가신다는 깨달음과 계시에 힘입어 세계의 역사를 훨씬 더 크고 넓게 보면서 자기네 역사를 달리 해석한 글을 성경으로 남겼다. 그럼에도 유다교와 그리스도교 모두 오랫동안 성경에 기록된 이스라엘 민족의 역사를, 해석된 역사 서술이 아니라 실제 역사를 기술한 것으로 여겼다.

20세기 후반 고고학이 발달하면서 고대 이스라엘 민족의 실제 모습으로 추정되는 것들이 계속 발견되고 있다. 그러면서 성경에 표현된 역사와의 차이들이 드러나고 이 역사의 신뢰성을 두고 격렬한 논란이 벌어지고 있다. 하지만 그 과정을 통해 맞다, 틀리다를 넘어 고대 역사 서술의 일반적인 모습과 특히 성경으로 드러난 이스라엘 민족의 역사 서술이 지닌 특성에 좀 더 주목하게 되었다. 그 특성은 고대 이스라엘의 역사가들이 야훼 신앙의 궤적을 증언하여 하느님 백성의 의식과 관습을 올바로 형성하는 데 초점을 두어 성경의 역사서를 기술하였다는 점이다. 그들은 일반 역사서처럼 드러난 현상의 인과관계를 설명하고 전달하기보다, 하느님의 영에 힘입어 역사에서 인간과 세계, 하느님의 상호 관계를 더 깊이 바라보고 이해한 것을 기록하였다. 그들은 신학적 역사가라는 점에서 남달랐다.

계시의 빛으로 해석된 역사의 열매인 성경의 증언에서, 신앙인은 그 역사를 통한 하느님의 계시와 인간의 응답을 들을 수 있다. 반면에 구체적인 실제 역사의 자료에서는 그 증언을 낳기 전의 인간과 세계의 다양한 양상을 살필 수 있다. 유다교와 그리스도교의 믿음에 따르면, 하느님은 주로 역사를 통해 일하시지만 때로는 역사 너머에서 일하신다. 같은 역사를 보는 두 관점을 정직하게 비추어볼 때, 각각의 고유한 가치와 됨됨이를 한층 더 분명하게 알게 되리라는 희망을 가질 수 있다. 그 희망이 그리스도교 신앙공동체를 더 풍요롭게 해줄 것이다.

고대 이스라엘 역사에 대한 고고학적·문헌적 탐구와 해석은 계속될 것이다. 새로운 발견과 해석으로 기존 견해가 계속 무너지기도 하고 또 보강되어 굳건히 서기도 할 것이다. 급변하는 시대 속에서 성경 본문을 올바르게 해석하고 이해하려는 노력도 계속될 것이다. 그 모든 수고를 통하여 '성경과 역사 사이에서' 인간의 삶과 역사, 하느님의 구원 역사에 대한 신앙인들의 이해도 계속 깊어질 것이다. 이 모든 과정을 성령께서 이끌어가신다는 믿음을 가졌기 때문이다.

― 부록 ―

주요 지리 · 인종

고대 근동: 근동(近東 Near East)은 해 뜨는 동쪽과 가까운 지역이라는 의미로 서구에서 지중해의 동쪽 해안과 연결된 땅인 지금의 터키, 키프로스, 시리아, 레바논, 팔레스티나, 요르단, 이집트를 망라하는 용어로 쓰였다. 특히 대영제국의 관점에서 오스만 튀르크 제국(1299-1922)의 영역을 지칭하던 용어였다. 그래서 서구 관점을 벗어난 좀 더 중립적인 취지에서 오늘날 파키스탄에서 지중해 동부 연안까지 가리키는 말로, 중동(中東)이나 서남아시아라는 지리적 명칭을 사용한다.

하지만 고대의 근동은 비옥한 초승달 지역과 그 주변을 망라하여 긴밀하게 연결되었던 하나의 세계를 지칭한다. 여기에는 고대 이집트, 시리아와 팔레스티나, 아나톨리아(지금의 터키), 메소포타미아, 고대 이란, 아라비아 반도가 포함된다. 성경의 세계가 곧 고대 근동 세계였던 관계로 성경 관련 도서들에는 편의상 이 용어를 그대로 사용하는 예가 많다.

가나안: 페니키아와 동의어인데 이름의 어원은 후리족의 언어에서 나왔다고 추정한다. 고대 세계에서 가나안 땅은 시리아에서 팔레스티

나에 이르는 지중해 동쪽 해안과 내륙지역을 통칭했다(또 다른 이름은 '아모리족/아무루족의 땅'). 하지만 성경에서 말하는 가나안 땅은 이보다 좁아 현재의 레바논과 팔레스티나를 합한 영역이다. 요르단 강 동편을 제외한다는 것이 특징이다. 이 지역을 일컫는 또 다른 이름 레반트(Levant)는 해가 '떠오르다'라는 뜻의 프랑스어 레베(lever)에서 나와 지중해 동부 해안지역을 통칭한다. 중세 이후 이 단어가 널리 쓰였다.

바빌로니아: 이름은 '신의 문'을 뜻하는 아카드어 '바브 일림'(*bāb ilim*)에서 연유한다. 널리 알려진 그리스어 '바빌론'(*babylōn*)은 아카드어 복수형인 '바브 일라니'(*bāb ilāni*)의 소리를 표기한 것이다. 히브리어는 아카드어 '바벨'(*bābel*)을 차용했다. 이 이름에서 드러나듯 도성 바빌론은 신들과 임금들의 자리로 오랫동안 근동 전역에서 유명했다. 바빌로니아 영역은 두 강의 사이가 매우 좁아지는 고대 성읍 시파르에서 페르시아만까지, 북쪽의 자그로스산맥에서 남쪽의 유프라테스강 서부 사막까지를 통상 가리킨다. 고대에 이 땅은 아카드(북쪽)와 수메르(남쪽)의 영역으로 불렸다. 성읍 바빌론은 기원전 삼천 년대부터 존속했으며, 우르 3왕조가 무너진 기원전 2004년 이래 지배적인 제의의 중심지로 이름을 떨쳤다.

바빌론이 정치 중심지로 유명했던 때는 고바빌로니아의 6대 임금 함무라비(기원전 18세기)와 신바빌로니아의 네부카드네자르 2세(기원전 6세기) 시절이다.

아시리아: 국가신 아수르(*Ashur*)가 다스리는 땅이란 뜻이며, 첫 도성의 이름도 아수르이다. 북서쪽의 타우루스산맥과 북동쪽의 자그로스산맥 사이의 티그리스 상류 지역이 본래 영역이며, 두 강이 가까워지고 티그리스강과 디얄라강이 만나는 지점에서 남쪽의 바빌로니아와 마주 선다. 아시리아의 축약된 형태인 시리아가 오늘날까지 사용된다.

팔레스티나: 그리스의 역사가 헤로도토스가 페니키아 남부 지역을 필리스티아족의 땅이란 뜻으로 그리스어 팔라이스티네 시리네(*Palaistine Syrine*, 역사, 1 105항, 2 106항)로 부른 뒤 그리스에서 이 이름이 널리 쓰였다. 로마제국에서는 바르 코크바 항쟁을 진압한 뒤 로마령 시리아와 로마령 유다를 합쳐 '프로빈시아 시리아 팔라이스티나'(*Syria Palaestina*)로 명명했다. 이 이름은 중세 이후 잊혔는데, 영국에서 이 지역을 위임통치하던 시기(1922-1945년)에 이 이름을 되살렸다(팔레스타인은 팔레스티나의 영어 이름). 이 지역은 대체로 티로와 시돈 사이의 리타니강을 북쪽 경계로 하고, 시리아 사막을 동쪽 경계로 하며, 네겝 광야를 남쪽 경계로 한다(북위 31°15′~33°20′).

페니키아: 원래는 '보라색' 또는 '진홍색'을 뜻하는 그리스어 '포이닉스'(*poinix*)에서 이런 염료를 생산 수출하는 지중해 동부 연안의 항구도시들을 총칭하는 지역 이름 '포이니케'(*Phoinikēs* 페니키아)가 연

유했다. 페니키아는 한 번도 하나의 국가로 등장하지 않았으며, 문화와 언어를 공유하고 때로는 정치적으로 연합하는 여러 도시국가들을 망라한다. 여기에 속하는 주요 성읍은 티로, 시돈, 베이루트, 비블로스, 아르왓 등이다.

페니키아가 가장 크게 공헌한 분야는 해상 교역과 알파벳이다. 알파벳은 기원전 이천 년대 초반에 이집트 북부에서 처음 생겨난 듯하며(원시나이어), 기원전 11세기 중반에 페니키아에서 자음 22개 글자 체계로 표준화되었다고 추정한다(남부 아라비아는 29개 글자). 이 언어가 그리스로 건너가 기원전 800년경부터 사용되어 서구 언어의 기초가 되었다. 또 이 지역의 향백나무가 유명하며, 티로는 솔로몬 임금과 오므리 임금 때 이스라엘과 긴밀한 관계를 가졌다.

가나안인(가나안족): 가나안 땅에 사는 이는 모두 가나안 사람이라 할 수 있다. 그러나 성경에서 가나안 사람은 이스라엘 민족보다 먼저 그 땅에 들어와 살던 선주민들을 가리킨다. 지형의 특성상 다양한 종족이 팔레스티나에 들어와 살았다. 가나안족은 이스라엘과 유다의 왕정 시대를 거치면서 대부분 이스라엘 민족에 동화되었다. 성경에서 마지막까지 가나안 사람으로 지칭하는 이는 본래의 가나안 땅에 줄곧 살았던 페니키아 사람이다(마태 15,22의 '가나안 부인' 참조). 가나안 사람의 본뜻은 '상인'으로 추정된다.

셈족: 인종적 의미가 아니라 고대에 셈어를 사용했던 민족들을 지칭한

다. 동부 셈족(아카드인, 바빌로니아인과 아시리아인), 북서 셈족(가나안 족, 아람인, 히브리인), 남부 셈족(아랍인과 이디오피아인)으로 나뉜다.

유다인: 유다인(그리스어 'Ioudas, 영어 Judean, 독일어 Judäer)은 유다 왕국 출신으로 유다 지역에 사는 사람들을, **유대인**(그리스어 'Ioudaiaos, 영어 Jew, 독일어 Juden)은 바빌론 유배 이후 인종이나 지역과 상관없이 자신의 문화적 종교적 정체성과 기원을 야훼 신앙과 고대 이스라엘에 두는 사람을 가리키는 말로 구분해 쓰곤 한다. 이 구분은 마카베오 항쟁 이후 하스모내오 왕조에서 뚜렷해졌다(2마카 6,6; 9,17: 던, 241-242).

유다교(유다주의 Judaism): 기원전 587년 유배 이후에 발전한 유다인들의 종교와 그에 따른 생활양식을 총칭하는 말이다. 기원전 3세기에 이집트 유다인 디아스포라에서 헬레니즘의 대응어로서 만들어졌거나, 기원전 2세기 헬레니즘에 맞서 투쟁하던 마카베오 항쟁 중에 만들어졌다고 추정한다(던, 239). 성경에는 마카베오 항쟁 이후에 처음 등장한다(2마카 2,21의 "유다교"). 유배기 이후 유다인들 속에서 새롭게 자신들을 구분하는 이들의 공동체와 그들의 신앙 행태를 일컫는 용어로 특정하여 사용할 경우, 유대인과 유대교라는 용어가 더 적절하다.

이스라엘인: 성경 밖의 자료에 이스라엘은 단 한 번 이집트의 메르네프

타 비문에서만 등장한다. 성경에서 이스라엘은 한 개인의 이름(야곱)으로, 또 야곱의 자손을 가리키는 통칭으로, 북부 왕국의 이름으로 다양하게 나온다. 바빌론 유배 이후, 이스라엘 사람은 아브라함에게서 비롯되는 하느님 백성을 가리키는 종교적 정체성을 가리키는 개념어로 자리 잡았다.

히브리인: 유다인이나 그들이 쓰는 언어(히브리어)를 지칭할 때 사용한다. 성경에서는 요셉 이야기(창세 39,17 등)와 이집트 탈출 이야기(탈출 1,16 등), 필리스티아 전쟁 이야기(1사무 4,6; 13,19; 14,11)에 주로 나온다. 다른 민족이 이스라엘 사람을 지칭할 때, 또는 이스라엘 사람이 다른 민족에게 자신을 가리킬 때 주로 사용했다. 다만 이스라엘인과 달리, 히브리인은 어떠한 공동체적 조직적 결속을 전제하지 않는다는 점에서 독특하다.

참고 문헌

구미정, 《구약성서, 마르지 않는 삶의 지혜》, 사계절, 2015. (→ 구미정)

김기봉, 《내일을 위한 역사학 강의》, 문학과지성사, 2018.

김기흥, 《유일신 야훼》, 삼인, 2019.

김영진, 《이스라엘 역사》, 이레서원, 2006. (→ 김영진)

김정훈, 《칠십인역 입문》, 바오로딸, 2009. (→ 김정훈)

김지은, 《포로와 토지 소유》, 한들출판사, 2005.

김창선, 《유대교와 헬레니즘》, 한국성서학연구소, 2011.

노세영·박종수, 《고대 근동의 역사와 종교》, 대한기독교서회, 2000.

류호성, 《간추린 신구약 중간사》, 기독교문서선교회, 2018.

안근조, 《히브리 지혜전승의 변천과 기독교의 기원》, 동연, 2016.

오택현(책임편집), 《성서시대의 역사와 신학》, 크리스찬헤럴드, 2000.

우택주, 《새로운 예언서 개론》, 침례신학대학교출판부, 2005.

이희학, 《이스라엘 왕국의 역사: 사울, 다윗, 솔로몬 왕국의 역사》, 대한기독교서회, 2004.

_____, 《북 이스라엘의 역사와 종교》, 프리칭아카데미, 2009.

전봉순, 《시편 1-41편》, 바오로딸, 2015. (→ 전봉순)

정기문, 《그리스도교의 탄생: 역사학의 눈으로 본 원시 그리스도교의 역사》, 길, 2016.

교황청 성서위원회, 《성경의 영감과 진리》, 박영식 옮김, 한국천주교주교회의,

2014. (→ 교황청 성서위원회, 성경)

_____, 《그리스도교 성경 안의 유다 민족과 그 성서》, 한국천주교주교회의 성서위원회 옮김, 한국천주교주교회의, 2010.

놀, 《고대 가나안과 이스라엘 역사》, 소형근 옮김, 프리칭아카데미, 2009. (→ 놀)

라이너 알베르츠, 《이스라엘 종교사 Ⅰ, Ⅱ》, 강성열 옮김, 크리스천다이제스트, 2003, 2015. (→ 알베르츠 1)

_____, 《포로시대의 이스라엘》, 배희숙 옮김, 크리스천다이제스트, 2006.

레스터 L. 그래비, 《고대 이스라엘 역사》, 류광현 외 옮김, 기독교문서선교회, 2012. (→ 그래비)

_____, 《제2성전기 유대교》, 이유미 옮김, 컨콜디아사, 2017.

_____, 편집, 《다시 보기, 이스라엘의 포로와 회복》, 이윤경 옮김, CLC, 2019.

레이먼드 퍼어슨, 《신명기 학파》, 최안나 옮김, 성서와함께, 2005. (→ 퍼어슨)

로버트 쿠트, 《여로보암과 혁명의 역사》, 우택주 옮김, 한울, 2018. (→ 쿠트)

_____, 《초기 이스라엘 이해의 새로운 지평》, 정희원 옮김, 계명대학교출판부, 2011.

롤프 렌토르프, 《렌토르프 구약정경신학》, 하경택 옮김, 새물결플러스, 2009.

리처든 호슬리 엮음, 《제국의 그림자 속에서: 신실한 저항의 역사로의 성서 새로 보기》, 정연복 옮김, 한국기독교연구소, 2014.

마르크 반 드 미에룝, 《고대 근동 역사》, 김구원 옮김, 기독교문서선교회, 2010. (→ 미에룝)

마르틴 헹엘, 《유대교와 헬레니즘 ①-③》, 박정수 옮김, 나남, 2012. (→ 헹엘

①, ②, ③)

마빈 L. 체이니, 《농경사회 시각으로 본 성서 이스라엘: 구약성서의 종교와 사회와 역사, 문학, 해석》, 우택주 외 옮김, 한들출판사, 2007.

마이클 스콧, 《기원 전후 천년사》, 홍지영 옮김, 사계절, 2018.

박정수, 《고대 유대교의 터 무늬》, 새물결플러스, 2018.

보 라이케, 《신약성서 시대사》, 번역실 옮김, 한국신학연구소, 1992.

브루스 C. 버치 외, 《히브리 성경 연구》, 임요한 옮김, CLC, 2016.

브루스 R. 월키 외, 《현대 구약성서 연구》, 강소라 옮김, 새물결프레스, 2019. (→ 월키)

빅터 에렌버그, 《그리스 국가》, 김진경 옮김, 민음사, 1991. (→ 에렌버그)

빈센트 P. 브레닉, 《역사서》, 임숙희 옮김, 바오로딸, 2013.

빌 T. 아놀드 외, 《구약성경 주변 세계 탐구: 고대 근동 사람들과 장소들》, 임요한 옮김, 기독교문서선교회, 2019. (→ 아놀드)

수잔 니디치, 《고대 이스라엘 문화와 구약성경》, 곽계일 옮김, 기독교문서선교회, 2015. (→ 니디치)

신시아 브라운, 《빅히스토리: 빅뱅에서 현재까지》, 이근영 옮김, 바다출판사, 2017.

알프레드 J. 허트 외, 《고대 근동 문화》, 신득일 옮김, 기독교문서선교회, 2012.

앤서니 르 돈, 《역사적 예수: 우리는 무엇을 어떻게 알 수 있는가?》, 김지호 옮김, 도서출판 100, 2018. (→ 르 돈)

앤손 F. 레이니 외, 《성경 역사, 지리학, 고고학 아틀라스》, 강성열 옮김, 이레서원, 2010. (→ 레이니)

에드윈 M. 야마우찌, 《페르시아와 성경》, 박응규 외 옮김, 기독교문서선교회, 2010. (→ 야마우찌)

에리히 쳉어, 《구약성경 개론》, 이종한 옮김, 분도출판사, 2012. (→ 쳉어)

에릭 이브, 《예수에서 복음서까지》, 박규태 옮김, 좋은씨앗, 2016. (→ 이브)

에릭 클라인, 《고대 지중해 세계: 청동기시대는 왜 멸망했는가?》, 류형식 옮김, 소와당, 2017. (→ 클라인)

월터 C. 카이저, 《구약성서 다큐멘트》, 김정봉 옮김, 비움과 세움, 2016.

윌리엄 슈니더윈드, 《성경은 어떻게 책이 되었을까》, 박정연 옮김, 에코리브르, 2006.

이스라엘 핑컬스타인 외, 《성경: 고고학인가 전설인가》, 오성환 옮김, 까치, 2002. (→ 핑컬스타인)

이안 프로반 외, 《이스라엘의 성경적 역사》, 김구원 옮김, 기독교문서선교회, 2013. (→ 프로반)

장 루이 스카, 《인간의 이야기에 깃든 하느님의 말씀》, 박문수 옮김, 성서와 함께, 2016. (→ 스카, 인간)

_____, 《모세오경 입문》, 박요한 영식 옮김, 성바오로출판사, 2001, (→ 스카, 입문)

제임스, D. G. 던, 《예수, 바울, 복음》, 이상목 옮김, 새물결플러스, 2019. (→ 던)

조셉 블렌킨소프, 《유대교의 기원》, 소형근 옮김, 대한기독교서회, 2014. (→ 블레킨소프)

조지 W. E. 니켈스버그, 《고대 유대이즘과 그리스도교의 기원》, 박요한 영식 옮김, 가톨릭출판사, 2008. (→ 니켈스버그)

존 브라이트, 《이스라엘의 역사》, 제4판, 엄성옥 옮김, 은성출판사, 2015.

질 미들마스, 《이스라엘의 무성전 시대》, 홍성혁 옮김, CLC, 2018. (→ 미들마스)

콘라드 슈미트, 《고대 근동과 구약 문헌사》, 이용중 옮김, 기독교문서선교회, 2018.

클라아스 R., 빈호프, 《고대 오리엔트 역사》, 배희숙 옮김, 한국문화사, 2015. (→ 빈호프)

키스 W. 휘틀럼, 《고대 이스라엘의 발명》, 김문호 옮김, 이산, 2003.

폴 존슨, 《유대인의 역사》, 김한성 옮김, 포이에마, 2014.

프랑스와 가스뗄, 《이스라엘과 유다의 역사》, 허성군 옮김, 대한예수교장로회총회출판국, 1992.

프레데릭 J. 시몬스, 《이 고기는 먹지 마라? - 육식 터부의 문화사》, 김병화 옮김, 돌베게, 2004. (→ 시몬스)

피타 켈레그나, 《말의 세계사》, 임웅 옮김, 글항아리, 2019. (→ 켈레그나)

허셜 생크스, 《고대 이스라엘》, 김유기 옮김, 한국신학연구소, 2005. (→ 생크스)

헤르베르트 돈너, 《고대 이스라엘 역사 1: 이스라엘 태동기부터 통일왕국 시대까지》, 배희숙 옮김, 한국문화사, 2019. (→ 돈너)

B. S. 차일즈, 《이스라엘에 있어서 기억과 전통》, 윤천석 옮김, 이컴비즈넷, 2005.

D. N. 프리드맨 외 편, 《전환기의 팔레스틴》, 이순태 옮김, 한국신학연구소, 1995. (→ 프리드맨)

J. C. 판데어캄, 《초기 유다이즘 입문》, 박요한 영식 옮김, 성서와함께, 2004.

J. 맥스웰 밀러 외, 《고대 이스라엘과 유다 역사》, 박문재 옮김, 크리스찬다이제스트, 1996.

J. 알베르토 소진, 《이스라엘 역사》, 안소근 옮김, 대전가톨릭대학교 출판부, 2018. (→ 소진)

R. E. 클레멘츠 편저, 《고대 이스라엘의 세계》, 은성, 1996. (→ 클레멘츠)

Th. 뢰머 외, 《구약성경 입문 1, 2》, 김건태 옮김, 수원가톨릭대학교출판부,

2019. (→ 뢰머 1)

김혜윤, "하스몬 왕조 살로메 알렉산드라의 왕위 등극", 〈가톨릭신학〉, 제5호, 한국가톨릭신학학회, 2004 겨울, 5-50.
소형근, "'메짜드 하샤브야후' 비문 연구", 〈구약논단〉, 21집(2006.8), 한국구약학회, 150-166.
염철호, "성경 고고학의 최대주의 최소주의 논쟁", 〈신앙과 삶〉, 24호, 부산가톨릭대학교출판부, 2011, 5-36. (→ 염철호)

Ackroyd, Peter R., *Exile and Restoration*, SCM Press, 1968. (→ 아크로이드) [피터 R. 아크로이드, 《이스라엘의 포로와 회복》, CLC, 2019]
Brettler, Marc Zvi, *The Creation of History in Ancient Israel*, Routledge, 1995.
Erskine, Andrew (ed.), *A Companion to the Hellenistic World*, Blackwell Publishing, 2005.
Evans, Craig A. (ed.), *The Routledge Encyclopedia of the Historical Jesus*, Routledge, 2010.
Freedman, Daniel Noel (ed.), *The Anchor Bible Dictionary*, vol. 3. (→ 앵커)
Garbini, Giovanni, *History & Ideology in Ancient Israel*, SCM Press, 1988.
Grabbe, Lester L., *Judaism from Cyrus to Hadrian*, Augsburg Fortress Press, 1992.
_____, *Ancient Israel*, revised edition, Bloomsbury T&T Clark, 2017.
_____, (ed.), *Even God can not change the Past*, T&T Clark, 2018.
Kessler, Reiner, *The Social History of Ancient Israel*, Fortress Press, 2008.
Lemche, N. P., *Ancient Israel-A New History of Israel*, second edition, 2015.
_____, *The Israelites in History and Tradition*, SPCK; Westerminster John

Knox Press, 1998.

Levy, T. E., *The Archaeology of Society in the Holy Land*, continuum, 2003. (→ 레위)

Matthews, Victor H., *A Brief History of Ancient Israel*, Westminster John Knox Press, 2002. (→ 매튜)

Michael Avi-Yonah (ed.), *A History of Israel and the Holy Land*, expanded millennium edition, New rev. and updated edition, The Continuum Publishing Group, 2001. (→ 아비 요나)

Miller, J. M. & Hayes, J. H. *A History of Ancient Israel and Judah*, 2nd Edition, Westminster John Knox Press, 2006. (→ 밀러)

Neirey, J. H. (ed), *The Social World of Luke-Acts*, Hendrickson Publishers, 1991. (→ 네이레이)

Pritchard, James B., *The Ancient Near Eastern Texts*, Princeton University Press, 1969. (→ *ANET*) [프리차드, 《고대 근동문학 선집》, 강승일 외 옮김, CLC, 2016.]

Roland de Vaux, *The Early History of Israel*, David Smith tr., The Westminster Press, 1978. (→ 드보)

Sacchi, Paolo, *The History of the Second Temple Period*, T&T Clark International, 2004. (→ 사치)

Thompson, Thomas L., *The Mythic Past-Biblical Archaeology and the Myth of Israel*, Basic Books, 1999.

고대 이스라엘 역사의 흐름
아브라함부터 바르 코크바까지

서울대교구 인가   2019년 9월 26일
초판 1쇄 펴낸날   2019년 12월 8일
　　 2쇄 펴낸날   2020년 10월 30일

지은이   이용결
펴낸이   백인실
펴낸곳   성서와함께

주소   06910 서울특별시 동작구 흑석로 13길 7
전화   02-822-0125~7   팩스 02-822-0128
인터넷 서점   www.withbible.com
전자우편   order@withbible.com
등록번호   14-44(1987년 11월 25일)
─
ⓒ 이용결 2019
성경 ⓒ 한국천주교중앙협의회
─
ISBN 978-89-7635-350-4   93230
─
이 도서의 국립중앙도서관 출판예정도서목록(CIP)은
서지정보유통지원시스템 홈페이지(http://seoji.nl.go.kr)와
국가자료종합목록 구축시스템(http://kolis-net.nl.go.kr)에서 이용하실 수 있습니다.
(CIP제어번호: CIP2019046271)